Dagverhaal Der Ontdekkings-Reis Van Mr. Jacob Roggeveen, Met De Schepen Den Arend, Thienhoven, En De Afrikaansche Galei, in De Jaren 1721 En 1722. Met Toestemming Van Zijne Excellentie Den Minister Van Kolonien Uitg. Door Het Zeeuwsch Genootschap Der Wete - Primary Source Edition

Jacob Roggeveen

DAGVERHAAL

DER

ONTDEKKINGS-REIS

VAN

MR. *JACOB ROGGEVEEN*,

in de jaren

1721 en 1722.

2002 — Dagverh der ontdekkingsreis in de jaren 1721—2
door het Ze ch Genootschap der Wetenschappen. Middell
hf. bd. or sd. t. With a large map, portr., facsim. etc. 8vo. (
(Journal voyage of Jac. Roggeveen to the South-Sea in 1.
This accoun the memorable voyage is the most authentic
tains valuable ls, being the original journal of Roggeveen. 190

DAGVERHAAL

DER

ONTDEKKINGS-REIS

VAN

MR. *JACOB ROGGEVEEN*,

MET DE SCHEPEN

DEN AREND, THIENHOVEN

en

DE AFRIKAANSCHE GALEI,

in de jaren

1721 en 1722.

MET TOESTEMMING VAN ZIJNE EXCELLENTIE

DEN MINISTER VAN KOLONIEN

uitgegeven door het

ZEEUWSCH GENOOTSCHAP DER WETENSCHAPPEN.

TE MIDDELBURG, BIJ

DE GEBROEDERS ABRAHAMS.

1838.

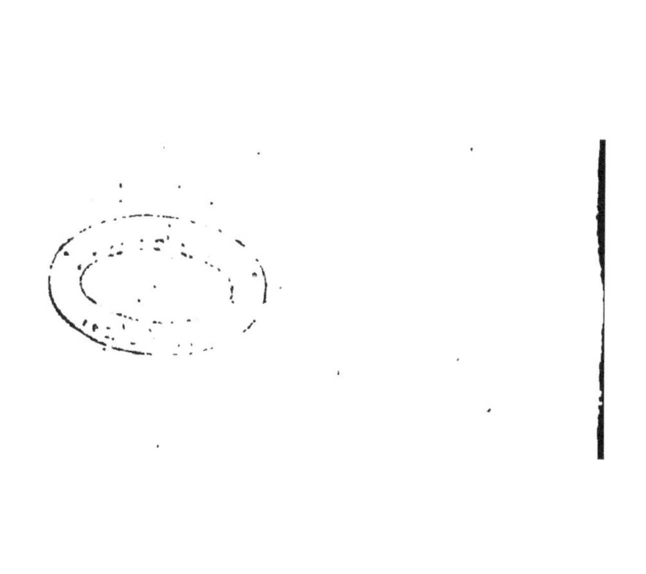

VOORBERIGT.

Het is allenthalve bekend, dat onze Vaderlandsche Zeelieden, in vroegere tijden, met elkanderen als hebben gewedijverd, om onbekende en verafgelegene Landen op te sporen.

Drie geleerde Schrijvers hebben vooral hunne pogingen aangewend, om over de ontdekkings-reizen door Nederlanders gedaan, ter dezer eere, meer licht te verspreiden, te weten: wijlen de Hoogleeraar MOLL *te* Utrecht, *door zijn Hooggel. Verhandeling* over eenige vroegere Zeetogten der Nederlanlanderen; *en de Heeren* BENNET *en* VAN WIJK, *R. z. te* Kampen, *zóó door het Werk* Nederlandsche Zeereizen, in het laatst der XVI[de], de XVII[de] en het begin der XVIII[de] eeuw, *als door hunne met goud bekroonde Verhandeling* over de Nederlandsche ontdekkingen in Amerika, Australie enz.

Men moest echter stuiten, eerst op de tweede Reis van ABEL TASMAN *in 1644, welke nog ontbreekt, en vervolgens genaderd aan het jaar 1721, op de zoo zeer gezochte, doch tot op dien tijd onopspoorbare Reize van Mr. J.* ROGGEVEEN, *van wien men wist dat de twee Schepen, met welke hij, na het doen eener Reis in den grooten Oceaan, te* Batavia *aankwam, aldaar zijn verbeurd verklaard, om dat zij, naar het oordeel der Hooge Indische Regering, de limieten hadden overschreden van het Octrooi der Oost-Indische Compagnie, welke destijds in hare bezittingen geene dan hare eigene Schepen duldde, en de magt had om daar aan de hand te houden.*

Sommige bijzonderheden dier Reize zijn echter bekend geworden door twee Verhalen, het eene onder den naam van Tweejarige Reize romdom de Waereld, *waar van de Schrijver onbekend is. De eerste uitgave verscheen te* Dordt *in 1728; de tweede al-*

aldaar in 1758, en de derde te Amsterdam *in 1774. Deze drie uitgaven zijn in* 4to *en geheel eensluidend. Een uittreksel daarvan vindt men in de* Nederlandsche Reizen, Amsterdam *en* Harlingen. *1777*, XIII^de^ *Deel, bladz. 78—104. — Het andere van* K*AREL* F*REDRIK* B*EHRENS, een Mecklenburger, Sergeant der Zeesoldaten aan boord van het Schip* den Arend, *eerst in het Hoogduitsch en daarna door den Schrijver zelf veel vermeerderd in het Fransch uitgegeven, onder den titel van:* Histoire de l'Expedition des trois Vaisseaux, envoyés par la Compagnie des Indes Occidentales des Provinces Unies aux terres Australes, par M. D. B.... La Haye, 1739. *2. Vol. 12vo.* (*) *Men heeft hier van een uittreksel in het Nederduitsch, in* de Historische Beschrijving der Reizen *door den Abt* P*REVOST, in quarto,* Amsterdam 1759. XVIII^de^ *Deel, bladz. 427 en volgg. Het zal nader blijken in hoe verre die twee Verhalen geloof verdienen.*

Is er een stuk omtrent welks ondekking vele pogingen zijn aangewend; het is het Dagregister der Reize van Mr. J. ROGGEVEEN. *Halde zij vooral toegebragt aan den Heer J.* VAN W*IJK, R. z. te Kampen, die, gedurende zestien jaren, rusteloos zijn werk heeft gemaakt, om dit stuk op te sporen.*

Cor-

(*) De titel der Hoogduitsche uitgave is als volgt *Der Wohl-*

ver-

Correspondereud Lid geworden van het BATAVIASCH GENOOTSCHAP, deed de Heer VAN WIJK dan het zelve een voorstel om, zoo mogelijk, bij de papieren der voormalige Oost-Indische Compagnie, welke de Schepen van ROGGEVEEN had geconfisqueerd, de noodige nasporingen te willen doen, 't geen ten gevolge had, dat zijn Ed. van den Heer Algemeenen Secretaris een afschrift ontving van het Besluit der Indische Regering van den 30 October 1722, en een Extract uit hare generale Missive van den 30 November van dat jaar, waaruit bleek, dat een Journaal van ROGGEVEENS eigene hand, als ook van twee zijner Schippers of Stuurlieden, met de origineele Instructien en meer andere stukken aan de presiderende kamer te Amsterdam, en copielijk aan die van Middelburg in Zeeland waren gezonden.

Hier

versuchte Südlander, das ist ausführliche Reise Beschreibung um die Welt, worinnen von denen Kanarischen und Salz-inseln u. s. w. Von KARL FRIEDRICH BEHRENS. Leipzig 1738. Vooraan staat het Portrait van BEHRENS. De Hoogleeraar MOLL zag dit werkje op de Bibliotheek te Göttingen.

In de Fransche uitgave zegt BEHRENS, T. I. p. 7, *Les voyages que j'ai fait sont assez considerables. J'en ai même deja rendu compte au public, mais d'une manière courte et abregée. Comme je promis alors d'en faire aussitot qu'il me seroit possible une relation plus ample, j'ai cru devoir à present degager ma parole.*

Hier door aangemoedigd, *vervoegde de Heer* VAN WIJK *zich aan Zijne Excellentie den Minister van Kolonien* BARON VAN DEN BOSCH, *en riep deszelfs veel vermogenden invloed in. Zijne Excellentie berigtte later den Heer* VAN WIJK, *een naauwkeurig onderzoek te hebben doen bewerkstelligen in de oude Archieven der voormalige Oost-Indische Compagnie, doch dat zulks met geenen gewenschten uitslag was bekroond; daar echter welligt nog een afschrift zoude te vinden zijn in de Archieven van der Compagnie's Kamer te* Middelburg, *waar over de zorg aan den Wel-Ed. Gestr. Heer Mr. P.* POUS *was aanbevolen, werd ook die Heer door Zijne Excellentie uitgenoodigd, om dien aangaande onderzoek te doen, en, bij aldien het Dagregister mogt worden opgespoord, hetzelve aan Zijne Excellentie op te zenden.*

Schoon dan ook de eerste pogingen van den Heer POUS *niet gelukten, schreef Zijn Wel-Ed. Gestr. echter dit onderzoek te zullen voortzetten, en geene moeite te zullen sparen, om tot het gewenschte doel te geraken, het welk echter, zoo als later bleek, vruchteloos afliep.*

De Heer VAN WIJK *deed na eene uitnoodiging aan alle de genen, die iets omtrent deze reis mog-*

ten

ten kunnen mede deelen, of wel dezelve in originali of bij afschrift mogten bezitten, om zijn Ed. daaromtrent wel eenig berigt te willen doen toekomen, ten einde hier door aan de wetenschap en aan den roem des Vaderlands eene wezenlijke dienst te bewijzen, en hem in staat te stellen, de eer van eenen zoo verdienstelijken en door eenen CLARET FLEURIEU *zoo grof miskenden Vaderlander verder te verdedigen, en zijne ontdekkingen als* Nederlandsche *te verzekeren.*

Zoodanig is, hoofdzakelijk, het Verslag het welk de Heer VAN WIJK *zelve van zijne ten dezen aangewende pogingen heeft medegedeeld in den* Konst- en Letterbode *van 1836, No. 3.*

Hoe hopeloos dus de zaak mogt schijnen te staan, het Dagregister der Reize van Mr. J. ROGGEVEEN *werd gevonden. De Heer* POUS, *die 'er vruchteloos naar gezocht had in het uitgebreid* Oost-Indisch *Archief, ontdekte het in dat der voormalige* West-Indische *Compagnie.*

In de maandelijksche Vergadering van het ZEEUWSCH GENOOTSCHAP DER WETENSCHAPPEN *van den 7 December 1836, deelde de Heer* POUS, *(ook 's Genootschaps mede Lid) het zoo*

ver-

verrassend als hoogst aangenaam berigt mede, dat Zijn Wel-Ed. Gestr. voor eenige dagen in het WEST-Indische *Archief zeker stuk over* Suriname *zoekende, onverwachts een bundel papieren vond, ten opschrift hebbende:* Stukken, toucherende de geconfiskeerde West-Indische Schepen *DEN AREND* en *THIENHOVEN*, in dato 30 November 1722, *en daarbij alles, wat men zoo lang vergeefs gezocht en gewacht had, als behelzende authentieke afschriften van het Dagregister der Reis van Mr. J. ROGGEVEEN, en van alle de papieren, instructien, facturen enz. die reis betreffende: — dat Zijn Wel-Ed Gestr. van deze ontdekking had kennis gegeven aan Zijne Excellentie* DEN MINISTER VAN KOLONIEN, *in afwachting wat Zijne Excellentie ten dezen zoude gelieven te beschikken.*

De Vergadering betuigde den Heer POUS *voor deze zoo belangrijke mededeeling haren dank, met verzoek om aan Zijne Excellentie den Minister van Kolonien te willen te kennen geven, dat dit Genootschap het zich tot eene eer zoude rekenen, indien de uitgave van dit Reisverhaal aan het zelve werd aanbetrouwd, met dat gelukkig gevolg, dat de Heer* POUS *in de maandelijksche Vergadering van den 1' Maart 1837 kennis gaf, dat door Zijne Excellen-*

lentie de uitgave van het Dagregister der Reize van ROGGEVEEN aan dit Genootschap was toegestaan: welk berigt met dankgevoel aan Zijne Excellentie en hoogste tevredenheid door de Vergadering vernomen wierd.

In geenen deele echter is dit verzoek door het Genootschap gedaan, om den Heer VAN WIJK, die, zoo als het Genootschap daar van kennis droeg, gaarne de uitgave van dit Dagregister zoude hebben op zich genomen, van dat genoegen te versteken, of om dat het zijn Ed. voor die taak min berekend oordeelde: dit toch ware eene blijkbare miskenning van 's Mans verdiensten in het door hem zoo loflijk bearbeide vak van der Nederlanderen zeetogten, en ter verdediging van de eer van ROGGEVEEN. Het Genootschap heeft, ten bewijze van het tegendeel, en als eene hulde aan zijn Eds. volgehoudene pogingen, zijn Ed. tot Medelid benoemd: doch het was van gevoelen dat een in Zeeland gevestigd geleerd Genootschap wel eenige aanspraak had, om, door de uitgave der Reize van eenen voormaligen zoo zeer miskenden Zeeuw, dezes gedachtenis te vereeren, hetgeen nogtans bij elken belangstellenden de verpligting aan den Heer VAN WIJK niet in 't minst verminderen kan.

Vervolgens is door het Genootschap besloten, het

stuk

stuk ten spoedigste ter pers te leggen, en het toezigt over de uitvoering aan eene Commissie op te dragen.

Deze was van oordeel, dat het Dagregister van Mr. J. ROGGEVEEN moest gegeven worden zoo als het was, in zijnen oorspronkelijken stijl: alleenlijk met eenige verbetering der spelling, waar dezelve thans al te stootend voorkwam, en met wegneming van kennelijke schrijffouten, die den zin duister maakten, hoedanige echter maar weinige zijn voorgekomen.

De Commissie heeft ook spaarzaam eenige aanteekeningen bij den tekst gevoegd, meest al ter vergelijking met de twee bekende Verhalen van dezen reistogt, en met de opgaven van latere Reizigers nopens sommige *bijzonderheden: de meer uitvoerige Bijvoegselen achter het Dagregister zullen, vertrouwt zij, wel niet geheel als zonder belang worden aangemerkt.*

Zoo is dan nu op de gezegde wijze dit stuk publici juris *geworden. Een ruim veld staat nu open tot een vergelijkend onderzoek van alles, wat over deze ontdekkings-reis van Mr. J. ROGGEVEEN is is geschreven en in de wereld gezonden. De Commissie heeft geoordeeld zulks niet tot hare taak te behooren. Met dit Dagregister in de hand zal elk deskundige zich nu gemakkelijk kunnen overreden, dat verre weg de meeste, zoo niet alle de aanmerkingen van* CLARET FLEURIEU *en anderen van zelf zijn vervallen, gelijk men nu ook veel zal opgehelderd vinden 't welk te voren in het duistere en onverklaarbaar bleef.*

LE-

LEVENSBERIGT

VAN DEN

NEDERLANDSCHEN ZEEREIZIGER

Mr. JACOB ROGGEVEEN,

DOOR

Mr. S. de WIND.

JACOB ROGGEVEEN, de derde en jongste Zoon van AREND ROGGEVEEN en MARIA STORM, werd geboren te Middelburg in de maand Januarij 1659 (1). Zijn Vader, die een tamelijk bemiddeld man schijnt geweest te zijn, bekleedde aldaar de nederige bediening van *Gouseerder* of Roeijer en Proever van Wijnen en Sterke Dranken, doch was een vlijtig beoefenaar der Wiskunde, en legde zich inzonderheid toe op de Sterre- en Aardrijkskunde, alsmede op de Theorie der Zeevaart, in welke vakken hij ook onderwijs gaf, (2) terwijl hij zich van deze meer ernstige studien nu en dan bij de Dichtkunst verpoosde.

Een en ander blijkt uit zijne geschriften. Behalve een werkje over de Komeet van de jaren 1664 en 1665 (3) en een Dichtstuk getiteld *de Verkrachte Bel-*

---

(1) Doopboek der Gereform. op 2 Februarij 1659.

(2) Zie de Voorrede van *het Brandende Veen.*

(3) *Het nieuwe droevige Nachtlicht ontsteken door Godts* *e-

Belgica (4) heeft men van hem eenen grooten Atlas en beschrijving der Westelijke kust van Amerika (5) waarvan de Kaarten meest alle door hem ontworpen zijn, een werk, 't welk om de fraaiheid der uitvoering

en

---

toren, ende vertoont op den Aerdtkloot in een Comeet ofte Steertsterre, den 15 December 1664 tot den 9 Februarij 1665, waarin wort aangewesen den wonderlycken loop derselve. Beschreven door ARENT ROGGEVEEN, *Liefhebber der Mathematica, professie doende in deselfde konst tot Middelburgh in Zeelandt.* Middelburgh 1665, 4to. 38 bl. en twee Sterrekundige platen.

Dit werkje ('t welk hij in de Opdragt *de eerste vrucht zijner studie* noemt) dient ter bestrijding van het gevoelen, waarin sommigen verkeerdelijk, dat de Komeet die in December 1664 gezien werd niet dezelfde was, als die zich later tot den 9 Februarij vertoonde, ten welken einde hij dag voor dag den loop der Komeet beschrijft, en daaruit zijn bewijs afleidt dat het een en dezelfde Komeet is geweest, en dat de Aarde om de Zon loopt.

(4) *'T Nederlandtsche Treurspel synde de verkrachte Belgica 't sedert den 25 October 1555 tot den 10 July 1584.* Door ARENT ROGGEVEEN. Middelburgh 1669, 8vo. De Heer WITSEN GEYSBEEK maakt in zijn Anthologisch Woordenboek met een woord melding van dit geschrift, en noemt het een Treurspel.

(5) *Het eerste deel van het Brandende Veen, verlichtende alle de vaste kusten ende Eylanden van geheel West-Indien. — Door* ARENT ROGGEVEEN, *Liefhebber der Mathematicus, professie doende in dezelfde konst tot Middelburgh in Zeeland.* t' Amsterdam bij PIETER GOOS, groot folio, met dertig Kaarten en vele bij den text gevoegde afbeeldingen in houtsnede der Kusten, Forten enz. — De opdragt is gedagteekend 10 Februarij 1675. Op den titel staat zijn Portret, naar hetwelk de hier ingevoegde Steendruk genomen is. Het Facsimile zijner Handteekening hebben wij aan den Heer Archivarius DE JONGE te danken.

en dezelfde volledigheid, voor den tijd waarin het verscheen, alle opmerking verdient. Eindelijk gaf hij in 1676 een klein werkje in het licht, 't welk in zulk eene naauwe betrekking staat tot de latere Reis van zijnen Zoon JACOB ROGGEVEEN, dat wij er hier noodzakelijk bij moeten stilstaan.

Het had dikwijls zijne opmerkzaamheid getroffen, dat bij den toenmaligen staat der Aardrijkskunde, men zoo weinig kennis had aan de *Stille* of *Zuidzee*. Meermalen had hij de Zeeuwsche Kooplieden, die over het verloop van den handel, bijzonder op de West-Indien, klaagden, toegevoegd, dat het wonder was, dat niet eenige liefhebbers te zamen spanden om dat groot onbekende deel der Wereld te onderzoeken, ten einde op die wijze nieuwe Handelswegen te openen, waaruit welligt nieuwe bronnen van levendig vertier, winst en welvaart zouden kunnen ontspringen. Eindelijk werd hij in 1671 door eenige Zeeuwsche Kooplieden aangemoedigd om daarvoor een plan te ontwerpen; doch het rampvolle jaar 1672 deed dit uit de gedachten stellen. In 1673 kwamen zij hierop terug en wendden zich bij Request aan den Prins van Oranje, met verzoek om te mogen hebben ontslag van de verbeurte van Schip en goederen volgens het Octrooij der West-Indische Compagnie, welker Limieten zich destijds ook over dat gedeelte der Wereld uitstrekten. Ook dit was vruchteloos. Doch toen bij de vernieuwing van het Octrooij der West-Indische Compagnie, op den 28 September 1674, (6) die Limieten merkelijk wa-

(6) Zie Groot Placaat Boek III. 1738.

ren ingekort, en daardoor de vaart op de Zuidzee voor alle Ingezetenen dezer landen was opengesteld, vervoegden zij zich op den 20 November 1675 bij Request aan de Staten-Generaal, met verzoek om Octrooij voor den tijd van twintig jaren, om alléén en met seclusie van alle anderen de Zuidzee te mogen bevaren tusschen de Straat van *Magellaan* en *Nieuw-Guinea*. Dit Request werd om berigt in handen der West-Indische Compagnie gesteld, welke na ten dien aanzien met ARENDROGGEVEEN in schikkingen getreden te zijn, daarop een gunstig Advies uitbragt, ten gevolge waarvan Hunne Hoog Mogenden op den 22 September 1676 het verzoek toestonden en aan ARENDROGGEVEEN en zijne medestanders het verzochte Octrooij verleenden.

Dit een en ander maakte nu ARENDROGGEVEEN aan zijne Landgenooten bekend in het bedoelde werkje, 't welk onder den volgenden titel in het licht verscheen: *Voorlooper op 't Octrooy van de H. M. Heeren Staten-Generaal, verleent aen ARENT ROGGEVEEN en syne Medestanders over de Australische Zee, ofte beter geseght het onbekende gedeelte des Werelts, gelegen tusschen de Meridiaen der Strate Magellanes Westwaert, tot de Meridiaen van Nova Guinea, soo Noordtwaert als Zuydtwaert: mitsgaders de articulen waernaer een yder die eenige sommen geldts inteeckent hem sal hebben te reguleren; beneffens een Kaerte van 't selfde District. Beschreven door den voorneemden A. ROGGEVEEN.* Middelburgh. 1676 (7). Dan,

(7) Dit belangrijk en hoogst zeldzaam werkje bevindt zich in de Ko-

Arent Roggeveen

Overl. te Middelburg, in 1679.

Dan, het zij door gebrek aan genoegzame deelneming om de kosten der uitrusting te bestrijden, of om welke reden dan ook, de Ontdekkings-reis had destijds geenen voortgang, en ARREND ROGGEVEEN overleed in de maand November 1679 (8) zonder zijnen vurigen wensch te hebben verwezenlijkt gezien.

Van zoodanigen Vader ontving onze JACOB ROGGEVEEN zijne opvoeding, en het ware dus niet te bevreemden, zoo hij de zucht naar vreemde landen als met de moedermelk had ingezogen, en reeds vroegtijdig gemeenzaam ware geworden met die kundigheden die tot eenen Zeereiziger vereischt worden. Van zijne jeugd is echter niets bekend, dan dat hij aanvankelijk voor de studien opgeleid werd. Het jaar 1673 bragt hij door op de Latijnsche Scholen te Middelburg, doch met den aanvang van het volgende verliet hij dezelve. (9) Dat hij de Latijnsche taal later elders heeft aangeleerd, is waarschijnlijk: ook dat hij aan de eene of andere Hoogeschool den graad van Doctor in de Regten zal verkregen hebben: althans de titel van *Meester* dien hij later voerde, en die hem ook in openbare stukken wordt toegekend, zoo wel als zijn later bekleed

---

Koninklijke Boekerij te 's Gravenhage, onder de zoogenaamde *Bibliotheca Duncaniana*. De Heer Archivarius DE JONGE heeft de verpligtende goedheid gehad ons met den inhoud daarvan naauwkeurig bekend te maken.

(8) Begravenis boek der Stad Middelburg. Nieuwe Kerk 17 November 1679.

(9) *Defecit a studiis*, zegt het Album der Latijnsche School.

kleed Regterlijk ambt, schijnen dit te bewijzen. (10) Zoo veel is zeker dat hij na den den dood zijn Vaders elders gewoond heeft; want eerst in 1693, en dus toen hij reeds 34 jaren oud was, vestigde hij weder zijne woonplaats te Middelburg. (11) Hier verbleef hij een aantal jaren en zeker tot in 1703.

In dat jaar, of niet lang daarna, begaf hij zich naar de Oost-Indien, alwaar hij in 1712 Raad van Justitie te Batavia werd, en dus eenen aanzienlijken post

---

(10) Echter is hiervan niets gebleken. In de hoop om langs dien weg op het spoor te geraken van meerdere levensbijzonderheden van ROGGEVEEN, is ook naar dit punt onderzoek gedaan. De Heer MATTHES heeft het Album der Leijdsche, de Hoogleeraar MOLL dat der Utrechtsche Academie voor ons opgeslagen: doch de naam van ROGGEVEEN wordt daarop niet aangetroffen. Echter is dit, volgens hetgeen ons de Heer MOLL schreef, geen stellig bewijs dat hij aldaar niet gestudeerd heeft, vermits die Albums destijds niet in orde bijgehouden werden, waardoor men er ook de namen mist van sommigen, van welke men zeker weet dat zij die Academien bezocht hebben, gelijk bijv. te Utrecht het geval is, met Prins WILLEM IV, ONNO ZWIER VAN HAREN, BELLAMY, M. C. VAN HALL, enz. — Ook heeft de Hoogleeraar DE CRANE de verpligtende goedheid gehad om het Album van het Athenaeum (vroeger Hoogeschool) te Franeker voor ons te doorloopen: doch almede vruchteloos: ofschoon juist ten tijde van ROGGEVEEN vele Zeeuwen daarvan gebruik maakten: gelijk Z. H. Gel. er niet minder dan 45 opgeeft, die tusschen 1675—1700 aldaar hunne studien volbragt hebben.

(11) Lidmaten Boek der Gereform. Gem. te Middelburg op 4 October 1693. — Er staat niet bij aangeteekend van waar hij toen kwam.

post verkreeg. In 1714 keerde hij naar het Vaderland terug. (12)

Niet lang daarna schijnt hij ernstig in overweging genomen te hebben, om het geliefkoosd plan zijns Vaders ter hand te nemen, die, naar verhaald wordt, nog op zijn sterfbed zijnen Zoon vermaand had, dit niet uit het oog te verliezen. (13) Hij raadpleegde hierover met zijnen oudsten Broeder JAN ROGGEVEEN, Koopman te Middelburg, die almede blijkt een goed Aardrijkskundige geweest te zijn, en die ten dien einde sommige kaarten voor hem ontwierp, en onder den titel van: *Memoriale Gedachten over de te doene Australische Zeetogt*, zeer breedvoerige raadgevingen aan hem mededeelde. (14)

Eindelijk verkregen zijne inzigten de goedkeuring der West-Indische Compagnie, welke besloot de drie Schepen *den Arend*, *Thienhoven* en *de Afrikaansche Galei* tot eene ontdekkings-reis naar de Zuidzee uitterusten. Op den 10 April 1721 werd de Commissie geteekend, waarbij hij door de Vergadering van Thienen werd aangesteld tot *Opperhoofd* en *Chef* van den kruistogt; en zoo brak voor onzen ROGGEVEEN in zijn 62ste jaar de langgewenschte dag aan, waarop eene ontdekkings-reis zoude aanvangen, waartoe zijn Vader

** reeds

---

(12) VALENTIJN, Oost-Indië IIIde dl. IIde stuk (Banda) bl. 71 en IVde dl. Iste stuk bl. 387.

(13) BEHRENS, Hist de l'Exped. de trois Vaisseaux T. I. p. 9.

(14) Een afschrift daarvan is mede in den gevonden Bundel voorhanden.

reeds vijftig jaren te voren het ontwerp gevormd en zoo vele ijverige pogingen had aangewend.

Volgens de Instructien hem door de West-Indische Compagnie medegegeven (15) moest hij, na in de Zuidzee gekomen te zijn, zich eerst tot hoofddoel stellen, om het *Onbekende Zuidland*, de *Terra Australis*, (waaraan men destijds, gelijk bekend is, vastelijk geloofde) of wel het land van *Davis* ('t welk men daarvoor hield) terugtevinden, 't welk gerekend werd te leggen op ongeveer 27 gr. Z. B. en op een afstand van 500 à 600 mijlen van Capayape op de vaste kust van *Chili*, en waarvan *een laag, zandig Eiland* de voorbode moest zijn. Ten dien einde moest hij op die breedte zijn on-

(15) De Instructie voor ROGGEVEEN zelven is niet in den Bundel voorhanden, (zij was *Secreet*, en is dus waarschijnlijk door R. op Batavia vernietigd) doch art. 4 der Instructien van COSTER, BOUMAN en ROZENDAAL luidt aldus:

» Ende zal by Schipper in de Zuydzee gekomen zynde, gehouden » wezen zig te verversen aan het Eyland *Ferdinando*, gelegen op » 33 gr. 30 m., en aldaar ververst hebbende, als dan zyne cours te » stellen West en West ten Noorden, doch wel zoo Noordelijk tot » dat hy gekomen zal syn op de hoogte van 27 gr. 30 m. en, na dat » men gegist zal hebben 600 mylen van de vaste kust van *Chili* te » syn, als dan regt West in te sturen nog 100 mylen, — ende niets » ontdekkende zyne cours te stellen naar het *Honde Eylant*, leg- » gende omtrent op 15 gr. Z. B. ende van daer Westwaerts henen » te gaen, tot dat men komt in het slegte water van WILLEM » CORNELISSEN SCHOUTEN, en dan Zuydwaerts heen; doch » waerinne in alle gevallen na bevindinge behoorlyke Zeemanschap » gebruikt, ende opgevolgt zullen moeten worden de gedagten en or- » dres van de Heer Mr. JACOB ROGGEVEEN, aan wien de be- » stieringe van deze Expeditie is aenbetrout."

onderzoek tot ten minsten op 700 mijlen van de Chilische kust uitstrekken. (16) Zoo dit mislukte, moest hij eenen tweeden kruistogt aanvangen om de Eilanden, door SCHOUTEN in 1616 op 15 gr. Z. B. en op 925 mijlen afstand van de kust van *Amerika* ontdekt, als het *Honden Eiland*, het Eiland *Zonder Grond* enz. op te sporen, ten einde op die wijze tot de ontdekking van een Zuidelijk Vastland te geraken: alzoo SCHOUTEN dien koers bezeilende, uit het effen en stil water, zonder holle deining uit het Zuiden, besloten had, dat er op geen zeer grooten afstand een *Zuidelijk Vastland* liggen moest. (17)

Ten gevolge hiervan zeilde ROGGEVEEN op den 1 Augustus 1721 met zijne Schepen uit Texel. Na beoosten het Statenland om, Kaap Hoorn omgezeild te hebben, ontdekte hij op den 6 April 1722 het door hem dus genoemde *Paasch-Eiland*, 't welk hij in den beginne voor de voorbode hield der strekkende kust van het Zuid-land. Dan na eenige coursen heen en weder, bleek hiervan het tegendeel, en de eerste kruistogt hiermede vervallen zijnde, besloot men tot den tweeden, om den cours van SCHOUTEN te bezeilen. — Nu ontdekte hij tusschen den 13den en den 16den graad Z. B. eenige grootere en kleinere Eilanden, die echter meestal te aanmerkelijk in breedte met die van SCHOUTEN verschilden, om die voor dezelfde te kunnen houden. Op een derzelve verloor hij een zij-

(16) Zie het Dagregister bl. 95, 99, 101, 104 en 127.

(17) Zie het Dagregister bl. 128, 159, 173 enz.

zijner Schepen. Van lieverlede bemerkte hij nu uit zijne eigene ontdekkingen, dat SCHOUTEN verkeerdelijk uit den geringen tigt der Zee uit het Zuiden, besloten had dat er een vast land ten Zuiden liggen moest; want dat zulks aan niets anders toeteschrijven was, dan aan die menigvuldige Eilanden en Reven, waarin zij als verward geweest waren. Geene kans ziende om dus ook langs dezen weg hun doel te bereiken, besloten zij den 3den Junij om naar het Vaderland terug te keeren, en om zulks (als wordende de terugreis om Kaap Hoorn om vele redenen voor hen ondoenlijk geacht) langs de Oost-Indien te ondernemen, ofschoon het blijkt dat zij zich het gevaar niet ontveinsden van als overtreders van het Octrooij der O. I. Compagnie te worden aangemerkt. Op dien terugtogt hadden zij met gebrek en ziekten te worstelen. Hunne eetwaren meest bedorven en bijna oneetbaar geworden zijnde, begon de scheurbuik verwoestingen onder de Equipagien aanterigten. Hiermede mengden zich zedelijke aandoeningen. De gouden bergen die zij zich beloofd hadden, waren nu uit het oog verdwenen. De togt was mislukt. Mismoedigheid en welligt misnoegen, waarvan zich in het Dagregister een spoor voordoet, maakten zich van velen meester. Zij ontdekten echter nu en dan eenige onbekende, onder anderen de *Boumans Eilanden*, en waren op den 18den Julij gevorderd tot op 2 gr. 4 m. Z. B. en 165 gr. 50 m. gegiste lengte. Het getal der dooden was toen reeds twintig. Doch hier eindigt dan ook het MSS. Journaal van ROGGEVEEN. Is hij door ziekte verhinderd geworden hetzelve voorttezetten? of heeft hij om de deze of gene reden het overige bij zijne komst te *Batavia* vernietigd? Het is ons onbekend.

Volgens de *Tweejarige Reize* zeilden zij langs de Noordkust van *Nieuw Guinea*, passeerden meer dan vijftig kleine Eilanden, wierpen den 31 Julij het anker uit bij *Arimoa* en *Moa*, waar zij goed ontvangen werden, en kwamen, tusschen *Nieuw Guinea* en *Gilolo* door, eindelijk op den 9den September te *Japara*, en zich daar eenigen tijd ververscht hebbende, op den 4den October ter reede van *Batavia*.

Doch hier wachtte nu onzen ROGGEVEEN de grievendste teleurstelling. Op dienzelfden dag vaardigde de Gouverneur-Generaal ZWAARDECROON een Lastbrief uit op de Heeren JACOB WILLEM DUBBELDEKOP, Secretaris der Hooge Regering, MICHIEL WESTPALM, Commandeur en Equipagiemeester en ARNOLDUS ABELEVEN, Sabandaer en Licentmeester, om, ingevolge het geresolveerde in Rade van Nederlandsch Oost-Indien van den 22 September bevorens, Arrest te leggen op de beide Schepen, de ladingen en de Schepelingen, en terstond alle de Scheepspapieren van hen aftevorderen. De gemelde Heeren voldeden aan dien last. Zij voeren naar de Schepen die even te voren het anker hadden laten vallen, en maakten ROGGEVEEN met hunne commissie bekend.

Stoutmoedig en mannelijk gaf hij ten antwoord: dat hij gaarne met den Heer Gouverneur-Generaal daarover wilde spreken, doch dat hij *om geen waarom* de origiginele Scheepspapieren zoude afgeven; dat het aangezegde Arrest was ongehoord en ganisch onbillijk, wijl de Schepen van de O. I. C. alle beleefdheid en hulp genoten wanneer zij door toeval in de havens der W. I. C. moesten binnenloopen, gelijk nog onlangs op *Curaçao* aan een Oost-Indischen bodem was betoond; dat de Schipper SCHULERUS hem op *Japara* beleefdelijk uitgenoodigd had om herwaarts te komen en hem zelfs een Extract uit een brief had getoond waarin hun gepermitteerd werd naar Batavia opt ezeilen; dat hij allenthalve het fatsoen van zijne Heeren Gebieders als Chef over de twee bodems zoude maintineren, daar aan zijne Meesters, ofschoon thans minder rijk dan de O. I. C., echter geen minder *honneur* toekwam, alzoo hun gebied was strekkende tot aan het Oosteinde van *Nieuw Guinea*, en eindelijk, dat hij wel genoodzaakt geworden was *Java* aantedoen ter bekoming van ververshing voor zijn volk, waarvan een goed gedeelte versmolten was, alzoo hij anderzins zich dwazelijk zoude overgegeven hebben aan de woedende baren der Zee. — Doch deze redenen, welke, volgens het Rapport der Gecommitteerden "*met eene zonderlinge magnificentie en ernst door gemelden Heer Mr.* ROGGEVEEN *werden geuit*" — bragten geene verandering te weeg in het genomen besluit; en voor het geweld moetende bukken, onderging ROGGEVEEN hetzelfde lot, 't welk ruim eene eeuw vroeger SCHOUTEN en LE MAIRE onder gelijke omstandigheden hadden ondervonden.

De alzoo verbeurd verklaarde Schepen werden dadelijk in dienst gesteld; het eene werd naar *Persie*, het andere naar de Oostkust van *Java* gezonden. De ladingen werden met winst verkocht, en de ongelukkige Equipage, en met dezelve ook onze ROGGEVEEN, werd in de maand December met de Retourvloot naar het Vaderland teruggezonden.

Een gedeelte dezer Vloot kwam den 6den Julij met den Kommandeur VAN DER GRYP ter reede van *Middelburg*. Op een dier Schepen bevond zich ROGGEVEEN. Het overige gedeelte der Equipage viel met de andere Schepen op den 8sten dier maand Texel binnen.

Hoog werd de aanhouding der Schepen door de West-Indische Compagnie opgenomen. Reeds den 12den dier maand verscheen de Advocaat der W. I. Compagnie, Mr. JEAN DE LA BASSECOUR, in de Vergadering van Bewindhebberen der O. I. Compagnie, zich daarover ernstig beklagende en verzoekende de redenen daarvan te mogen vernemen, doch hij bekwam aanvankelijk niets dan een ontwijkend antwoord: » men kon » zich niet daarover uitlaten vóór de Heeren, die in » Commissie gesteld waren om de papieren deze ma- » terie betreffende en nu laatst met de Retourvloot aan- » gebragt te examineren, Rapport gedaan hadden."

Welken uitslag deze zaak gehad hebbe, is ons, ondanks alle nasporingen, niet volkomen gebleken. BEHRENS verhaalt hieromtrent het volgende: » *Dans la suite l'affaire etant degenerée en procès entre les deux Compagnies, les Etats-Generaux après une mûre dé-*

déliberation donnerent gain de cause à celle des Indes Occidentales; et on lui donna pour les deux Vaisseaux saisis, deux autres plus beaux et plus grands. La valeur de la charge, après qu'elle fut taxée lui fut restituée; et on paia à l'equipage les gages ordinaires pour autant de tems qu'il fallait depuis le départ de Batavia jusqu'au retour en Hollande. La Compagnie des Indes Orientales fut aussi condamnée à tous les frais du procès, outre une somme considerable, qu'elle paia à sa partie en forme de satisfaction." (18) Doch wij hebben redenen om aan de waarheid dezer zoo omstandige opgave te twijfelen. Immers, noch in de Archiven van Holland of der Staten-Generaal, noch in die van den Hoogen Raad en van het Hof van Holland, is hiervan eenig spoor gevonden. (19) Het waarschijnlijkste komt ons voor, dat de zaak tusschen de beide Compagnien bij een accoord of transactie zal zijn afgedaan: doch onder welke bepalingen is ons niet gebleken. (20) Misschien is dit het Contract van den 2 Maart 1725 omtrent de bedoelde onderneming, tusschen Bewindhebberen der beide Compagnien gesloten, waarvan elders wordt melding ge-

(18) *Hist. de l'Exped. de trois Vaisseaux.* Tom II. p. 45.

(19) De Heer Archivarius DE JONGE heeft zich wel de moeite willen geven om in gemelde Archiven hiernaar opzettelijke nasporingen te doen: doch alles vruchteloos.

(20) De Notulen der West-Indische Compagnie behelzen omtrent deze zaak niets anders dan hetgeen men in de Bijlagen van dit Levensberigt vinden zal.

gemaakt, (21) doch waarvan een volledig afschrift ons nog niet ter hand gekomen is.

Wat hiervan zij, ROGGEVEEN zette zich, na deze rampspoedige reis, weder in zijne geboortestad neder, alwaar hij (gelijk ons uit echte stukken gebleken is) zijne overige levensdagen in zeer onafhankelijke omstandigheden gesleten heeft. Hij is nimmer gehuwd geweest, en overleed te *Middelburg* in het begin van de maand Februarij 1729, in den ouderdom van 70 jaren (22). Het jaar te voren was een zoogenaamd Verhaal zijner reis, onder den titel van: *Tweejarige Reize rondom de Wereld*, (23) in het licht verschenen. Hij heeft dit Verhaal, 't welk zulk een verkeerd denkbeeld van hem gegeven heeft, dus nog kunnen lezen, en zóó hij het gelezen heeft, hoe moet het hem dan in den avond van zijn leven gegriefd hebben, dat een togt, dien hij met zóó veel ijver ondernomen en met zoo vele gevaren en rampen volvoerd had, hem voor de oogen zijner Landgenooten bijna in een belagchelijk daglicht stelde? Zoude het vreemd zijn, zoo hij zelf de uitgave van zijn Dagregister had bij de hand genomen en reeds het een en ander tot zijne verdediging had ten papiere gesteld? Zoude het onmogelijk zijn dat zoodanig Handschrift nog onder de nakomelingen zijner Erfgenamen in wezen

(21) Door den Heer VAN WIJK Rz. in den Konst en LB. 1836 no. 3, welke Heer echter ook geen volledig afschrift daarvan bezit.

(22) Begravenis Boek. Nieuwe Kerk op 5 febr. 1729.

(23) Dord. 1728, 4to.

zen ware? De onmogelijkheid hiervan zal niemand willen staande houden, en daar het ons bekend is, dat in meer dan ééne plaats van ons Vaderland (24), de naam van ROGGEVEEN nog in aanwezen is, hebben wij, om misschien dezen of genen op het spoor van 's mans papieren te helpen, hier eene Geslachtlijst van ROGGEVEEN bijgevoegd, zoo verre wij die uit Stedelijke en andere Registers hebben kunnen opzamelen.

BIJ-

(24) Onder anderen in Noord-Holland. Ook te 's Hertogenbosch. Misschien ook wel te Utrecht, waar nog in 1773 die naam bekend was.

Fac simile

der Handteekening van

Mr. Jacob Roggeveen,

op de Minute van een Testament, door hem gepasseerd voor den Notaris W. Cramers en getuigen, te Middelburg den 8 Junij 1728.

Jacob Roggeveen

BIJLAGEN.

I.

OCTROY VERLEEND AAN AREND ROGGEVEEN C.S. OM DE AUSTRALISCHE ZEE TE BEVAREN.

EXTRACT uit het Register der Resolutien van de Hoog Mogende Heeren Staten Generaal der Vereenigde Nederlanden.

Martis, den 22 September 1676.

Is ter vergaderinge noghmaels voortgebracht de requeste van ARENT ROGGEVEEN, den twintichsten November 1675 aen Haer Ho: Mo: gepresenteert, versoekende Octroy voor hem en syne medestanders, om te mogen bevaren ende negotieren op eenige nogh niet ontdeckte Landen, gelegen aen ende in de Zuytzee, tusschen de straet van *Magellanus*, ende *Nova Guinea*, mitsgaders het bericht bij de Bewinthebberen van de Westindische Compagnie deser Landen daerop gegeven, en daer heen gaende, dat hem 't voorschreve Octroy onder eenige conditien soude connen werden geaccordeert; Waerop gedelibereert synde, Is goetgevonden ende verstaen, dat aen den voornoemden ROGGEVEEN het voorschreve versochte Octroy sal werden geaccordeert, gelyck 't selve aen hem geaccordeert wert mits desen, behoudelyk dat hy ROGGEVEEN ende syne voorschreve medestanders in cas van ontdeckinge van eenige kusten, plaetsen off eylanden, op syne voorschreve te doene voyage

ende

ende binnen den omtreck van dien gelegen, de voorschreve Compagnie ter saecke van den handel, die alsdan daerop sal werden gedreven, sullen erkennen ende geobligeert syn aen deselve voor recht van convoy ende veylgelt, by forme van recognitie, te geven ende betalen soo veel als gedachte Compagnie bevoecht is, vermogens den Octroye ende de opgevolchde Haer Ho: Mo: resolutie te heffen ende te trecken van de Schepen en de goederen, gaende naer de plaetsen alwaer den voorschreven ROGGEVEEN bevonden sal worden synen handel te hebben gestabilieert, alsmede van diegene, die van daer wederom in dese Landen comen ofte herwaerts gebracht werden, ende dat hy ROGGEVEEN met syn voorschreve medestanders, mitsgaders alle diegene, die in dien gevalle op de voorschreve plaetsen sullen comen te handelen, daer en boven oock gebonden sullen wesen tot securiteyt van de opgemelte Compagnie te stellen suffisante cautie, dat sy met hare Schepen niet sullen bevaren off doen bevaren eenige plaetsen onder de eerste classe van het Octroy van de gemelte Westindische Compagnie begrepen; ende sulcx aen deselve Compagnie privatelyck met exclusie van allen anderen geconcedeert, des dat den voornoemden ROGGEVEEN ende syne medestanders van de voorschreve eerste conditie, aenbelangende de betalinge der recognitien voor de eerste reyse, te weeten in het uytgaen, sullen vry ende exempt syn, dogh in de wederom reyse eenige retouren hier off daer ingehandelt mede brengende, sy gehouden sullen syn daer van aen de voorschreve Compagnie het recht van de incomende recognitien hier boven vermelt, nae proportie te voldoen, wel verstaende nochtans, dat oock voor die voorschreve eerste reyse de voor gementionneerde cautie van de plaetsen, onder de eerste

classe

classe begrepen, niet te behandelen, sal moeten gestelt worden; dat wyders het Octroy in manieren als vooren ten behoeve van den voornoemden ROGGEVEEN, ende syne voorschreve medestanders in crachte deses te depescheren, by hen luyden in 't werk sal moeten werden gestelt, uytterlyck ende ten langhsten binnen den tyt van achtien eerstcomende maenden, te reeckenen van huyden dato deses aff, ofte dat anders ende by langer uytstel het effect van 't selve Octroy t' haeren reguarde sal comen te vervallen; sullende hiervan extract gesonden werden aen de Presidiale Camer van de meergemelde Westindische Compagnie tot derselver nerightinge, ende om wyders t' syner tyd te dienen soo ende daer 't behoort.

Accordeert met het voorschreven Register, berustende in het Rijks Archief te 's Gravenhage.

De Archivarius van het Rijk,
J. C. DE JONGE.

'S GRAVENHAGE,
den 22 November 1837.

II.

EXTRACTEN uit het Notulboek (*) der Vergadering van Thienen, van de West-Indische Compagnie: loopende van 1 January 1721 tot ultimo December 1727.

I. *Folio 23, recto tot 24 recto.*

Jovis, den 10 April 1721.

De Heeren: President PILLE, BORREL, VAN COLLEN en LEEUWE, ingevolg ende tot voldoeninge van derselver resolutie commissoriael van den 4 deser maent in een nader besoigne synde geweest, met den Heer JACOB ROGGEVEEN op het subject van syne propositie, om eenige voor als nog onbekende Landen te ontdecken, onder de notulen van den 2 deser geinsereert, hebben van het gem. gebesoigneerde aan de Heeren deser tafel omstandig rapport gedaen.

Waerop gedelibereert: en de gem. Heeren Commissarissen voor de genome moeyte, ende den Heer President, voor het gedaene rapport bedanckt wesende: is met eenparigheid van stemmen goet gevonden ende verstaen, de reyse tot het ontdecken van onbekende Landen, gelegen binnen de Districten en Limitten van den Octroye van dese Comp. ende by geene Europiaanse natien werden bewoont

(*) Dit Boek berust in het Archief der West-Indische Compagnie in het O. I. Huis te Middelburg.

woont, te ondernemen ende te doen, ende dat tot die reyse sullen werden geëmployeert, een Schip van hondert en twintig voet, benevens twee Galioots- of Hoecker Schiptjes: en dat met de voorn. Scheepen sal werden meede gegeven een sortabel cargasoen om verhandelt te werden; dat de gem. Heer JACOB ROGGEVEEN, op syn eygene propositien en presentasien, die voyagie en onderneminge selfs en in persoon meede sal doen, ende dat indien de voorsr. reyse niet wel uytvielt, hy alsdan niets voor syn moeyte sal genieten, maer ingevalle de voorn. voyagie en onderneminge wel en geluckig komt uyt te vallen ende te reusseren, ende de Comp. daarby groote voordeelen en conquesten komt te maecken, de gem. Heer ROGGEVEEN als dan van de gedane winsten en voordeelen na aftrecken van alle kosten van Equipagien, Koopmanschappen, maantgelden en wat dies meer is, door de Comp. daertoe geapposteert, ende sulcx van het suyvere rendement van de overgebragte retouren voor hem en syn Erve, sal hebben en genieten *een geregte thiende part, ende dat gedurende den tijd van thien agtervolgende jaeren, bij continuatien van de voorn. voyage*; — ende werden de Heeren Bewindhebberen van de Camer *Amsterdam*, mits desen versogt, gequalificeert en geauthoriseert, omme de voorn. Equipagie ende hetgeene daar eenigsints sal wesen toe vereyst, ten spoedigste doendelyck is, in 't werck te stellen, ende synen voortganck te doen hebben, ende daertoe alles te doen verrigten, soo als haer E. E. met den meesten dienste van de Comp. sullen bevinden, en oordeelen te behooren, ende tegens welcke dese te doen Equipagie, aan de andere respective Cameren yder een behoorlycke Equivalent toegevoegt sal werden.

II.

II. *Folio* 110, *verso*.

Veneris, den 9 July 1723.

Den Advocaet heeft ter Vergaderingh voorgedraagen dat ZynEd. sig by den Advocaet van de Oostind. Comp. hadde geinformeert op de tydinge dewelke aen gemelte Comp. waren gekoomen weegens de Twee Scheepen *den Arend* en *Thienhoven*, onder het belyt van de Heer JACOB ROGGEVEEN in den Jare 1721, tot ontdecking van eenige onbekende Landen uytgesonden, dog door gebrek van vivres en verversingh genoodsaekt, in het district van welgemelde Oostind. Comp. te koomen, omme sig aldaer van het nodige te voorsien, ende alsoo te repatrieeren, dat hy Advocaet was geinformeert dat de voorsz. Twee Scheepen, door de Regeringh op Batavie geconfisqueert, en beryts na Persien ende de Oostkant van Java, versonden waren: dat hy Advocaet wel hadde getragt te ontdecken wat Reedenen de voorsz. Regeering op Batavia hadde gepermoveerd tot soodanige ongegronde proceduuren, maer dat den Advocaet van de Oostind. Comp. sig in de saake selffs niet hadde gelieven in te laaten, oordeelende best te syn, dat men sig desweegens, aen de Heeren Bewinthebberen van de Oostind. Comp. soude adresseeren.

Waerop gedelibereert synde is goetgevonden ende verstaen, dewyl de Vergaderingh der Seeventhienen jeegenwoordig by den anderen is, de Heer HACK weegens de præsidie Camer Amsterdam, de Heer HURGRONJE weegens de Camer Zeeland, en de Heer SPIERINXSHOEK, weegens de Camer Maze beneevens den Advocaet te committeeren omme by de voorsz. Vergaderingh van Seeventhiethienen te versoeken eenige Heeren Commissarissen, ten eynde met deselve over de voorsz. saake nader te spreeken, ende hunne devoiren aen te wenden, dat dese Compagnie buyten klagten gestelt ende gehouden werde, mitsgaders van haare verrigtinge alhier ter Vergaderingh rapport te doen.

III. *Folio* 114, *recto.*

Sabbathi, den 10 July 1723.

De Heer President heefft ter Vergad. gerelateert, dat ZynEd. hadde gesprooken met den Heer Burgemeester Trip *Heer van Berkenroode*, jegenwoordig Presid. van de Vergad. der Seeventhienen, ende aen syn Ed. versogt, dat weegens de voorsz. Vergadering eenige Heeren mogten werden gecommitteert, omme met eenige Heeren uit dese Vergad. daer toe by Resolutie van gisteren genomineert, weegens de geconfisqueerde twee Scheepen van dese Compagnie op *Batavia*, te confereren; dat welgem. Heer *van Berkenroode* aen Zyn Ed. hadde gedeclareert, dat de papieren en beschyden, de voornoemde saek concerneerende, in de gemelte Vergad. der Seeventhienen tot nog toe niet geleesen waren, dat Zyn Ed. verder hadde aangenomen, soo haest sulx soude wesen geschiet, het daer heenen te dirigeeren, dat aen de begeerte, ende het versoek van dese Vergad. voldaen en daervan aen deselve de noodige advertentie gegeven soude werden.

Waerop gedelibereert synde, is goetgevonden ende verstaen de Heer President voor syn Ed. genomen moeyte en gedaen rapport by dese te bedanken, mitsgaders de voorsz. advertentie afftewagten.

*** IV.

IV. *Folio* 115.

Lunae, den 12 July 1723.

Den Heer Præsident heefft ter Vergad. voorgedraegen, dat de Heer Burgemeester TRIP, *Heere van Berkenroode*, jegenwoordigh Præsident van de Vergadering der Seeventhienen, Zyn Ed. hadden gecommuniceert, dat de saek weegens de twee Comp. Scheepen door de Regeering op *Batavia* geconfisqueert, in de voorsz. Vergad. was geweest, ende dat het Zyn Ed. voorquam dat de resp. Leeden van dien niet ongeneegen soude syn, deselve amiabel afftedoen; dat Zyn Ed. dienvolgends hadde geoordeelt, best te syn, dat den Advocaet deser Comp. in opgem. Vergad. soude compareren, en uyt de naam van de Vergadering der Thienen doen soodanig versoek als men gerade soude werden.

Waerop gedelibereert en de Heer Præsident voor de genomene moeyte bedankt wesende, is goet gevonden ende verstaen den Advocaet by dese te qualificeeren, omme uyt name van dese Vergad. sig te addresseeren aan de Heeren van de Seeventhienen, ende aen deselve voor te houden, hoe surprenant de Proceduuren door de Regeringh op *Batavia* gehouden, aen dese Vergad. synde voorgecoomen, ende uyt dien hooffde te versoeken dedommagement van geleedene schaaden, soo ten aensien van de voorsz. twee geconfisqueerde Scheepen, als het Cargasoen, daer inne geladen geweest, ende op *Batavia*, met profijt verkogt; als meede te versoeken eenige Heeren Commissarissen omme daarover weedersyts nader te kunnen spreeken, en de voorsz. saeken in der minne te schikken.

Is binnen gestaen JAN KOSTER, gevoert hebbende

het

het Comp. Schip *den Arent*, ter Vergad. overgeevende syn Journael gedunrende syne ryse gehouden, als meede nog eenige andere pampieren daer toe relatieff synde, mitsgaders mondeling rapport doende van syne voorsz. ryse en de het gund daeromtrend verder is gepasseert; Waerop gedelibeereert synde is goetgevonden ende verstaen 't selve voor Notificatie aan te neemen.

De Advocaet ingevolge de boovenstaende Resol. sig hebbende geaddresseert gehad aan de Vergad. der Seeventienen, ende aldaer hebbende verrigt, 't gund aen deselve by de voorsz. Resol. gedemandeerd is geworden, heefft ter Vergad. rapport gedaen, dat door den Heer Præsident van de voorsz. Vergad. aen Zyn Ed. was gecommuniceert datter eenige Heeren Commiss. soude werden benoemt, om de proceduure op *Batavia* tegens de Scheepen *den Arent* en *Thienhooven* te examineeren, ende alles nauwkeurig naetegaen, ende dat soo haest het rapport van de voorsz. Heeren soude wesen ingecomen, daervan aen dese Vergad. behoorlyke advertentie gegeven sal worden. Waarop gedelibereert synde is goetgevonden ende verstaen, de voorsz. tyt en advertentie afftewagten.

V. *Folio* 120 *verso*.

Jovis, den 15 July 1723.

Is ter Vergad. binnen geweest de Heer JACOB ROGGEVEEN, in den jare 1721 met 3 Comp. Scheepen *den Arend*, *Thienhooven* ende *de Africaanse Galey* na de Zuydzee, tot ontdecking van eenige voor als nog onbekende Landen, uytgezonden, ende nu over Oost-Indien geretourneerd,

neerd; verslag doende van syne voorsz. Voyagie ende van 't gunt daeromtrent verder is gepasseert, en aennemende aen deze Vergaderingh een schriftelyk Journael gedurende de voorsz. ryse gehouden te zullen overgeven, zoo haest 't zelve in effenheid soude wesen gebragt; — Waerop gedelibereert zijnde is goetgevonden ende verstaen den voorn. Heer ROGGEVEEN voor zijn gedaen rapport te bedanken.

VI. *Folio* 121.

Veneris, den 16 July 1723.

Den Heer Presidt. heefft ter Vergad. voorgedraegen, dat den Advocaet van de Oost-Indische Comp. Zyn Ed. hadde geinformeerd, dat op de propositie in de Vergad. der Seeventhienen door den Advocaet deser Comp., ingevolge van de Resol. van den 12 deeser gedaen, de saeke concerneerende de Scheepen *den Arent* en *Thienhooven*, op *Batavia* geconfisqueert, in handen van eenige Heeren Commiss. gestelt geworden is, die deselve beryts geëxamineerd en daer van ter Vergad. rapport gedaen hadden, dat daerop in de voorsz. Vergaderingh der Seeventhienen, was goedgevonden van de voorn. saeken, bij de eerste beschryving, een particulier poinct te maeken, ten eynde de resp. Cameren daer op mogte wesen gelast; — geevende gem. Heer President dese Vergaderingh in bedenking, off men niet soude kunnen goetvinden, de voorsz. saeken te laten aen de præsideerende Camer *Amsterdam*, dewyl gedurende dese Vergad. daeromtrent niets zal kunnen werden geeffectueert; — Waerop gedelibereert synde is goetgevonden ende verstaen, de welgem. Heer Præsidt. voor Zyn Ed. gedane rapport te bedanken, en verders de voorsz. saeke en schicking van dien te te stellen in handen van de Heeren Bewindhebberen ter præsidiale Camer *Amsterdam*, omme daeromtrent te doen, soo als haer EE. ten meeste dienste van de Comp. zullen vermeinen te behooren.

De Heer President heeft ter Vergaderingh voorgedraegen dat de præsidiale Camer *Amsterdam*, met goetvinden van dese Vergad. niet ongeneegen soude syn, aen de Officieren, Matroosen en Soldaeten, onder het gesag van de Heer JACOB ROGGEVEEN, met de Scheepen *den Arent*, *Thienhooven* en *de Affricaanse Galey* uyt geweest, niet uyt verdienste maer als een douceur en gratie te betalen, haere gagie en maendgelden ter tyt ende wyle toe, dat sy op *Batavia* met haere voorn. Scheepen aengekomen ende aldaer aengehouden syn, alsmeede dat door de voorsz. Offiecieren, Matroosen en Soldaeten aen de houders van de Transporten, niet meerder behoorde betaelt te werden, als 't gund door deselve effective genooten is.

Waerop gedelibereert synde is goetgevonden ende verstaen deze saeke te laeten aen de præsid. Camer *Amsterdam*, omme deselve (best doenlyk) afftemaeken.

VII. *Folio* 135, *recto*.

Jovis, den 22 July 1723.

Is ter Vergad. overgegeven het Journael door de Heer JACOB ROGGEVEEN, geduurende syne ryse gehouden; waerop goedgevonden is 't selve alhier ten Comptoire te seponeren.

VIII.

VIII. *Folio* 138, *verso*.

Veneris, den 23 July 1723.

Is binnen gestaen CORNELIS BOUMAN, gewese Schipper op het Comp. Schip *Thienhooven*, onder de Directie van JACOB ROGGEVEEN, in de Z. Z. tot ontdecking van eenige onbekende Landen geweest synde, ende nu over Oost-Indien gerepatrieert, overgevende een Journael door hem geduurende syne ryse gehouden; waerop gedelibereert synde is goedgevonden en verstaen, het voorsz Journael alhier ten Comptoire te seponeeren. (*)

III

(*) Dit is het laatste 't welk in het Notulboek ten aanzien van ROGGEVEEN en de aanhouding der Schepen voorkomt. Daar intusschen uit deze Extracten blijkt, dat zoowel ROGGEVEEN, als KOSTER en BOUMAN, hunne Journalen hebben overgegeven aan de West-Indische Compagnie, is het zeker vreemd dat deze Stukken tot dus verre vruchteloos gezocht zijn.

III.

EXTRACTEN uit de Notulen der O. I. C. Kamer Middelburg (in dorso gemerkt 1722—1729).

Donderdag, 8 July 1723.

De Heeren die gevaceerd hebben tot het inhalen der Retourschepen die op Dingsdag, (1) onder het commando van den Vice-Commandeur VAN DER GRIPPE, alhier behouden ter Reede zijn gearriveerd, rapport van hunne verrigtinge en bevindinge gedaan hebbende, worden deselve voor hare moeyte bedankt, en syn verders de Brieven met de gemelde Scheepen uyt Indien overgebracht, gesorteerd, geopend en een begin gemaakt met de Lecture derselve.

Donderdag, 15 July 1723.

De Heeren Gecommitteerden tot het largeren van de Kisten, in dees Camer ter Vergaderinge voortgebragt hebbende dat de *Officieren en Matroozen van de Scheepen den Arent* en *Thienhoven met de Scheepen voor dees Camer voor de Kost te huys gevaren*, doorgaans bevonden worden voorsien te wezen met eene *Kist* van grootte en calibre als de luyden, die in dienst van de Compagnie syn, komen mede te brengen, synde ook gemunieert met een ordinaire brandbrief, en daerop gevraegd hebbende dees Camers sentiment, is na deliberatie met eenparigheid geresolveerd, de

---

(1) Volgens het *Kort gevat Jaarboek* der O. I. C. Kamer Zeeland (Midd. 1769) kwamen op 6 Julij 1723 op het Vlakke aan, de 4 Schepen *Mayynberg*, *Heinkenszand*, *Barbestein* en *Valkenisse*.

de gedachte Kisten aan vorengemelde Officieren aftegeven: Overmits by de Brief van Generaal en Raden aan deselve de voors. Kisten als ordinaris bagagie syn geconsenteert.

Donderdag, 22 July 1723.

Aan dHr. ROGGEVEEN wert toegestaen syne twee Kisten te mogen ontvangen.

Maandag, 23 Augusti 1723.

Pointen van beschryving binnen Amsterdam, *tegens den* 4 *Sept.* 1723.

ART. XI.

De Cameren worden versogt om ingevolge het geresolveerde op 15 Julii ll., hen Gecommitteerden te munieren met hunne finale resolutie, hoedanig deselve vermeynen dat sal dienen en behooren gehandelt te worden, omtrent de voorstellingen uyt naem en van wege de Vergaderingh van Thienen der Heeren Bewindhebberen van de W. I. C. gedaen, en ter resolutie van de Heeren XVII van de O. I. C., onder 12 July bevorens vermeld, aangaende de Schepen *den Arend* en *Thienhoven* by de W. I. C. tot zekere Expeditie geëquipeerd en uytgesonden, dewelke op den 9 Sept. 1722 door de *Moluccos* op *Japara*, en den 5 October daaraan volgende op *Batavia* aangekomen synde, aldaer syn geconfisqueerd en derselver Ladinge verkocht, ten eynde daeromtrent sodanig te resolveren en finael te besluyten, als men naer vereisch van saken sal bevinden te behooren. (2)

GE-

(2) Behalve het bovenstaande vindt men in dit geheel Notulboek niets meer betrekkelijk dit onderwerp.

EEN.

oren

welk
oor- } ... PILLE.

koo-

oop-
ARENDROGoren
Gouseerder te Nte
MARIA STORMAR-
Middelburg inrlijdt
nalatende drie Junij
na.

JOHAN ROGGEVEEN, geboren te 's Hage 16 October 1719. — Was eenige Erfgenaam van zijnen Oudoom Mr. JACOB ROGGEVEEN, en leefde nog in 1744.

DAG-REGISTER, betreffende de kruys-togt nae het onbekende gedeelte des Werelts, gelegen in de Zuyd-Zee bewesten America, gedaan en gehouden door Mr. JACOB ROGGEVEEN, als Opperhoofd en Chef over de drie Scheepen *DEN AREND*, daar Captain op is JAN KOSTER, gemonteert met 32 stucken Canon, bemand met 110 Koppen en 120 voeten lank: het Schip *THIENHOVEN*, gevoert by Cap$^{n.}$ CORNELIS BOUMAN, synde gemonteert met 24 stucken Canon, 80 Koppen en 100 voeten lank: mitsgaders het Schip *DE AFRICAANSCHE GALEY*, ophebbende stucken Canon, 33 Koppen, en lank 92 voeten, yder gevictalieert synde voor 28 maanden, alle geëquipeert en uitgerust by de Kamer Amsterdam, volgens Resolutie van haar Edele Agtb. de Heeren Bewinthebberen der Nederlandsche geoctroyeerde West-Indische Compagnie, ter Vergadering van Thienen in 's Gravenhage gehouden en genomen op den 10 April Anno 1721.

Saturdag den .26. July 1721.

Den Commandeur benevens de andere Schepen in Texel ten anker en zeylvaardig leggende, om met den eersten goeden wint in Zee te loopen, heeft alvorens hoog noodig geoordeelt Raads-Vergadering te houden, ten dien eynde zeyn gedaan, en de Capitainen aan 't boord van 't Schip *DEN ARENT* gekoomen synde, is de volgende Resolutie getrooken en beraamt:

» RAAD der drie in Compagnie seylende Scheepen, gehouden aan 't boort van 't Schip *DEN ARENT*, present Mr. JACOB ROGGEVEEN, als President, Capn. JAN KOSTER, Capn. CORNELIS BOUMAN, en Capn ROELOF ROSENDAAL."

» Door den President geproponeert sijnde, hoe nootsakelijk het was om d'een of d'ander haven, gelegen op de kust van America of daar ontrent, vast te stellen, ten eynde aldaar te ververschen, als mede tot het innemen van water en brandhout, mitsgaders, ingeval het een of 't ander Schip van ons geselschap mogte afdwaelen, om den afgedwaelden aldaer intewagten den tijd van volle veerthien daagen, en in cas het vermiste Schip in dien tijd sig by het geselschap niet vervoegde, dat alsdan die scheepen (de voorsz. veertien dagen uitgewagt hebbende) sullen mogen en moeten hare reyze bevorderen om de Zuyd, nae het Eyland van *Jan Ferdinando*, gelegen op de Kust van Chili, op de Zuyder breete van drie-en-dertig graden veertig minuten, en aldaar nae het afgedwaelde Schip of Schepen ten minsten te wagten den tijd van ses volle weeken, eer zij hunne reyse zullen vermoogen te vervolvolgen, en te ondernemen; — op alle het welk gedelibereert sijnde, is met eenparigheit van stemmen goet gevonden en geconcludeert, dat de eerste ververschplaats, tot het haelen van water en brandhout, en nae het afgedwaelde Schip of Scheepen te wagten den tijd van veerthien daegen, wesen sal het Eylant *Grande*, gelegen op de Zuyder breette van drieen-twintig graden veertig minuten, ontrent de vastekust van America; en voor dat het Schip of Scheepen van het Eylant *Grande* sullen vertrecken, worden sy mits desen verpligt een brief daer te laeten, inhoudende hun aenkomst aldaer, en den datum van 't vertrek: welke tyd verstreken synde als dan de reyse voort te setten nae de Zuyd-zee, om op het voorsz. Eylant van *Jan Ferdinando* (welk Eylant aan d'Oostsyde sal moeten aangedaan worden, want indien dat men bewesten vervalt, so is 't onmogelyk het selve te konnen beseylen), den tyd van ses volle weeken op het minste (ingeval van afdwaeling) nae malkanderen te wagten."

» Aldus geresolveert en gearresteert in 't Schip en ten dage als boven: was geteekent: JACOB ROGGEVEEN, JAN KOSTER, CORNELIS BOUMAN, ROELOF ROSENDAAL."

Augustus.

1. — Des morgens ons anker ligtende, syn wy uyt Texel gesylt en quamen ten thien uuren voor de middag in volle Zee, stellende koers (alvorens onse Compassen geleyt hebbende de lelie tien graden beoosten de naalt, synde Noord-Westering:) nae de hoofden van

van 't Canaal, welke wy des anderen daags in de naemiddag passeerden met een Noord-Ooste wind, en die tot de naast volgende nagt continueerde als wanneer deselve contrarie loopende uyt het West-Zuyd-Westen, wy genoodsaakt wierden digt by de wint te zeylen, en over te leggen nae de Fransche wal, dan weder nae de Engelsche: volhardende dus met over en weer te laveeren tot den vierden deser, doende telkens het vereyschte seyn in 't overleggen van de steven aan d'andere Scheepen tot hunner narigt. Dan also den Commandeur heeft goedgevonden breeden Scheepsraad te beleggen wegens het gedrag van Capn. CORNELIS BOUMAN, is daarop de volgende Resolutie getrocken en beraamd:

» BREEDEN SCHEEPSRAAD, gehouden in 't Schip *DEN AREND*, present Mr. JACOB ROGGEVEEN President: Capn. JAN KOSTER: JACOB VAN GROENEVELT, eerste Opperstuurman: CORNELIS VAN AELST, tweede Opperstuurman: STEVEN DE WIT, eerste Onderstuurman: FRANS STOOKER, tweede Onderstuurman: HERMANUS VAN DEN EMSTER, Hoogbootsman en HENDRIK BROUWER, Constapel."

Maandag 4 *Augustus* 1721.

» In vergadering door den President geproponeert synde de gehoudene conduites en 't gedrag van Capn. CORNELIS BOUMAN, voerende het Schip *THIENHOVEN*, namentlyk dat hy Capitain op den 3. deser, ontrent het vyfde glas van de eerste wagt, synde nae gissin-

ge-

ge des avonds half elf uuren, (nae dat wy den selven eenige glasen hadden ingewagt, also verre lywaerts agter uyt was) buyten verwagtinge en sonder de allerminste noodsaakelykheyt op eygen authoriteyt heeft konnen goet vinden te wenden, en behalven dat daer en boven nog sonder eenig teyken of seyn te geven door een Canon-schoot, dat hy wende, so is (na dat dese saak met behoorlyke aandagt overwoogen was: als synde het regte middel om van den anderen geseparеert en gescheyden te worden, en over sulx strydende tegens het oogmerk dezer expeditie, en by gevolg om deselve seer difficil of wel infructueus en vrugteloos te maeken) met eenparigheyt van stemmen goet gevonden en verstaen om by de eerste gelegenheyt den gemelten Cap^n. CORNELIS BOUMAN seer serieus en ernstig te recommanderen, om in het toekomende van diergelyke onbehoorlyke onderneming sig te wagten, of dat wy andersints genootsaekt souden worden tegens hem Cap^n. BOUMAN te protesteren uit den naeme van de Heeren onse principalen wegens alle de kosten en schaden, die hoog gemelte Heeren, door sodaenige private authoriteyt te exerceren, in cas wy van den anderen quamen te geraeken, souden komen te hebben en te lyden. Aldus geresolveert en gearresteert in 't Schip en ten dage als boven: was geteekent, JACOB ROGGEVEEN, JAN COSTER, JACOB VAN GROENEVELT, CORNELIS VAN AELST, STEVEN DE WIT, FRANS STROOKER, HERMANUS VAN DEN EMSTER, HENDRIK BROUWER."

5 — Continueerden wy nog met over en weer te la-

laveren tot den 13 deser, dat wy in stilte dreven, hebbende de seven Eylanden by de Fransche kust gelegen, ontrent vyf mylen Oost-Zuyd-Oost van ons, wanneer wy tegen den middag een kleyn koeltje uyt het Noord-Oosten kregen, stellende ons koers regt West aan.

14. — Hadden de bevonden Noorder breete van 49 graden 1 minut en de lenkte van 11 graden 15 minuten, de koers was West, de wind Noord-Oost en Oost met een slap bramseyls koeltje en seer schoon weder. Deden in de naemiddag zeyn om de Cap^nen. van de Schepen *THIENHOVEN* en *DE AFRICAANSCHE GALEY* aan ons boord te ontvangen, ten eynde met deselve te raadplegen wegens de kourssen, die men in het toekomende sal moeten houden en waarnemen tot bevordering van onse reys: gelyk het selve ook met gemeene goetkeuring is beraemt en vastgestelt tot de linie Æquinoctiaal, omme als dan deswegen met den anderen te dilibereren, wat verder soude worden gerequireert tot expeditie van onse kruys-togt: welke resolutie verbotenus behelst:

» RAADSVERGADERING, gehouden aan 't boort van 't Schip *DEN AREND*, present Mr. JACOB ROGGEVEEN, President; Cap^n. JAN KOSTER, Cap^n CORNELIS BOUMAN en Cap^n. ROELOF ROSENDAAL."

Donderdag den 14 Augustus 1721.

» Door den President geproponeert synde hoe noodsakelyk het was, een sekeren coers vast te stellen, tot

tot wy gekomen souden wesen op een bepaalde punctus hoogte en gegiste lenkte: voorts aldaer gekomen synde een andere cours te stevenen, tot dat wy wederom daerkomende, namentlyk op de te stellene breete en lenkte, alsdan op nieuws van cours te veranderen, nae de bepaling en 't besluyt, daarvan mits desen te beraemen; soo is met eenparigheit van stemmen goet gevonden en verstaan de navolgende coersen, (by toelating van wint en weer) exact te observeren en waer te nemen: vooreerst, dewyle wy ons bevinden op de Noorderbreete van 49 graden 1 minut, en lenkte van 11 graden 15 minuten, soo is vastgestelt van heden af tot morgen op den middag onse cours regt West aan te stellen, en als dan West-Zuyd-West te stevenen tot op de Noorderbreete van 48 graden, en op 6 graden 30 minuten lenkte; daergecomen synde te boegen Zuyd-West ten Zuyden, tot op de Noorderbreete van 43 graden, en de lenkte van 2 graden: voorts de koers te stellen Zuyd-Zuyd-West tot wy gekomen sullen syn op 28 graden 30 minuten benoorden den Evenaar, en op de lenkte van 354 graden 30 minuten; ende van daar sal men Zuyden, en niet Westelyker, stevenen tot op 7 graden 30 minuten benoorden de middellyn, en de lenkte blyft als vooren, eyndelyk Zuyd-Zuyd-Oost om de linie Æquinoctiaal te snyden op de lenkte van 358 graden."

» Wyders gedelibereert synde wegens de rantsoenen die aan het volk, op de respective Scheepen bescheyden wesende, moeten verstrekt en uytgereykt worden: so is mede verstaan, eerstelyk, dat men niet eerder verstrekkinge van sterken drank sal geven, voor dat het

het bier geconsumeert is, als wanneer aan het volk, die de dagwagt hebben, een half mudsken brandewyn sal gegeven worden, waarmede wy onse reyse sullen konnen volbrengen, en anders niet: aan spek sal voor yder man een half pond ter week verstrekt worden, van vleesch twee-maal in een week voor yder man drie quart pont, van den azyn sal aan yder man ter week een mudsken uytgedeelt worden, voorts van olie en boter volgens de mede gegeven randsoen-brieff en wegens de potspys, als gord, erweten en boonen, volle backen soo veel het volk bequamelyk kan eten, en eyndeling is in deze vergadering voorgelesen de resolutie in den Breeden Scheepsraad van desen bodem, genomen op den 4. deser, raekende het wenden van Capn. CORNELIS BOUMAN: die daarop tot antwoort diende, dat hy Capitain de voorsz. resolutie regtvaardigde, als wel ende te regt genomen synde, dog dat zyn Ed. grovelyk was geabuseert door de agteloosheyt van desselfs Opper-Stuurman, die hem Capitain rapporteerde, dat den Commandeur zeyn van wenden deede, waerop hy Capn. BOUMAN uit de kooy sprong om de orders tot wenden te geven, sulx dat dese abusive aendiening oorzaak was van den begaene misslag: welke verantwoording gehoort en overwogen synde, so is hy Capn. BOUMAN daarover vry en onschuldig verklaart, met speciale ordre dat syn Ed. uyt den name van den raad, den voorsz. Opper-Stuurman ernstig en met nadruklijke woorden sal recommanderen en aanseggen om voorsigtiger en naaukeuriger agt te geven op de zeynen in het toekomende te doen. Aldus geresolveert en gearresteert in 't Schip en en ten dage als boven: Was geteekend: JACOB ROGGEVEEN, JAN KOSTER, CORNELIS BOUMAN, ROELOF ROSENDAAL."

15. — Waren wij des middags op de Noorder polus hoogte van 48 graden 51 minuten, en lenkte van 10 graden 1 minut, de wind Noord-Oost en Oost, met schoon weder en een bramseyls koeltje: presumeerden alsdoen uyt de bevonden breete (aangesien wy regt West hadden gestuurd) dat wy de bogt van Vrankryk waren ingetrocken, 't welk door onse Zee-kundige bevestigt wiert, als synde een algemeene ondervinding dat de Wateren van den grooten Oceaan bogtwaerts in hunnen loop nemen. Voorts is met Zuyder Zon zeyn gedaen om van koers te veranderen en West Zuyd-West te stevenen, volgens de resolutie van gisteren in raede genomen: peylden des avonds de ondergank der Son, en bevonden 8 graden 5 minuten Noord-Westering.

17. — Hadden des morgens een benevelde lugt, dog tegen den middag het weder klaer en helder wordende met een suyver horison, bevonden ons op de breete van 47 graden 30 minuten benoorden den Evenaar, en op de lenkte van 5 graden 11 minuten, de wint tusschen het Oosten en 't Oost-Noord-Oost met een bramseyls koeltje: deden zeyn om Zuyd-West ten Zuyden te boegen, volgens gedagte resolutie van den 14. dezer. Hadden des avonds 5 graden Noord-Westering: dus voort zeylende met contrarie Winden, so is niets merkwaardigs in de volgende dagen van dese maand voorgevallen, als op den 22. deser, in 't begin

 van

van de honde-wagt, onse groote marseyls rhede in 't midden aen twee stucken, synde een labber koeltje, en ontrent het vierde glas van de voormiddag-wagt, was de rhede, die wy tot een waarborg hadden, klaer gemaekt en boven met het marseyl daeraen, en op den 23. deden wy des middags zeyn om de Compassen te verbeteren, wordende deselve verlegt van tien tot op vijf graden Noord-Westering, de lelie beoosten de naald.

September.

1. — Bevonden ons op de Noorderbreete van 34 graden 43 minuten, en op de gegiste lenkte van 359 graden 18 minuten, de gecoppelde koers was Zuyden ½ West, de wind Zuyd-West en West-Zuyd-West, met een bramseyls koelte en helder weder. — Ontrent het thiende glas in de naemiddags-wagt, liep de wint heel Noordelyk nae het Oosten, stellende onse koers Zuyd-West ten Zuyden om de Canarische Eylanden bewesten te passeren, synde in hope van de Noord-Oost passaet-wint gekregen te hebben.

2. — Hadden wy volgens onse hoogmeeting de Noorderbreete van 33 graden 38 minuten, en de lenkte van 358 graden 27 minuten, de koers was Zuyd-West ten Zuyden, de wint Noord-Oost met een styve bramseyls koelte. Ontrent de middag kregen wy een kleyn Scheepken in 't gesigt, dat voor ons overlyde, vertoonende een Engelsche vlag; 't welk van ons insgelyks gedaan is, om niet erkend te syn wat Scheepen wy waren: nae verloop van een glas sagen nog

vyf

vyf zeylen aan stuurboord vooruyt, als wanneer het ons toescheen, dat het gepasseerde Scheepken onder de wint stak, 't welk nae weinig tyts verloop wel contrarie bevonden wierd, dog egter d'oorsaek was, dat wy alles slag-vaerdig maekten om ons nae behooren te verdedigen; voorts zeyn aen ons geselschap doende, opdat een ygelyk sig soude rangeren. Dus leggende, so klaerden de kimmen des Hemels helder op, die nevelagtig waren geweest, en sagen als doen het Eyland *Porto Sancto*, synde het Noordelykste van de Canarische Eylanden. Ondertusschen de vyf Schepen nader gekomen synde, bevonden, dat het vier Tartanen en een kleyn Fregat waren, waar op wy afbrasten koers stellende West-Zuyd-West, om bewesten *Madera* te loopen: des avonds peylden *Porto Sancto* Zuyd-Oost ten Zuyden ontrent vier mylen van ons. Met dese doordringende en voorspoedige passaat-wind continueerden wy Zuyd-Zuyd-West te stevenen tot den 6. deser, als wanneer nae Zuyder Zon zeyn gedaan is om van cours te veranderen, volgens resolutie op den 14. der jongst gepasseerde maand in raede getrocken, en te stuuren regt Zuyden aan, 't welk duurden (na dat wy op den 7. deser onse compassen regt wysend hadden gelegt sonder afwyking, of de lelie parallel met de naald) tot den

10. — Als wanneer wy in 't vierde glas van de dag-wagt het Eyland *Bona Vista* quamen te zien, synde het Oostelykste van de Eylanden van *Cabo Verte*, en peylden de Zuydhoek Zuyd-Zuyd-West $\frac{1}{2}$ Zuyd,

½ Zuyd, vyf mylen van ons; dog met het vyfde glas van de voormiddag-wagt, veranderde de wint van het Noord-Oost na het Zuyd-Oost; sulx wy genootsaakt waren te wenden, omdat men boven de hoek van 't land niet konde stevenen, en stuurden Oost-Noord-Oost, des middags bevonden wy te weesen op de Noorder-polus-hoogte van 16 graden 28 minuten en op de gegiste lenkte van 355 graden 13 minuten.

11. — Hadden wy des middags de breete van 16 graden 58 minuten benoorden den Evennagter, en de lenkte van 354 graden 27 minuten, de gecoppelde coers was Noord-Oost ten Oosten, de wint tusschen het Oost-Zuyd Oosten en het Zuyden, marseyls en bramseyls koelte met travaden en regenbuyen.

12. — Bevonden ons met Zuyder Zon op de Noorder polus-hoogte van 16 graden 53 minuten, en op de lenkte van 355 graden 8 minuten, de wint seer variabel en stil. Op heden is den Raad der drie Scheepen vergadert om over de gepleegde moetwil en misdaad, die *Martinus van Gelder*, van Amsterdam, hooploper of jongmatroos, hadde begaan, te sententiëren, welke woordelyk dese is.

» RAAD der drie Schepen, gehouden aan 't boord van 't Schip *DEN AREND*, present Mr. JACOB ROGGEVEEN, als President, Capn. JAN KOSTER, voerende het Schip *DEN AREND*, Capn CORNELIS BOUMAN, commanderende het Schip *THIENHOVEN*, mitsgaders ROELOF ROSENDAAL, Capn. op *D'AFRICAANSCHE GALEY*; — JACOB

VAN

VAN GROENEVELT, eerste Opperstuurman en CORNELIS VAN AELST tweede Opperstuurman, beyde bescheyden op het Schip *DEN AREND*, WILLEM WILLEMSEN ESPELING, Opperstuurman op 't Schip *THIENHOVEN* en, JAN JURIAANSEN DE ROY, Opperstuurman op *D'AFRICAANSCHE GALEY*.

Vrijdag den 12 *September* 1721.

Alsoo *Martinus van Gelder*, van Amsterdam, hoopleper of jongmatroos, bescheyden op het Schip *DEN AREND*, in dienst der Edele West-Indische Compagnie, jegenwoordig 's Heeren gevangen, sig niet en heeft ontsien op den 24. der voorleden maand Augusti, beschonken synde voor in de bak van 't Schip te komen, en aldaar vindende een stop, waer in de Bootsman syn randseen van smeer bewaerde, heeft hy gevangen alle het smeer op een moetwillige en baldadige wyse op het dek uyt geworpen en gestort, en dus het volk van de Bootsmans bak beroofdt van desselfs nut en gebruyk: hetwelke den Bootsman aangedient synde, heeft hy Bootsman den gevangen met een dagge de bak uytgejaagt, waarop kort daarna den gevangen wederom in de bak is gekomen met een bloot mes in de hand, voornemens synde, volgens syne dreygementen en buytenspoorige (taal), om de kok het mes in 't lyf te stooten; dog de kok het nakende gevaer ontvlugtende, heeft hy gevangen voorts geroepen, *waar is hy nu?* denoterende daarmede den voorschreven Bootsman, en aanstonts al vloekende sig begeven nae de andere syde van de bak

(al-

(alwaer de Bootsman met syn volk was schaftende) so soude hy gevangen het mes in de lendenen van een van 't schaftende volck gestooten hebben, indien denselven (door 't geraas omsiende) sig met een schielyke vlugt niet gered en gesalveert hadde: op alle welke vuyle en boosaardige moetwil, so heeft den bootsman den gevangen straffelyk toegeroepen: dat hy gevangen syn mes soude afleggen, — 't welk hy gevangen deede met het mes stillekens naast syne syde te laeten nedervallen en vervolgens is hy gevangen andermaal de bak uyt gejaagt. Dog met alle het gepasseerde (so 't scheen) den gevangen sig nog niet konnende gerust houden, is hy gevangene nae beneden tusschen deks gegaen en aldaer een ander mes magtig wordende, is daer mede weder boven op het dek gekomen; dog siende dat hy gevangen sig niet konde wreken aan die gene daer hy het op gemunt mogte hebben, heeft hy gevangen sig selven twee wonden geinfligeert en toegebragt; de eene die op de sevende ribbe afgestuyt is, en d'andere in de lies, byde aan de regtersyde, vermengende voorts hy gevangen in syn woorden seer schrikkelyke en execrabile vloeken, alle het welke saeken syn van een dangereus gevolg binnen Scheepsboort, en niet geduld konnen worden, daar men gewoon is regt en justitie te administreren, maar andere ten exempel rigoureuselyk behoorden gestraft te worden, so is 't, dat wel gemelten Raede, alles rypelyk overwogen hebbende 't geen ter materie was dienende of eenigsints konde moveren: regt doende in den naeme en van wegen Haer Hoog Mogende de Heeren Staten-Generaal der Vereenigde Ne-

Nederlanden, den gevangen condemneert, gelyk denselven gecondemneert wordt by desen, om drie mael aen bak-boorts syde van de groote rhede in Zee te vallen, waarnae aanstonts den gevangen met twee hondert slagen strengelyk sal worden gelaarst: voorts dat hy gevangen voor in 't galjoen in boeijens gesloten synde, aldaar voor den tyd van veertien dagen sal worden onderhouden met enkel brood, water en zout, welken tyt verstreken wesende, sal hy gevangen in de boeijens op een andere plaats van 't Schip blyven sitten, tot so lang dat wy met desen bodem aan 't een of 't ander Land sullen gekomen wesen, om vervolgens daar op geset te worden. Verklaart wyders, den gevangen 't sedert den 24. Augusti laestleden, als wanneer hy syne misdaet perpetreerde, geen gagie gewonnen te hebben."

„ Aldus gesententieert en gepronuntieert in 't Schip ten dage en presentie als boven, was geteekent: JACOB ROGGEVEEN, JAN KOSTER, CORNELIS BOUMAN, ROELOF ROSENDAAL, JACOB VAN GROENEVELT, CORNELIS VAN AELST, — WILLEM WILLEMSEN ESPELING, JAN JURRIAANSEN DE ROY."

13. — Was onse bevonden Zyderbreete des middags 16 graden 48 minuten, de gegiste lenkte 355 graden 22 minuten, de cours Zuyd-Zuyd-Oost, de Wind Oostelyk dog stil, daerna Noord-Noord-West met een slap lugje en bevonden de afwyking der naalde te syn 3 graden 14 minuten Noord-Westering. — In dese variabile lugtstreek synde, waren wy gehoot-saekt

maakt onse coers te beegen, dan om de Oost en dan ter contrarie om de West, nae de winden ons meest begunstigden tot den

18. — Als wanneer wy ons bevonden op de Noorder-polus hoogte van 12 graden 49 minuten, en op de gegiste lenkte van 356 graden, de cours geweest synde Zuyd-Zuyd-Oost, met een slap koeltje uyt het Noord-Noord-Westen, so toonde de ondervinding van onse gegiste verheyt, dat wy door de Stroomen om de Noord-Oost waren geset, vermits wy andersints, volgens onse hoog-meting, meerder Zuyd hadden moeten winnen. In de volgende dagen van deze maand is onse vaststelling, dat de Stroomen om het Noord-Oosten haren loop nemen, onderscheydentlyk bevestigt, vermits wy verscheyde etmalen, seylende met een kleen lugtje Zuyden ten Oosten, en wederom van stilte dryvende, ons veel Noordelyker bevonden van onse afgeseylde standplaats. Volgens een morgen en avond peyling hadden wy 2 graden 45 minuten miswysing om het Noord-Westen.

October.

1. — Bevonden wy ons des middags op de breete van 5 graden 54 minuten benoorden de middellyn, en op de lenkte van 358 graden 28 minuten; de gekoppelde cours was Zuyd-Oost, 4 mylen, de wint heel veranderlyk en stil, als Zuyd-Zuyd-West, West-Zuyden en Zuyd-Zuyd-Oost. Uit dese bevinding considerde ons wederom, dat ons opgemaakt besluyt over den loop des Strooms, wel en wettig was: want het

voor-

voorgaande etmaal ons bevindende op de Noorderbreete van 5 graden 24 minuten, so blykt dat wy een halve graad Noordelyker syn, dan wy gisteren waren, niet jegenstaende onse cours daar en boven nog Zuyd-Oost is gevallen; dat de Stroom om de Noord-Oost en niet om de Noord-west loopt, besluyten wy hieruyt omdat wy ettelyke daegen nae den anderen vogelen hebben gesien, en onder die land-vogeltjes en swaluwen, jae selfs een sprinkhaan, die op ons halfdek gevangen is; sulks wy met goede reden mogen besluyten, dat de naebyheit van de Africaansche kust van ons so verre niet afstandig is, als onse gissing komt aantewysen, en dus by gevolg moet de Stroom haar cours nae het Noord-Oosten nemen. Volgens een avondpyling hadden wy 2 graden 23 minuten Noord-Westering.

8. — Waren wy ingevolge onse hoogtemeting op de Noorder polus hoogte van 4 graden 19 minuten, en op de gegiste lenkte van 358 graden 58 minuten, de gecoppelde cours was Zuyd-West ten Westen 7 mylen, de wint tusschen het Zuyd-Zuyd-Westen en Zuyden ten Oosten, seer helder en fris weder; op desen dag hadden wy onsen eersten dooden, synde een Matroos. Wy continueerden dus met over en weer te boegen nae dat de winden ons noodsaakten, schuwende so veel 't mogelyk was om de Oost te stevenen, op dat men in de bogt van Guinea niet quame te vervallen, eindeling syn wy op den

20. — De linie Æquinoctiaal gepasseert, bevindende ons des middags, ingevolge de hoogmeting der Zon,

op de Zuyderbreete van nul graden 32 minuten, en op de gegiste lenkte van 355 graden 24 minuten, de gecoppelde cours was West-Zuyd-West ½ Zuyd, de wint Zuyden en Zuyd-Zuyd-Oost, schoon weder met een bramseyls koeltje; hadden volgens een avondpeyling van der Zons ondergank 2 graden 19 minuten Noord-Oostering, en vermits in de volgende dagen niets noteerens waardig voorgevallen is, so sal alleen gesegt worden, dat wy ons uyterste best deden om so veel Zuyd te winnen als mogelyk was, op dat wy niet, met te laag op de Brasilische kust te vervallen, van onse expeditie en gandsche reyse souden gefrustreert en verstoken werden, waartoe het Schip *Tienhoven* veel contribueerde en aenlyding gaf, aengesien wy dagelyx moesten afhouden om desselven uyt ons gesigt niet te verliesen: hetwelke ook d'oorsaak was, dat ik als Commandeur te rade wierde om Raadsvergadering te beleggen der hoofden van de drie in compagnie sylende Scheepen, en als dan te proponeren, of de noodsaeklykheid ten hoogsten niet vereyschte, om de meeste manschap en nae proportie de levens-middelen van 't Schip *Tienhoven* over te nemen, en op de twee andere Scheepen te verdeelen, doch eene goede wint, die sterk doorkoelde, belette desselfs voortgank, waer toe egter reets al zeyn gedaen was. Wy bevonden op den 26. deser dat de miswysing van 't compas 4 graden 9 minuten Noord-Oost monteerde.

27. — Deeden wy aen de andere Scheepen zeyn om de compassen te leggen van regt wysend op 5 graden Noord-

Noord-Oostering, of de lelie bewesten de naald. — Bevonden ons met Zuyder Zon op de Zuyder polus hoogte van 8 graden 53 minuten, en op de lenkte van 351 graden 8 minuten, de gecoppelde cours was Zuyden ten Westen, de wint Zuyd-Oost en Oost met een marseyls koeltje, goet weder: de Oostelyke winden onse reyse voorspoedig in de volgende etmaelen makende, so bevonden wy ons op

November.

1. — Te wesen ingevolge onse gissing op de Zuyderbreete van 16 graden 34 minuten, en op de lenkte van 349 graden 29 minuten, de gecoppelde cours was Zuyden ten Westen 20 mylen, de wint tusschen het Oosten en Zuyd-Oost ten Oosten, met een bramseyls koelte en fris weder, hadden volgens een avond-pyling van der Zons ondergank 6 graden 15 minuten Noord-Oostering.

2. — Hadden wy de bevonden breete van 19 graden 17 minuten besuyden den evenaer en de gegiste lenkte van 349 graden 8 minuten, de gecoppelde cours was Zuyden ten Westen, de wint tusschen het Oost-Zuyd-Oosten en het Oost-Noord-Oosten, bramseyls koelte en schoon weder; met Noorder Zon deden wy zeyn om de Capitainen van d'andere Scheepen aan ons boort te ontfangen, ten eynde dat men met deselve soude beramen de coursen om het Eylant *Grande*, ter ververschingh, aan te doen, welkers continu dese is:

» Raad van de Hoofden der drie in compagnie seylende Scheepen, gehouden aan 't boort van 't Schip 't Schip DEN ARENND, ter presentie van de ondergeschrevene:

Sondag den 2 November 1721.

In rade door den President voorgedragen synde, dat de nootwendigheyt van onse reyse vereyschte, dat men een vaste cours beraamde om het Eylant *Grande*, gelegen by de kust van America, aen te doen, en aldaar in te nemen water en brandhout tot provisie van onse aanstaende lange reys: alsmede om ons volk te ververschen, also het scheurbuyk sterk toeneemt; — waarop gedelibereert synde, soo is met eenparigheyt van stemmen goet gevonden en beraemt, dat men om het voorz. Eylant *Grande* te beseylen de coers van heden af sal gestelt worden Zuyd West ten Westen, tot dat wy sullen gekomen wesen op de Zuyder polus hoogte van 22 graden 30 minuten, en aldaer gekomen synde, sal men stevenen regt West aan, tot dat wy de vaste kust van America in 't gesigt gekregen hebben, en dan voorts langs de wal tot *Grande* voorsz. Aldus geresolveert in 't Schip en ten dage als boven: was geteekend: JACOB ROGGEVEEN, JAN KOSTER, CORNELIS BOUMAN, ROELOF ROSENDAAL.

3. — Was onse bevonde Zuyderbreete 20 graden 19 minuten, en de gegiste lenkte 347 graden 36 minuten, de cours volgens resolutie van gisteren Zuyd-West ten Westen, de wint Noord-Oost ten Oosten en Oost-Noord-Oost met een bramseyls koelte en helder fris weder.

4. — Gisteren in de naemiddag van dit etmael kregen

gen wy het Eylant *Trinidade* in 't gesigt, en peylden de Oostelykste klip met Zons ondergank 3 mylen Noord-West ten Westen van ons. Wy bevonden als doen, dat hetselve Eylant in de Zee-Caerten niet nae behooren geplaatst legt, dewyle wy des middags ons bevonden op de breete van 20 graden 19 minuten, en dat wy omtrent 7 mylen Zuyd-West ten Westen hadden geseylt, eer wy op de syde van dit Eylant waren: sulx hieruyt consteerde, dat hetselve moet gecarteert worden op 20 graden 35 minuten, hetwelke door Capn. Jan Koster, voerende het Schip van myn verblyf, bevestigt wierd, synde tegenwoordig de vierde reys dat hy Capn. dit Eylant bestevent en gesien heeft, om welke reden goed gevonden is ons bestek van dit Eylant volgens desselfs lenkte en verbeterde breete in de caert te stellen. Uit dese bevinding is ook gebleken dat wy wel 4 graden Oostelyker waren, als onse gegiste lenkte uytwees, by gevolg dat onse voorhene bedugting van in de bogt van Guinea te vervallen seer gefundeert is geweest, van desen middag bevonden wy te wesen op de Zuyderbreete van 21 graden 21 minuten, en op de lenkte van 351 graden 29 minuten, volgens ons nieuw en verbetert bestek; de cours was Zuyd-West ten Westen, de wint Oost-Noord-Oost en Noord-Oost, met een bramseyls koelte en aangenaam weder.

5. — Gisten wy te wesen op de breete van 22 graden 24 minuten besuyden den Æquinoctiaal, en op de lenkte van 349 graden 47 minuten; de coers was Zuyd-West ten Westen $28\frac{1}{2}$ myl, de wint Oost ten Noorden en Noord-Oost, ten Oosten, met een slappe en frisse bram-

bramseyls koelte, donker nevelachtig weder. Deden met Noorder Zon twee zeynen, eerst om de compassen te leggen van 5 tot 10 graden, de lelie bewesten de naald, daer nae om van cours te veranderen, en regt West te stuuren, ingevolge de resolutie van den 2. deser: de miswijsing bevonden wij bij een avond peyling te wesen 8 graden 48 minuten Noord-Oost. — De volgende dagen seylden heel voorspoedig met styve marseyls en bramseyls koelten uyt het Oosten, regt West aen, so dat wy ons op den

8. — Bevonden te wesen op de Zuyder polus hoogte van 22 graden 48 minuten, en op de gegiste lenkte van 342 graden 56 minuten, de cours West, de wint tusschen het Noorden en het Noord-Oosten met een frisse marseyls en bramseyls koelte, hebbende, volgens een avond peyling van der Zons ondergank 9 graden 47 minuten Noord-Ooster afwycking der naald. Van dezen dag hebben wy onsen tweeden dooden gehadt, synde een Soldaat.

9. — Waren wy volgens de bevinding van onse hoogmeting op de breete van 22 graden 56 minuten en op de lenkte van 341 graden 44 minuten, de gecoppelde coers was West $\frac{1}{2}$ Noord, de wint ongestadig, als Noorden, Noord-Oost, Zuyden en Zuyd-Oost, met onderseyls gereefde marseyls en bramseyls koelte: uyt de bevonden breeten die wy gisteren en heden gehad hebben, blykt dat de stroom hier om de Zuyd haren loop heeft. Ontrent Zons ondergank wierpen het lood, also het water merkelyk verandert was, en

en peylden de gront op 65 vadem waters, synde grof sand met kleyne steentjes en schulpen vermengt. Wy meynden ook het hooge land van Brasilien gesien te hebben, schoon de lugt niet helder maar eenigsints benevelt was.

10. — Was onse gegiste Zuyderbreete 22 graden 56 minuten, de lenkte 340 graden 35 minuten, de cours West 15½ myl, de wint Oost, West en Zuyden met een bramseyls koelte, ook stilte; in 't ondergaan van de Zon peylden wy het Eylant van *Caap Frio*, Zuyd-West 6 mylen van ons, en hadden de diepte van 35 vadem Steckgrond.

11. — Peylden des morgens het voornoemde Eylant van *Caap Frio* Zuyd-West, ontrent 5 mylen van ons, en het lood menigmalen geworpen hebbende, bevonden de diepte van 34, 35 en 36 vadem Steckgrond; des middags peylden hetselve Eylant, Zuydwest ½ West 4 mylen nae gissinge van ons, synde den gandschen dag meest stil met een diesigen horison, so dat wy de hooge vaste kust niet onderscheyden konden sien, maar alleen de daervoor leggende Eylanden. In den agtermiddag kregen een kleyn koeltje uyt het Oosten en stuurden Zuyden aan, om boven het gedagte Eylant te stevenen: hadden 10 graden 28 minuten Noord-Oostering.

12. — Met de aankomst van den dag peylen het gemelde Eylant van *Caap Frio* Noorden 3½ myl van ons, de wint Oost en Oost ten Noorden; op den middag bevonden wy te wesen op de Zuyderbreete van 23 gra-

graden 18 minuten; des nagts lieten het dryven met de steven om de Zuyd, en hadden de diepte van 40 en 43 vadem Steckgrond.

13. — De wint des morgens Oost synde met een frisse bramseyls koelte, stuurden wy volgens de strekking van de kust, waervan wy geen peyling konden krygen, overmits het hooge land met nevel en mist bedekt was. Des middags hadden wy de bevonden Zuyderbreete van 23 graden 21 minuten, de gegiste cours was 't sedert de laetste peyling West ten Zuyden 14 mylen; naedemiddag stuurden wy langs een groot Eylant, en aen welkers Westkant eenige kleyne Eylantjes of Klippen leggen: de diepte die wy dus voort seylende bevonden, was 20 en 22 vadem, klippige dog meest zandige Steckgrond. — Hetselve Eylant meynden te wesen *Morambaya*, maer bevonden naderhand dat het *Grande* was geweest; vervolgens voor uyt in het West Zuyd-Westen, andermael eenige Eylanden siende, so stelden ons cours daer regt op aen, loopende benoorden om deselve en lieten twee kleyne aen bakboord van ons leggen, komende met Zons ondergank onder het Oostelykste op 8 vadem Steckgrond ten anker.

14. — In den morgen stil en mistig synde, sonden onse Chaloep nae den wal om een matroos die gestorven was, wesende onsen derden dooden, te begraven, dan de Chaloep wederkomende, bragt van land twee Portugeesche Vissers aan boord, die ons seiden, dat wy onder 't Eilant *Porco* geankert lagen, en wel 8 mylen bewesten *Grande* waren: voorts dat tot *Sanct* Se-

Sebastiaan, leggende 4 mylen van ons, alle verversingh in overvloed te bekomen was; aenbiedende een van die twee, zyn dienst om ons binnen te lootsen. Naedemiddag resolveerden wy 't seyl te gaen en nae *St. Sebastiaan* te loopen, om ons aldaer van alle noodwendigheden te voorsien, medenemende den Portugeeschen loots. Onder seyl synde, hadden het lugje uyt het Oosten, loopende tusschen twee Eylanden, op de diepte van 12, 13, 14 en 15 vadem Steckgrond. Ontrent Zons ondergank quamen wy op 10 vadem ten anker, de grond wesende als boven. In de nacht liep de wind West met travaden, donder en een sware slagregen.

15. — Sonden de boot des morgens om de gronden te peylen, tusschen de vaste kust en 't Eylant *St. Sebastiaan;* tegens de middag kregen een slap koeltje uyt het Zuyd-Zuyd-Oosten, ligten ons anker en gingen onder seyl, dog onder 't hooge land was de wind seer variabel. Met het ondergaen van de Zon waren wy geavanceert tot op de hoek van *St. Sebastiaan*, alwaer wy de diepte hadden van 10, 11 en 12 vadem waters, maer also de stroom ons tegen was en terug dreef, waren genoodsaekt in het derde glas van de eerste wacht te ankeren op 15 vademen Steckgrond.

16. — Ligten wy vroeg in den morgenstond ons anker, en sonden de boot, tot meerder securiteyt, schoon wy een loots aan boort hadden, voor uyt om te diepen, die, in cas van eenig voorkomend gevaar, zeyn soude doen tot onser narigt. — Eindeling quamen wy met onse drie Scheepen, in de voormiddag, op de rhe-

rhede van *St. Sebastiaan* ten anker, hebbende de diepte van 5 vadem waters en goede Steckgrond, doende vyf eerscheten, onder het stryken van onse wimpel. Nae dese verrigting stuurden wy een Sergiant nae de wal met een present, van Hollandsche boter, kaas, wat stokvis en een ham, voor den Heer Gouverneur, of die aldaar het oppergesag en commando voerde, benevens een brief aan denselven, en welke van desen inhoud was:

» *Aan den Hoog Edelen Welgebooren* Heere *den Heere Gouverneur van* Sanct Sebastiaan, *met desselfs onderhoorig territoir.*

» Hoog Edelen Welgebooren Heere!

» Wy onderdanen van haer Hoog Mogende, de Heeren Staten-Generaal der geunieerde Nederlandsche Provintien, hebben geoordeelt onse pligt te wesen omme by desen U Hoog Edele te notificeren ons arrivement en aenkomst alhier ter rhede, alwaar U Hoog Edele het Oppergesag in den naam van d'Alderdoorlugtigste en Grootmagtigste Konink van Portugaal, syt exercerende, in verwagtinge synde (aangesien een langdurige reyse ons genootsaekt heeft dit territoir en haven van U Hoog Edelens Gouvernement aentedoen,) dat U Hoog Edele ons edelmoedig sal adsisteren, gelyk ons instantig versoek is, van koebeesten, schapen, varkens, fruyten en alle andere moeskruyden, mitsgaders water en brandhout, mits betaelende daervoor, so veel als U Hoog Edele nae billikheyt sal oordeelen te behooren; en gemerkt onse Souveraine Heeren syn Hooge Geallieerden en Bondgenooten van hoogst gemelde Ko-

Koninklyke Majesteyt U Hoog Edelens genadigen Heere, so konnen wy ook gantschelyk niet twyffelen of U Hoog Edele sal voor onse drie Scheepen het bovenstaande serieus versoek gunstig accorderen; wy geven ons verder d'eere, om met den brenger deses, synde een van onse Militaire Officieren, aan U Hoog Edele een gering present van onse Vaderlandsche vrugten t' offereren, bestaande in Hollandsche boter, stokvis, een kaas en een ham; eindelyk dese sluytende, so is onse seer ernstige beede, dat ons het gerequireerde op het spoedigste mag werden toegesonden, of dat ons gelicentieert werde alle het gementioneerde selfs te mogen komen om te koopen, waarmede wy tot een besluyt onse betuyging doen, dat wy met het diepste respect syn en blyven — onderstond: Hoog Edelen Welgeboren Heere, U Hoog Ed. onderdanige dienaren, was geteekent: JACOB ROGGEVEEN, JAN KOSTER, CORNELIS BOUMAN, ROELOF ROSENDAAL. — Ter syden stond: In 't Schip *DEN AREND*, ten anker leggende op de rhede van *St. Sebastiaan*, den 16 November 1721."

Dog wy verstonden van onsen afgesondenen op syne terugkomst, dat den Gesagvoerder van *St. Sebastiaan*, staande onder het Gouvernement van *Sanctus*, ons deede aanseggen, (nae alvorens het afgevaardigde present aangenomen en in obligante termen daervoor bedankt te hebben) dat het syn Edele seer leet was, van ons niet alles te konnen accorderen 't geene wy versogten en benodigt waren, want dat de ordre des Koninks so strict en eng bepaalt was, dat syn leven daer-

daervan dependeerde in cas hy meerder tyd vergunde en verstrecking deede als voor drie dagen, en dat de betaling in gangbaar gelt moeste gedaen worden, en niet met koopmanschappen bij wyse van ruyling.

De ongefondeertheyt van dese antwoort op onse missive, des anderen daegs door onse Sergiant (hebbende tot uytvoering van sulcke en andere voorvallen goede hoedanigheden) aengetoont synde, en voorts, dat wy onse klagte souden doen aan Hoog gemelde Haar Hoog Mogende, hoedanig hunne onderdanen wierden gehandelt in saken so noodwendig tot behouding van Schip en leven, is egter van die uytwerking geweest, (nogtans niet eerder, dan nae verloop van vier à vyf dagen), dat ons plaatsen wierden aengewesen om de Siecken aan land te brengen, mitsgaders tot het kappen van brandhout en 't water te halen, voorts krygende koebeesten, fruyten en groente tot verversching van onse Sieken en 't Scheepsvolk, die aan het scheurbuyk sterk laboreerden, en onmogelyk soude hebben geweest, (sonder herstelling van deselve) Zee te konnen kiesen; de reden nu van dese weygering sal nae alle apparentie ontstaen syn door eene vrese van geplondert te sullen worden, also al het beestiael en andere meubelen van importantie, selfs de vastgemetselde koopere ketels van Suykermolens, landwaart gevoert waren in de Bosschen: want vermits de Inwoners in den voorgaanden oorlog sodanigen stroping door de Franschen aengedaen, nog versch en levendig in geheugenis hadden, hebben sy, ons aansiende voor Zeerovers, tot conservatie hunner goederen, dese precautie in 't werk gestelt, gelyk ons sulx door

de

de geestelyke aldaer is gesegt en bekent gemaakt, alsmede, dat wy hier tot *St. Sebastiaan* beter ons oogmerk om te ververschen sullen erlangen, dan op 't Eylant *Grande* soude te bekoomen syn geweest, also daer tegenwoordig nog twee groote Oorlogschee-pen waren leggende, opgeprept met famillien en allerhande soort van ambagtsluyden, die getransporteert wierden nae *Rio de la Plata*, waer nae toe reets wel twintig Scheepen gepasseert en vertrocken waren om aldaer een Colonie of Volkplanting te stigten, dog dit genarreerde sy so 't wil, wy bevonden met groot vernoegen, dat ons volk van dag tot dag beterde en hersteld wierden door het versch vleesch en groente, ook door de medehelpende landlugt, die seer veel tot het genesen van de Zee-Scheurbuyk contribueerd. — Derhalve wierd by ons geresolveert om alles in een goede staat te stellen, ten eynde, dat men tegens den eersten December soude konnen in Zee loopen, tot bevordering van onse reys, 't welk vastgestelt synde, hebben eenige quaetwillige, als vier van 't Schip DEN AREND en twee van 't Schip TIENHOVEN, hun op den 30 deser geabsenteert.

December.

1. — Ligten wy nae het schaffen van de vroegkost ons anker, doende vyf eerschoten van afscheyt voor den onder-Gouverneur of Gesaghebber, loopende tusschen de vaste wal en 't Eylant *St. Sebastiaan*, bewesten in Zee, gelyk wy beoosten aldaar ter rhede waren gecomen: in 't uyt lopen, hebben wy den jongen Matroos *Martinus van Gelder*, volgens sententie van

van den 12 September deses jaars, met de Chaloep aan 't vooraz. Eylant geset. — Buyten in volle Zee synde, stuurden Zuyden ten Oosten om van de wal te geraeken, peylende in de naemiddag de Westelykste hoek van hetselve Eylant Noord-West ten Noorden, ½ Noord vyf mylen van ons; setten als doen onse bood in gelyk ook de andere Scheepen die om te diepen voor uyt waeren geseylt, de wint was tusschen het Oosten en 't Noord-Oosten met een styve marseyls koelte en schoon weder.

2. — In de voormiddag zeynden de Capitainen van de andere Scheepen aan ons boord, om de coerssen nae het Eylant van *Juan Fernando*, gelegen in de Zuyd-Zee bewesten America, op 33 graden 40 minuten (also de tyd te seer verloopen was, om eenige ontdecking nae behooren te doen van *'t Land van Auking*, leggende van ontrent de 45 tot 49 graden Zuyd beoosten America, op een afstand van 50 à 60 mylen) te helpen beramen en vast te stellen. — Des middags was onse gegiste Zuyderbreete 25 graden en de lenkte 337 graden, de wind als vooren met gereefde marseyls en slappe bramseyls koelte, en de cours Zuyden 21 mylen, 't sedert de peyling van gisteren, dog met Noorder Zon is Zuyd-West ten Zuyden gestevent, volgens de resolutien op heden genomen, synde als volgt:

» RAADSVERGADERING, gehouden aen 't boort van 't Schip DEN ARENT, ter presentie van de ondergeschreven hoofden deser Expeditie.

Dingsdag den 2 December 1721.

» Door den president geproponcert synde de noodsakelelykheyt om onse coerssen te reguleren en vast te stellen, aengesien wy ons weder in Zee bevinden tot voortsetting van onse reys, so is ten dien einde naeuwkeurig geëxamineert en naegesien in de Zee-Caerten de strecking van de Americaansche kust, en vervolgens daeruyt beraemt, met eenparigheyt van stemmen, de volgende coerssen te observeren, by toelating van wint en weder, gelyk de Zeemanschap vereyscht. Wy dan heden synde op 25 graden Zuyderbreete en op de lenkte van 337 graden, soo is geresolveert onse coers te stellen Zuydwest ten Zuyden, tot op polus hoogte van *Cabo de Sanct Anthonio*: en dat om die caap in 't gesigt te loopen, of ten minsten desselfs grond en diepte te peylen, om dus verkent te wesen, daar komende, sal men blyven continueren met deselve coers van Zuyd-West ten Zuyden, tot op de Zuyderbreete van 46 graden 30 minuten en op de lenkte van 318 graden 30 minuten: voorts so sal men van koers veranderen en stevenen West ten Zuyden, op dat men het land van *Georgo* in 't gesigt sou loopen, om verkent te syn, en dan regt Zuyden aan te boegen tot het *Staten Land* in 't gesigt, en hetselve beneven *Caap Hoorn* beoosten om te passeren tot in de Zuyd-Zee bewesten America, en wyders langs de kust van *Chili*, nae 't strecken van de wal, nogtans onder dese bepaling, dat men het Eylant van *la Mocha* of *Sancta Maria* in 't gesigt sal loopen, om vervolgens onse coers des te beter te konnen stellen nae *Juan Ferdinando*, om hetselve op syn breete aantedoen, 't welk gelegen is op de breete van 33 graden 40 minuten besuyden d'Æquinoctiaal, en sulx op die breete gecomen

syn-

zynde, dat Eylant met een Weste coers te beseylen, en dan benoorden om tot in desselfs baay. Aldus geresolveert in 't Schip en ten dage als boven: was geteekent: JACOB ROGGEVEEN, JAN KOSTER, CORNELIS BOUMAN, ROELOF ROSENDAAL."

3. — Gisten wy te wesen op de Zuyder breete van 25 graden 17 minuten en op de lenkte van 337 graden 35 minuten, de gekoppelde coers was Oost-Zuyd-Oost $8\frac{3}{4}$ myl, de wind Zuyden en Zuyden ten Oosten, onderseyls en gereefde marsseyls koelte, met donker nevelachtig weder, hadden volgens een avond peyling van der Zons ondergank, 12 graden 5 minuten afwyking der naalde om de Noord-Oost.

4. — Bevonden ons op de polus hoogte van 26 graden 59 minuten Zuyd, en op de lenkte van 337 graden 41 minuten, de gecoppelde coers was Zuyd-Oost ten Oosten, de wind Zuiden met gereefde marsseyls en bramseyls koelte, helder weder; ingevolge van een morgen- en avondpeyling was de miswysing van 't compas 13 graden 45 minuten Noord-Oostering.

5. — Was onse gegiste Zuyderbreete 27 graden 55 minuten en de lenkte 337 graden 1 minut, de coers Zuyd-West ten Zuyden, de wint tusschen het Oosten en 't Noord-Oosten, met een bramseyls koeltje, goet weder, dog een dikke betrokke lugt; de peyling van der Zons ondergank was 15 graden 19 minuten Noord-Oost.

6. — Hadden met Noorder Zon de bevonden Zuyderbreete van 30 graden 38 minuten, en de lenkte van

335 graden 9 minuten, de cours synde geweest Zuyd-West ten Zuyden, de wint Noorden en Noord-Noord-Oost, onderzeyls- en harder weder met een hooge zee uit het Noord-Oosten, verselt met donder en regen, so dat ons voor-marsseyls rheede een krack kreeg, die aanstonds, nog boven synde, gewangt wierd; het Schip *THIENHOVEN* verloor syn groote steng, en twee mannen die boven waren, syn nedervallende, egter onbeschadigt gesalveert; deeden 's middags 't vereyschte seyn voor onse mede seylende Scheepen, opdat de compassen souden verleyd worden van 10 tot 15 graden, de lelie bewesten de naeld.

7. — Was onse bevonden breete bezuyden de middellyn 31 graden 37 minuten, de lenkte 334 graden 51 minuten, de gekoppelde cours Zuyd-Zuyd-West, de wint Zuyden, Zuyden ten Oosten, Zuyd-Zuyd-West en Zuyd-West: onder-seyls, marseyls en bramseyls koelte, ongestadig weder met een dicke lugt, uytgenomen op de middag.

8. — Bevonden wy te syn op de Zuyder polus hoogte van 31 graden 28 minuten, en op de gegiste lenkte van 335 graden 14 minuten, de gekoppelde cours was Oost ½ Noord: de wint Zuyd-Zuyd-West en Zuyd-West met een marseyls koelte, helder en fris weder.

9. — So toonde des morgens de pyling van d'opkomst der Zon, dat wy hadden 16 graden 4 minuten Noord-Ooster afwyking, bevonden des middags te syn op de breete van 31 graden 26 minuten Zuyd, en op de gegiste lenkte van 335 graden 1 minut, de ge-

 kop-

koppelde coers was West-Zuyd-West, sulx wy uyt dese bevinding besluyten, dat de Stroom ons om de Noord geset heeft, alsoo wy in breete vermindert syn, daer men ter contrarie Zuyd had moeten winnen. Hadden de wint uyt 't Noord-Oosten met een slap kugje, dog meest stil en uytnemend schoon weder.

10. — Was onse bevonde breete besuyden den Evenagter 32 graden 49 minuten, de lenkte 333 graden 19 minuten, de cours Zuyd-West, de wint Noord-Oost en Noord-Noord-Oost, met een bramseyls en ook slapper koelte, helder en schoon weder: wierpen des middags het lood om te diepen, en bevonden 51 vadem water Steckgrond, en volgens twee peylingen van der Zons onder- en opgank hadden wy 16 graden 35 minuten Noord-Ooster miswysing.

11. — Hadden volgens de hoogte van de Zon de Zuyder breete van 33 graden 58 minuten, en de gegiste lenkte van 332 graden 15 minuten, de cours was Zuyd-West ten Zuyden, de wint van Noord-Noord-West tot Noord-Oost ten Noorden met een slappe en frisse bramseyls koelte, seer goed weder. In de naemiddag wierpen het dieploot, dog kregen met een lyn van 60 vadem lenkte geen grond, so dat wy hier uyt besloten het Rif van *Rio-de-Martin* gepasseert te wesen: by een avond-pyling der Zon hadden wy de afwyking van 16 graden 39 minuten Noord-Oost.

12. — Kregen in 't begin van de hondewagt een harde travaat uyt het Zuyden, met donder en een onophoudelyke weerligt van alle oorden des Hemels, als

als of alles in vuur en vlam stond, met een sware slagregen: des middags was onse bevonden Zuiderbreete 34 graden 41 minuten, de gegiste lenkte 331 graden 29 minuten, de gekoppelde cours Zuyd-West, ¼ West, de wint Noord-Oost ten Noorden, Zuyden en Zuyd-West, voorts den gantschen dag schoon en aengenaem weder: wierpen in het negende glas van d'agtermiddag-wagt het loot en hadden 23 vadem fyne Sandgrond. Ingevolge de avond-peyling der Zons onondergank van dit etmael, bevonden wy de miswysing te syn 17 graden 20 minuten Noord-Oostering.

13. — Was de bevonde Zuider polus hoogte 35 graden 6 minuten, de lenkte 331 graden 38 minuten, de gecoppelde cours Zuiden ten Oosten ¼, de wint ongestaedig, als Zuyden, Zuyd-West, Noorden, Zuyden, Zuyd-West en West-Zuyd-West, met een bramseyls, marseyls en gereefde marseyls koelte, ook stilte: in de naemiddag sagen wy een groote strook of riem van kroos of ruygte, immers 't geene op een gemeene afstant sig soodanig vertoonde, uytstreckende aan beyde syden van 't Schip, soo verre wy beoogen konden: dog digter by komende en daar dwers door heen seylende (na een houten puts vol geschept te hebben, om alle twyfel weg te nemen), bevonden wy dat het saat of kuyt van visch was, hangende heel smeering en lymig aan malkander, en wesende aschgrauw van verf. — De peyling van der Zons ondergank met derselver Ware, toonde dat wy hadden 17 graden 22 minuten Noord-Ooster miswysing van 't compas.

14. — Hadden de bevonden Zuyderbreete van 36 graden

den 24 minuten en de lenkte van 331 graden 9 minuten, de gekoppelde cours was Zuyden, Zuyd-West ½ West, de wind seer variabel, als Zuyd, West, Noort, Oost, Noort-Oost, Noort, West-Noort-West en West-Zuyd-West, met stilte, ook bramseyls en marseyls koelte, schoon en helder weder, dog seer koel, hoedanig het doorgaens is geweest 't sedert ons vertrek van *Sanct Sebastiaan*, en 't is gans aenmerkelyk, dat wy gedurende onse geheele reys, soo benoorden als besuyden den *Æquinoctiael*, niet een eenigen heeten dag, maer alleen vyf of ses warme, voorts aengename frisse en koele dagen gehad hebben: wy bevonden by een avond- en morgen-peyling, van der Zons onder- en opgank, dat de verandering van 't compas was 17 graden 18 minuten Noord-Oost.

15. — *Kregen*, volgens onse hoogtmeeting, de bevonden breete van 37 graden 33 minuten Zuyd, en de gegiste lenkte van 330 graden 21 minuten, de cours was Zuyd-West, de wint Noord-West, Noorden, Noord-Noord-Oost en Noord-Noord-West, synde stil een labber en bramseyls koelte, met schoon weder; wy besloten uyt de bevinding der breete, dat de Stroom van *Rio de la Plata* om de Noord haer loop neemt, gelyk wy de twee voorgaende dagen ook hadden vastgestelt, om dat onse gegiste met de bevonden polus hoogte te merkelyk van den anderen differeerden; sagen veel Land- en Zeevogelen, ook capellen, puyste-byters en diergelyke kleyne gevleugelde dierkens, synde een gewoonlyk en bekent teyken dat men niet verre van land is. Volgens een avond peyling had-

hadden wy 17 graden 14 minuten Noord-Oostering.

16. — Gisten te syn op de breete van 37 graden 53 minuten bezuyden den Evenaer, en op de lenkte van 329 graden 18 minuten, de gekoppelde cours was West-Zuyd-West 13½ myl, de wint van alle kanten, het compas ront, met een slap koeltje. Gisteren in de naemiddag (behoorende tot dit etmael) dede zeyn om van cours te veranderen en regt West te stuuren, op dat men *Cabo Sanct Anthonio* in 't gesigt souden loopen, of ten minsten desselfs gronden te peylen, om verkent te wesen, volgens de Resolutie van den tweeden deser in rade genomen: ten welcken eynde aan DE AFRICAANSCHE GALEY zeyn gedaan is om vooruyt te seylen, ter ondeckinge van de wal of gronden; sagen veel vogelen, en onder die een water-snip, maer nae verloop van ontrent twee glazen de lugt heel diesig en mistig wordende, deede een schoot met Canon om van de andere Scheepen gehoort en beantwoort te worden, synde het zeyn of teeken op dat de Scheepen van den anderen niet souden afraeken, en gebruykelyk by voorval van opkomende mist: dog onse gedane schoot bleef onbeantwoort, daer nogthans de twee Capitains van de Schepen THIENHOVEN en DE AFRICAANSCHE GALEY, tot het beantwoorden van onse zeynen op den 14. deser seer serieus en nadruckelyk waeren versogt, of dat ik andersins genootsaekt soude syn tegen hun te protesteeren (indien wy van een mogten gesepareert worden door het naelaeten van antwoort op onse gedaene zeynen) van alle schaeden die daeruyt souden konnen ontstaen

en

en 't welcke van hun beyde belooft wierd in het toekomende exactelyk te sullen observeeren en nae te komen. Een glas verloopen synde, is andermael een schoot gedaen die als de voorgaende onbeantwoort bleef, dog de derde schoot en de volgende van glas tot glas gedaen (so met Canon als Musquetten), hebben eyndeling de gemelte Capitainen goedgevonden te beantwoorden, doende gelyke schooten: tegens het ondergaen van de Zon de mist een weynig verdweenen en de lugt wat opgeheldert synde, (sodat wy de twee andere Scheepen digt by ons in 't gesigt hadden) wierd noodig geoordeelt van cours te veranderen en Zuyd-West te boegen, also de voorsigtigheid vereyst dat men geen Land by een mistige en dicke lugt sal naderen of aendoen, welcke verandering van cours de andere op het doen van desselfs zeyn, aanstonts hebben naegevolgt, stuurende met ons Zuyd-West heen; dog de mist kort daeraen wederom verdickende, so hebben wy gecontinueert alle glasen zeyn te doen, die ook beantwoort syn geworden. Onse Noord-Ooster miswysing was volgens een morgen peyling van der Zons opkomst 20 graden 20 minuten.

17. — De mist van gisteren nog continuerende, wierd van ons alle glasen zeyn gedaen met Canon of Musquetten, soo als de naebyheyt of ver af gelegentheit van onse in compagnie seylende Scheepen vereyste: alle welcke zeynen ook beantwoort syn tot het sesde glas van de hondewagt, ja selfs meynen eenige van onse stuurluyden, dat sy in 't begin van de dagwagt de beantwoording met canon gehoort hebben,

want

want DE AFRICAANSCHE GALEY, die digt by ons was, dede veelmaels en meest zeyn met het lossen van eenige Snaphanen, dog nae die tyd heeft het Schip THIENHOVEN gemanqueert het zeyn van antwoort te doen, 't welck ons als onbegrypelyk voorkwam, want hadden geen meerder seyl gemaekt dan wy reeds dien voorgaenden tyd, cours seylende met de andere Scheepen, voeren, en van het Schip THIENHOVEN heel facil konde gevolgt worden met die seylen, die hy gebruyckte wanneer wy den anderen nog in 't gesigt hadden, daerenboven so men al onderstelt (sonder in consideratie te nemen, dat wy alleen voerden beyde onse marsseyls dobbel gereeft en het kruysseyl), dat het Schip THIENHOVEN niet konde volgen, soo was het van syn pligt geweest om ons sulx door een zeynbrief uytgedrukt te adverteren en daarvan kennis te geven, ten eynden dat wy in so een geval onse marsseyls konden stryken of tegenbrassen om hem in te wagten, gelyk wy in de voor- en naemiddag ook gedaan hebben, want de mist soodanig ophelderde, dat men de distantie van een groote myl konde sien, sagen egter THIENHOVEN niet, en DE AFRICAANSCHE GALEY van ons gepreyd synde, versekerde ons, dat THIENHOVEN niet vooruyt was, alsoo wy deswegen in twyfeling waeren, om het weynige seyl dat by ons gevoert was, en hy meerder moest hebben bygemaekt, om dat hy de Canonschooten van THIENHOVEN altyd aan ly agteruyt gehoort en ook gesien had, als wesende tusschen ons beyden. Op de middag was de gegiste Zuyderbreete 38 graden 36 minuten en de lenkte 328 graden 24 minuten, de cours Zuyd-West

15

15 mylen, de wind Zuyd-Oost, Oost, Zuyd-Oost en Noord-Oost met een labber koeltje, sulx men dies te meer moet verwonderen, hoe het mogelyk is geweest dat men van den anderen heeft konnen afdwaelen, indien hetzelve niet voorbedagtelyk was geschiet, dog hier van voor tegenwoordig genoeg, om op syn tyd nae de waere oorsaek naeder informatie te nemen: sagen veele vogelen en een kleyne zeehond. Voor het eyndigen van het tweede glas in de eerste wagt wierpen het loot en hadden de diepte van 75 vadem fyn Sandgrond; hierop preyde DE AFRICAANSCHE GALEY en resolveerde te wenden en van de wal te leggen, alsoo 't niet raedsaem was met dick en mistig weder daerop te vervallen, te meer dewyl de wint heel Zuydelyk liep en dat het Schip THIENHOVEN niet by ons gekomen synde denselven noodwendig vooruyt moest wesen, of dat men andersints geen voordeelige gedagten van sodanigen scheyden konden formeeren: derhalve wenden wy en leyden de steven om de Oost, doende alle twee glasen een schoot met grof Canon, op hoop van onsen afgedwaelden daerdoor te ondecken. In het vierde glas van de eerste wagt hadden wy de diepte van 80 vaem, dog in het sevende glas van deselve wagt geen grond.

18. — Hebben wy met het sesde glas van de dagwagt om de West gewent, en de mist ophelderende kregen een suyveren hemel en klaren horison, dog konden van steng het Schip THIENHOVEN nergens beoogen: op de middag bevonden volgens de hoogmeeting van de Zon te wesen op de Zuyderbreete van 38 graden 18 mi-

minuten, en op de gegiste lenkte van 328 graden 18 minuten, de gekoppelde cours was Zuyden, ½ West 6 mylen, soo dat de raveling van de Stroom die wy twee dagen agter den anderen hadden gesien, om de Noord moet loopen, of souden anders geen Zuyd verlooren, maer ter contrarie gewonnen hebben, de wint synde Oost, Zuyden, Zuyden ten Westen en Zuyden ten Oosten, met een slappe bramseyls en marseyls koelte. In het tweede glas van de naemiddag-wagt wierpen het dieploot en vonden 50 vaem grauwe Sandgrond, maer konden geen land sien, om dat de kust van America, volgens de beschryving van de Zeeboeken, alhier seer laeg sig vertoond. Tegens Zons ondergank het loot wederom geworpen synde, hadden 56 vadem goede Keygrond met Schulpjes vermengt.

19. — Hadden in het tweede glas van de hondewagt 60 vaem Sandgront (vermengt met schulpjes), des naemiddags de bevonden Zuyderbreete van 39 graden 5 minuten, en de lenkte van 327 graden 20 minuten, de cours was Zuyd-West ten Zuyden, volgens de Resolutie van den 2. deser, als hebbende gepeylt de gront van *Cabo Sanct Anthonio* om verkent te syn. Ingevolge de polus hoogte van heden benevens die van gisteren, met de gegiste breete der twee voorgaande etmaelen, soo is ons overtuygend gebleeken, dat de stroom alhier niet Zuydwaerts (gelyk de Heer *Fresier* affirmeert) maer om de Noord loopt, want anders souden wy in een etmaal 24 minuten ten Zuyd hebben moeten winnen, mits onderstelling geen Stroom voor noch tegen te hebben, daer wy nu ter contrarie

18 minuten ons Noordelyker bevonden te wesen dan onse afgeseylde breete van den voorgaenden dag was; of ten waere dat het saysoen of jaertyt dese veranderinge van Stroom mogte veroorsaeken, alsoo den Heer *Frezier* (die wy bevonden hebben een waerachtig Schryver te syn in die route of vaerweg die wij met hem gehouden en afgeseyld hebben) dese streek van America in de maent van April gepasseert heeft; wy hadden seer uytnement goet weder, de wint zijnde tusschen het Oosten en het Noord-Oosten, met een labber bramseyls ook marseyls koeltje, ende de koude begint toe te nemen, sulx indien de polus hoogte van 60 graden Zuyd na proportie van dese (nu de Zon is in het Solstitium Capricorni) accrescceren, soo valt ligt te voorseggen, dat de koude aldaer seer groot, streng en wreed sal wesen: met het ondergaen van de Zon wierpen het loot en vonden 60 vadom wasige grent, reefden onse marsseylen omdat de wint wackerde, en stuurden Zuyd-Zuyd-West, uyt vreese van te nae aen land te wesen. In 't sevende glas van de eerste wagt het diep loot andermael werpende, vonden 55 vaem grond als vooren: bergden alsdoen onse marssyls alsoo DE AFRICAANSCHE GALEY niet konde volgen, en liepen voor de enkelde fock; onse morgen-peyling van der Zons opkomst toonde dat wy hadden 18 graden 38 minuten Noord-Ooster miswysing.

20. — Was de bevonden Zuydarbreete 40 graden 47 minuten, de lenkte 325 graden 51 minuten, de cours Zuyd-Zuyd-West, de wint Noorden, Noord-West, West en Zuyden, met een marsseyls en gereefde mars-

seyls

seylt koelte, gebt fris weder, maer kout; met Sons ondergank wiert het loot geworpen en bevonden van grond af te syn, als wanneer de wint nae het Zuyden loopende, ons nootsaekte Zuyd-Oost te stuuren, synde een labber koeltje. Den Commandeur heden Breeden Scheepsraad houdende heeft de onderstaende Resolutie getrocken en beraemt.

„ BREEDEN SCHEEPSRAAD, gehouden aen 't boord van 't Schip *DEN AREND*, present Mr. JACOB ROGGEVEEN als President: Capn. JAN KOSTER: JACOB VAN GROENEVELT, eerste Opperstuurman: CORNELIS VAN AELST, tweede Opperstuurman: STEVEN DE WIT, eerste Onderstuurman: FRANS STROOKER, tweede Onderstuurman: HERMANUS VAN DEN EMSTER, Hoogbootsman en HENDRIK BROUWER, Constapel."

Saturdag den 20 *December* 1721.

„ In Rade door den President voorgedragen synde hoe dat alle natien, als Fransche en Engelsche en Hollanders, die gedestineert syn geweest om de groote en onbekende Zuyd-Zee, bewesten de vaste kust van America, te ontdecken en te bevaeren, voor een hoog nootsaekelyk gebruyk gehad en onderhouden hebben, (gelyk hunne Dag-Registers, door den druck wereldkundig gemaekt, sulx getuygen) dat wanneer sy op de polus hoogte van 40 graden of daer ontrent, bezuyden den Evenaer gekomen waeren, hun swaerste Canon voor een groot gedeelte in 't hol of ruym van 't Schip geborgen hebben, om daer door een styver en vaster Schip te maeken, synde een precautie en voorsorge tegens har-

harde en geweldige stormen, die de naebyheit der Noord- en Zuydpool veelmaels subject en onderworpen is, soo dat den president dit genarreerde aen dese Vergadering in overdenking voordraegt, of de voorsigtigheyt niet eyscht dat men het boven gementioneerde als een goed exempel behoorde nae te volgen, om een gedeelte van ons grofste Canon in 't ruym van 't Schip weg te stuwen; waerop gedelibereert synde, is met unanimiteyt van stemmen goedgevonden en verstaen, dat men by d'eerste bekwame gelegentheyt vier agtponders van het onderdek en ses sesponders van het bovendeck, in 't ruym van 't Schip sal bergen en wegstuwen, voorts dat men de ses drieponders van het halfdek plaetsen sal op het dek, alwaer de ses geborgen sesponders gestaen hebben, om met deselve, de reden en de tyt sulx vereysschende, zeyn te doen. Aldus geresolveert in 't schip en ten dage als boven:"

» Was geteykent:

JACOB ROGGEVEEN.
JAN KOSTER.
JACOB VAN GROENEVELT.
CORNELIS VAN AELST.
STEVEN DE WIT.
FRANS STROOKER.
HERMANUS VAN DEN EMSTER.
HENDRIK BROUWER."

21. — Hadden en bevonden Zuyder breete van 42 graden 3 minuten en de gegiste lenkte van 326 graden 7 minuten, de gekoppelde cours was Zuyd-Oost ten Zuyden, de wint seer variabel, synde Zuyden, Noord,

Noord, Oost, Zuyd-West en wederom Noord-Oost met een bramseyls koeltje, ook stilte, helder weder, maer kout: des naemiddags dede zeyn aen DE AFRICAANSCHE GALEY om de compassen te leggen van 15 tot 20 graden, de lelie bewesten de naeld.

22. — Gisten met Noorder Zon te weesen op de breete van 43 graden 5 minuten, en op de lenkte van 324 graden 43 minuten, de gekoppelde cours was Zuyd-West 22 meylen, de wint Noord-Oost, Oost, Zuyden, wederom Oost, stilte, bramseyls ook marseyls koelte, dik en mistig weder: deede veele zeyn-schooten die DE AFRICAANSCHE GALEY beantwoorde: sagen ook kroost en groente dryven: in de agtermiddag de lugt ophelderende, zeynden den Capitain met de twee Stuurluyden van gemelte Galey aan boort, om met de onse Breeden Raad te houden over het afdwaelen uyt ons geselschap van het Schip THIENHOVEN, en welkers getrockene Resolutie de volgende is:

» BREEDEN RAAD der twee in compagnie seylende Scheepen, gehouden in 't Schip DEN AREND, present Mr. JACOB ROGGEVEEN, President; Capitain JAN KOSTER, Capitain ROELOF ROSENDAAL; JACOB VAN GROENEVELT, eerste Opperstuurman, CORNELIS VAN AELST, tweede Opperstuurman, beyde bescheyden op DEN AREND. JAN JURIAANSE DE ROY, Opperstuurman op DE AFRICAANSCHE GALEY. STEVEN DE WIT, eerste Onderstuurman; FRANS STROOKER, tweede Onderstuurman, mede beyde op 't Schip DEN AREND dienst doende en en JAN BOS, Onderstuurman op de voorsz. Galey.

Maandag den 22 December 1721.

» Den President dese vergadering geconvoceert hebbende, om het advys en 't oordeel van de Capitainen en stuurluyden te hooren en intewinnen, nopende de gehoude conduites van Capitain CORNELIS BOUMAN, voerende het Schip *THIENHOVEN*, ten respecte van de zeynen by den Commandeur gedaen op den 16. en 17 deser maent, als wanneer den gemelte Capitain BOUMAN uyt ons geselschap is komen te verwyderen en af te raeken, om dat te mogen verstaen of imand der leden van dese vergadering magtig is (volgens zeemanschap) reden te konnen geven, dat hy Capitain BOUMAN by toeval en ongeluk van ons is afgedwaelt, en niet by een onverschoonelyke onkunde of gepremiditeerde voornemen en quaetwilligheyd van dese Expeditie en kruystogt te helpen uytvoeren, soo wert ten dien eynde, (aengesien dese stoffe teer en van een groot belang is, als waervan de eer en goede naem van iemant is dependeerende) een iegelyk lid op het serieuste gerecommandeert alles wat ter materie dienstig is ('t sy tot beswaring of decharge en onschult van gemelte Capitain BOUMAN) te avanceren. Derhalven om van het gepasseerde regtmatig te konnen oordeelen; soo sal het nootsakelyk syn dat alle de omstandigheden onderscheydentlyk werden vertoont en voorgedragen: 't is dan sulx dat op den 16. jongstleden de lugt omtrent de middag met een dicken nevel of mist bedeckt wordende, ons het gesigt van de andere Schee-

Scheepen daer door ontrocken en benomen is: Weshal-
ven by den Commandeur met advijsen van den Capitain
JAN COSTER, goedgevonden is een Canon-schoot te
doen, op dat de mede seylende Scheepen in staat souden konnen wesen van 't oordeelen over des Commandeurs nabyheyt of verafgelegentheyt tot hunne narigt,
synde een zeyn onder Zeeluyden ordinaris gebruykelyk
in kas van mist of doncker weder, om de in compagnie varende Scheepen by een te houden, gelyk sulx
ook in onsen zeyn-brief staat gementioneert en uytgedrukt. Dog de Capitainen BOUMAN en ROSENDAAL,
hebben niet goet gevonden onsen gedanen zeyn met
een wederomschoot te beantwoorden: nae verloop van
een glas ten tweedemael een schoot doende, is deselve van gelijken by beyden de gemelte Capitainen onbeantwoort gebleven, waer over den Commandeur sig
ten hoogsten heeft moeten verwonderen, want den
Commandeur op den 14 deser zeyn doende, waerdoor hy
den Capitain van het Schip THIENHOVEN, en
DE AFRICAANSCHE GALEY, convoceerde ter
raedpleging met deselve, soo heeft hy Commandeur als
President (beyde de Capitainen in rade wesende genomen hebbende) geproponeert en in serieuse bedenking
gegeven dat een ygelyk der hoofden van de eerste rang
deser Expeditie ten hoogsten verpligt was om aan de
intentie van de Vergadering van Thienen, hunne principalen, behoorlijke genoegdoening te geven in 't betrag-
ten van hare yver en eed, en dat deese betragting onder andere tot een wesentlyke doel had, dat de Scheepen deser expeditie by den anderen bleven; en dat
vervolgens het nootsaeklyk was om de zeynen, 't sy
schoo-

schooten van 't Canon of vuuren agter op met wederzeynen te beantwoorden, 't welck de geheele reyse was naegelaten, niet jegenstaande hunne zeyn-brieven (die met hare toestemming beraemt en onderteykent syn) sulx uytdruklyk comprehenderen en behelsen: wyders dat wy een climaet of lugtstreek begonnen te naederen, waervan de dag-registers van Hollanders en andere natien, die door de Straet van *Magellanus*, *Le Maire*, of het *Staten Land* beoosten om, de groote Zuyd-Zee bevaren hebben, getuygen dat daer een dicken nevel en mist heel frequent en gemeen is, waerdoor de Scheepen ligtelyk van den anderen konnen gescheyden worden, voornaementlyk indien de mist met harde winden blyft continueeren, ten sy dat men exact waerneemt het doen en het beantwoorden van de behoorlyke zeynen; eyndeling, in cas de voorschreve twee Capitainen in het toekomende nalatig bevonden wierden, dat hy Commandeur nu voor alsdan tegens deselve protesteerde van de schaden en ongelucken door hun versuym en negligentie ten opsigte deser Expeditie, de generaele West-Indische Compagnie veroorsaekt en aengedaen: dog dat hy president van het geproponeerde geene Resolutie of aenteeckening voor tegenwoordig soude treeken of houden, alsoo sulx odieus by hunne Principalen genomen werdende, voor haer ganschelyk niet voordeelig soude wesen, mits nogtans dat sy Capitainen in het toekomende behoorlyk op de gedaene zeynen souden komen te antwoorden, alle hetwelke by de voorschreven Capitainen BOUMAN en ROSENDAAL aangenomen en vastelyk belooft synde, is de vergadering van den 14. deser daer op ge-

gescheyden, sulx de President, door het niet beantwoorden der twee seynen op den 16. laatstleden gedaen, immers regtvaerdige reden heeft van te moeten concluderen, dat het nalaten van deselve, een inexcusabile kwaedaerdigheyt of gepremediteert overleg en voornemen is, om sig van dese expeditie (onder den deckmantel van de mist) te absenteren: doch de derde seynschoot, op syn tyd gedaen wordende, wierd eyndelyk by de twee gemelte Capitainen beantwoort, die alsdoen heel digt by ons waeren, soo dat men in 't vervolg met een charge van vier snaphaenen seyn dede, die telkens met snaphaenschoten antwoordden tot het negende glas van de agtermiddagwagt, als wanneer de mist ophelderde, in dier voegen, dat wy den anderen seer bescheyden konden sien: dus in 't bysyn van ons geselschap voortseylende, is by den Commandeur en Capitain JAN KOSTER goet gevonden (also den horison of kimmen der lugt nog dik en mistig waren) om van cours te veranderen, en ten dien eynde seyn gedaen hebbende, stuurde Zuyd-West aen, om het land niet te nae te komen of aen te doen met dik en diesig weder, gelyk ook de reden en seemanschap dicteeren: waer op de twee voorschreve Capitainen van de scheepen *THIENHOVEN* en *DE AFRICAANSCHE GALEY*, aanstonds hunne cours verandert hebben, nae het voorbeeld des Commandeurs Zuyd-West stevenende: dan de mist daarnae sig wederom verdikkende en de scheepen andermael verlooren hebbende, heeft den Commandeur, alle glasen, soo met grof Canon als Musquettery, seyn gedaen, welke ook van beyde de Scheepen behoorlyk syn beantwoort: en dese beantwoording

 heeft

heeft gecontinueert tot het sesde glas in de hondewacht (synde des morgens ten drie uren van den volgenden dag, of den 17 deser), selfs vermeynen eenige stuurluyden van het Schip DEN AREND, dat sy in 't beginne van de dagwagt, de beantwoording van 't Schip THIENHOVEN met Canon gehoort hebben, maar nae die tyd heeft het gemelte Schip THIENHOVEN gemancqueert zeynschooten tot het beantwoorden te doen, 't welck alle zeekundige als onbegrypelyk sal moeten voorkomen, wanneer men aenmerckt, dat by den Commandeur geen meerder zeyl gemaakt is dan hy reeds den voorgaenden dag ende de daarop volgende nacht, zeylende met de andere Scheepen, en hoorende de beantwoordende zeynschooten als van Musquet en Canon, voerde, en van het schip THIENHOVEN ligtelyk konde gevolgt worden met die zeylen die hy aenhadde, wanneer de Scheepen den anderen in 't gesigt waren, en 't geen onwederspreekelyk komt te consteren waarachtig te wesen, alsoo het selfde schip den voorgaenden dag en den volgenden nacht by ons is geweest, gelyk syne gedaene zeynschooten, tot beantwoording van de onse, overtuygende bevestigen: daerenboven ingeval dat men al presupponeerde dat het schip THIENHOVEN niet konde volgen (des neen), soo was het van den pligt van den Capitain BOUMAN geweest, om den Commandeur, door een zeyn in den zeynbrief uitgedruckt, deswege te adverteren, ten eynden dat den Commandeur soude konnen tegenbrassen of syne bystaande seylen stryken; eyndelyk, nae verloop van ettelyke glasen een redelyk suyvere lugt krygende, dat men de distantie van een groote myl

myl konde sien, soo was het Schip *Thienhoven* egter buyten ons gesigt, maar *de Africaansche Galey* digt by ons synde, preyden wy die, en denselven toeroepende dat wy bedugt waren dat *Thienhoven* vooruit mogt syn, so versekert Capitain Rosendaal, dat het gemelte Schip *Thienhoven* niet voor uyt was, also hy de Canonschooten altyd agter uyt gehoort had, als wesende tusschen ons beyden. Wat nu de ware oorsaek is, dat gemelte Capitain Cornelis Bouman van ons is afgeraakt (aangesien wy buyten de mist het gewenschste en schoonste weder hebben gehad om by den anderen te blyven, als men van den hemel soude konnen desidereren, wesende een labberkoeltje uyt het Zuyd-Oosten, Oost-Zuyd-Oost en Noord-Oost), word aen dese Vergadering in overweging gegeven, om voorts in dier voegen te adviseren, als een iegelyk vermeynde tot beantwoording van syn pligt aan Haere Agtbaarhedens, de Vergadering van Thienen, te behooren: waarop dese Vergadering delibererende en alles geconsidereert hebbende, wat in overweging diende te komen, soo is met eendragtigheid van stemmen goedgevonden en verstaen, dat het hun alle te saemen en een iegelyk in 't besonder heeft toegeschenen, dat Capitain Cornelis Bouman met soodaenigen weder, wind en goede directie van saeken, geheel mackelyk met de andere Scheepen heeft konnen byhouden, sonder van deselve af te dwaelen: dog dat de ware oorsaek deser scheyding by niemant te raden is, alsoo sulx alleen behoort ter verantwoording van gemelten Capitain Bouman. Nadat dese saek dus geëxpepedieert was, heeft Capitain Roelof Rosendaal sig beklaegt over de twee eerste gedaene zeyn-schooten, van dieselve niet te hebben beantwoort, want hy Capitain vermeynde sulx vrugteloos te syn, om dat hy ons in 't gesigt hadde. Dan dese excuse sodanig latende sonder verder daerop te insteren, hebben egter denselven versogt in het toekomende antwoort te doen, op dat wy ook door ons gehoor van desselfs bysyn versekert konden wesen."

» Actum in 't Schip en ten dage als boven:

(was geteykend:)

Jacob Roggeveen.
Jan Koster.
Roelof Rosendaal.
Jacob van Groeneveld.
Cornelis van Aelst.
Jan Jurriaansen de Roy.
Steven de Wit.
Frans Strooker.
Jan Bos."

23. — Was de gissing onser Zuyder polus hoogte 45 graden 11 minuten en de lenkte 322 graden 45 minuten, cours Zuyd-West ten Zuyden 38 mylen, de wind Oost-Noord-Oost, Noord-Oost en West, marseyls, gereefde marseyls en onderseyls koelte, mistig weder: hadden *de Africaansche Galey* digt by ons in 't gesigt, dog in de agtermiddag kregen een heldere en suyvere lugt. Wy bevonden by een avontpeyling 18 graden 25 minuten Noord-Ooster miswysing van 't compas.

24. —

24 — Bevonden ons met Noorder Zon op de breete van 45 graden 3 minuten bezuyden d'Æquinoctiaal, en op de gegiste lenkte van 322 graden 19 minuten, de gekoppelde cours was West ten Zuyden $15\frac{1}{2}$ myl, en de wind variabel, als West, Zuyd-Zuyd-West, Zuyd-West, Noorden, Noord-Oost en Noord-West, schoon weder met stilte, labber, bramseyls en marseyls koelte; hadden volgens de morgen-peyling 21 graden 32 minuten miswysing om het Noord-Oosten.

25. — In den voormiddag wierpen het dieploot, dog hadden met een lyn van 120 vadem lenkte, regt op en neer, geen gront, bevonden ons des middags op de Zuyderbreete van 45 graden 52 minuten, en op de gegiste lenkte van 321 graden 41 minuten, de gekoppelde cours was Zuyd-West ten Zuyden, de wind ongestadig, synde West, Noord-West, West-Noord-West en Zuyd-West, slappe bramseyls en marseyls koelte, schoon, fris maer koud weder: onse avond-peyling toonde dat de miswysing was 21 graden 30 minuten Noord-Oost.

26. — Bevonden op den middag 46 graden 13 minuten Zuyder polus hoogte en de gegiste lenkte 322 graden 2 minuten, de gekoppelde cours Zuyd-Oost $\frac{1}{2}$ Oost, de wind West-Zuyd-West, Zuyd-West en Zuyd-Zuyd-West met een labberkoeltje, ook stilte, schoon helder en warm weder: sagen drie à vier zee-robben: wy hadden by een avond peyling 20 graden 40 minuten Noord Ooster miswysing.

27. — Kregen met het begin van de honde-wagt een

een slap koeltje uyt het Noord-Oosten, 't geen langsamelyk wackerde tot een styve marseyls koelte, zoo dat wy met Noorder Zon gisten te syn op de Zuyder breete van 46 grade 47 minuten, doch tot verwondering bevonden wy, ingevolge onse hoogmeting, dat de verandering onser breete van gisteren alleenlyk was 15 minuten. Sulx wy hier door nogmael bevestigd zyn geworden, dat de stroomen Noordwaerts hunnen loop nemen. Onse gegiste lenkte was 320 graden 46 minuten, de cours Zuyd-West ten Westen om *Cabo Blanko* in gesigt te loopen, of desselfs grond door het dieploot te pylen, om verkent te wesen, alsoo de Zuydelyke winden ons te veel om de Oost gevoerd hebben: schoon weder; in het 14. glas van de naemiddag-wagt wierpen het loot en hadden de diepte van 80 vaem fijne Zandgrond: stelden als doen onse cours Zuyden aan. Ingevolge de morgen peyling van der Zons opkomst was de Noord-Ooster miswysing 21 graden 39 minuten.

28. — Hadden de Zuyder breete van 48 graden 11 minuten, volgens onse Zons hoogmeting, en de gegiste lenkte van 319 graden 26 minuten: de gekoppelde cours was Zuyd-Zuyd-West ½ West, de wind Noord-Oost, Noorden, West-Zuyd-West, Zuyden, marseyls en gereefde marseyls koelte, goed fris weder, bevonden 21 graden 23 minuten Noord-Oostering.

29. — Was onse gegiste Zuyder polus hoogte 49 graden 9 minuten, de lenkte 318 graden 49 minuten, de gekoppelde koers Zuyd, Zuyd-West, 16 mylen, de

wind

wind seer veranderlyk, als Zuyd, Zuyd-West, Zuyden, Zuyd-Oost, Oost, Noorden ten Oosten, met eene labber, bramseyls en marseyls koelte, goed weder, doch een betogen lugt en seer koud: sagen groote menigte van kleene witte en groote meeuwen, daar onder veel swarte, waarvan in de voorgaande dagen nu en dan wel eenige gesien hadden, maar niet in sulken overvloet; met Zons ondergank staken wy onder de wint om te looden, en hadden de diepte van 90 vaam van grof bruyn Zand, met kleene roode steentjes vermengt. De Zon in 't opkomen gepeylt hebbende, bevonden de miswysing te syn 20 graden 30 minuten Noort-Oost.

30. — Waren, ingevolge der Zons hoogte, op de Zuyder breete van 50 graden 36 minuten, en op de gegiste lengte van 319 graden 30 minuten, de gekoppelde koers was Zuyd ten Oosten, ½ Oost: de wind Noorden, Noord-West, Zuyd-West en Zuyd-Zuyd-West, met een slappe, ook bramseyls en marseyls koelte, goed weder maer kout; sagen in het 3de glas van de naemiddag land, 't geen door DE AFRICAANSCHE GALEY eerst was gesien, die ons door een zeyn daervan kondschap gaf, leggende nae gissing 5 meylen Zuyden ten Oosten van ons, en 't welk wy meynden te syn de drie Eylanden van *Sebold de Waart*, omdat de vertooning van verre sodanig was; doch voortzeylende ontdekten wy het contrarie: in het 8ste glas kregen een travaet, reefden onse marseylen en wierpen grond op 70 vaem graauw Zand, (stuurden alsdoen nae de strecking van den wal) de wind synde tusschen het Westen en het Zuyd-Westen

ten; in 't eynde van de eerste wagt (behoorende eigenlyk tot het volgende etmael), hadden de diepte van 62 vaem tog geen gront aan 't loot: by een morgen peyling bevonden 23 graden 18 minuten Noord-Ooster miswysing.

31. — Gisten te syn op de Zuyderbreete van 51 graden 15 minuten, want hoewel wy schoon en helder weder hadden, konden egter geen Zons hoogte nemen, om dat de Zon in 't Noorden en de Wal in 't Zuyden van ons synde, de schaduwe van den horison des graedsboogs op het land viel, waerdoor ons belet wierd, om die schaduwe met de kimmen des Hemels over een te brengen. Onse gegiste lenkte was 322 graden 17 minuten, de gekoppelde cours Oost, Zuyd, Oost ½ Oost, 28 mylen: de wind Zuyd-West, West en West ten Noorden, met een bramseyls en marseyls koelte; de Noord-Ooster miswysing als boven.

January 1722.

1. — DE AFRICAANSCHE GALEY in de voormiddag digt by ons gekomen, en al het volck op het deck in 't want geklommen synde op beide de Scheepen, wenschten den anderen door een drievoudig vreugde geroep een gelukkig Nieuwe jaer. Des middags was de gissing onser Zuyderbreete 52 graden 48 minuten en de lenkte 322 graden 49 minuten; de gekoppelde cours Zuyden ten Oosten ¾ Oost 24 mylen, de wind West ten Noorden, Noord-Noord-West, West en Zuyd-West, met een betoogen lugt, marseyls, bramseyls en ongestadige koeltens, en in het 12de glas van de naemiddag wagt wierpen het dieploot, en bevonden 80 vaem groenagtig wasige Zandgrond,

met

met kleene steentjes vermengt: hebben het goed gevonden alhier te plaatsen de afteykening van dit nieuwe land (*), benevens een gedeelte van het Zuydelykste eynde van America, mitsgaders in twee colommen ter neer te stellen alle de coursen en met deselve afgesylde verheeden van dat land, 't welk de Heer *Fresier* noemt *Nieuwe Eylanden* en van anderen het *Falckland*, maar ik heb hetselve gedoopt *Belgia Australis*, omdat het met ons Vaderland, in opsigt van deszelfs polus hoogte, een geproportioneert climaet of lugtstreek heeft in 't Zuyden, also het Noordelykste legt op 50 graden 50 minuten, en het Zuydelykste op 52 graden 25 minuten, begrypende in syn lenkte 3 graden 40 minuten.

Coursen.	Mylen.	Coursen.	Mylen.
Z. ten O. . . .	4½.	O. ten Z. . . .	6½.
O. Z. O. . . .	6.	Z. O. ten O. . .	3½.
O.	7.	Z. Z. O.	3½.
Z. O. ten O. . .	1.	Z. ½ O.	5.
O. Z. O. . . .	5.	Z.	6.
O.	7.	Z. ten W. . . .	1½.

Alle welke verheden, te samen monterende 56½ myl, wy afgeseylt hebbende langs de wal, die sig op veele plaatsen hoog geheuvelt vertoont, dog welckers hoogten met flauwe en langsame nederdalinge soo laeg loopen, dat men niet onderscheydenlyk konde sien of het lage land aen een paelde en vast was, dan of het diep landwaerts instreckende bayen en inbogten waren, alsoo onse afstand was (om een onbekend

4* land

(*) Deze afteekening ontbreekt.

land niet te nae te komen) drie en somtyts vier mylen. *Belgia Australis* uyt ons gesigt verlooren hebbende, stelden wy onse cours Zuyd-West, om het *Staten Land*, synde het Zuydelykste gedeelte van de Oost-kant van America, ('t welk met *Terra de Feu* de Straet van *Le Maire*, gelyk *Terra de Feu* met het uiteynde van de vaste Cust, de Straet van *Magellanus* maekt) in 't gesigt te loopen: by wat toeval nu dat wy dit land voor de boeg gekregen hebben, (aengesien continueel onse betragting is geweest, by toelating van weder en wint, om door de gronden van de vaste Cust verseekert te konnen syn, dat wy van deselve ons niet te verre en verwyderden) daervan is de waere oorsaek ons onbekent, of de gronden van de vaste Cust moesten sig vereenigen met die van *Belgia Australis*, waerdoor ons alsdan benomen soude konnen werden die algemeene vaste stelling, dat als men grond werpt, het land nae by is, en van geen ander land eenige gedagten formeerde, dan van de Americaense Cust, (waervan de Zee-Kaerten onse wegwysers waeren en die ons meesten weesen tot een regel ter navolging) soo hebben wy besloten (en te regt) dat de gepeylde gronden van 32 tot 49 graden incluys besuyden den Æquinoctiaal de gronden van America syn geweest, en wanneer onse gestelde coursen aendagtelyk werden geëxamineert en naegesien, soo sal men overtuygende bevinden, dat alle dese coursen regelmatig geschikt syn nae de streecking van den Americaenschen wal, volgens de gedruckte Zee-Kaerten in 't algemeen, en volgens de met de pen geteekende in 't bysonder; maer dewyl wy

ons

ons egter bevonden hebben aen een ander land, en dat wel 60 mylen beoosten America geëlongeert is, kan de aeneenschakeling van die twee gepresuppeneerde gronden de waere oorsaek niet wesen, dat wy daerdoor sulken grooten distantie ons Oostelyker souden konnen bevinden, of, ten sy dat men vaststelle dat de Stroomen (waarvan in de voorgaende dagen gementioneert is) in plaetse van Noorden, om de Noord-Oost of Oostelyker hunne cours genomen hadden, en dus gradatim Oostwaerts gevoert wordende met een continueele grondwerping, waerdoor wy belet wierden Westelyker aen te stevenen, soo kan dese reden mogelyk de waere oorsaek syn, dat wy het gemelte *Belgia Australis* (hoewel onverwagt en buyten alle gedagten) hebben ontdekt en gesien: hier kan nog by gevoegt worden het Dag-Register van den Heer *Fresier*, waerin hy aanmerkt en segt, dat alle de Franse Scheepen die de Zuyd-Zee besogt hebben, en die hun bestek in de Zee-Kaerten stellende syn geweest van *Sancta Catharina*, gelegen op de Cust van Brasil, op de Zuyderbreete van 27 graden 30 minuten, door nauwkeurige observatien ondervonden hebben, dat *Cabo Blank*, in de Hollandsche Zee-Kaerten (leggende op 46 graden Zuyd) vier graden Westelyker geplaetst is, dan het waerlyk legt; wyders segt denselven Heer, dat men aengemerkt heeft, dat de Woeste Cust, of die der Patagons, niet komt te strecken Zuyd-West en Zuyd-West ¼ West, gelyk de Zee-Kaerten aantoonen, maer Zuyd-West ¼ Zuyd en Zuyd-Zuyd-West, 't welk veel Scheepen (volgens syn gethygenis) in gevaer gebragt heeft

heeft; om dese reden hebben wy geoordeelt, dat onse pligt was, de uyterste voorsigtigheyd te gebruyken en de ondervinding van andere in consideratie en overleg te nemen, te meer alsoo dese lugtstreek veel nevel en mist onderworpen is met variabile winden. Sulx wy ons gerust en genoegt stelden met de gronden te diepen, sonder juyst het land in 't gesigt te loopen; aengesien het ontdecken des wals ons geen meerder nut konde toebrengen, als de kennis van desselfs gronden, om onse coursen te rigten tot bevordering van onse reysen nae de Zuyd-Zee, soo dat wy om die redenen somtyts (naedat de donckerheyd der lugt en sterken wind ons nootsaekte) de coursen Zuydelyker hebben gesteld, om aan 't gevaer niet te participeren, dat andere door dese onkunde en misleyding der Zee-Kaerten hebben geloopen.

2. — Wierpen met 't begin van de voormiddag-wagt het loot, maer hadden geen grond, schoon de lijn van 120 vadem lenkte regt op en neder stond: des middags was de gissing onser Zuyderbreete 53 graden 16 minuten, en de lenkte 322 graden 14 minuten, de gekoppelde cours Zuyd-West, $\frac{1}{2}$ West, $10\frac{1}{2}$ myl, de wind seer veranderlyk, als Zuyd-West ten Zuyden, West, Noord-West, Noord-Noord-West, wederom Noord-West en West; West ten Zuyden, Zuyd-West ten Westen, en ten derdemael West, met bramseyls, marsseyls en gereefde marsseyls koelte, goed weder, doch een betooge lugt, in de middag ophelderende.

3. — Dreven van stilte tot het begin van de eerste wagt,

wagt, als wanneer een klyn lugtje uyt het Noord-Oosten kwam, 't geen langsaem wackerde tot een frisse doordringende bramseyls koelte; bevonden ons met Noorder Zon op de breete van 53 graden 45 minuten, en op de gegiste lenkte van 320 graden 21 minuten, de cours was Zuyd-West ten Westen, schoon weder, met een matige koelte; hadden hooge deiningen uyt het Zuyd-Westen; sagen veel groente, gevogelte én een zee-rob. Volgens een morgen-peyling van der Zons opkomst was de miswysing van 't compas 23 graden 6 minuten Noord-Oost.

4. — Wierpen het loot in het tweede glas van de eerste wagt op 75 vadem graauwe Zandgrond met kleene kalkagtige steenjes vermengt: in de volgende hondewagt was de diepte 70 vadem, maer in de dagwagt het loot driemael geworpen synde, vonden geen grond: sagen eenige sandsnippen en een meeuw gevlackt als een bonte kraay. In 't vervolg verdickte de lugt en wierd heel mistig, soo dat wy op de vereyste tyd veele seynschooten deden, om daar door aen DE AFRICAANSCHE GALEY kennis van onse afstand te geven, die beantwoord wordende desselfs nabyheyt ons te kennen gaven: dog in de voormiddag wagt helderde de mist op, en kregen schoon en warm weder, immers in vergelyking van alle de Dag-Registers die van dit oord des Werelds mentie maken: bevonden ons des middags op de Zuyderbreete van 54 graden 35 minuten en op de gegiste lenkte van 318 graden 16 minuten. De cours was Zuyd-West ten Westen, de wind Noord-Noord-Oost, Noorden, Noord-

Noord-

Noord-West en West, met een labber en bramseyls koeltje.

5. — Vermeynden in 't laeste van de namiddag wagt het *Staeten Land* te sien, maar dewyl de kimmen des Hemels een wynig beneveld waren, bleven in onseekerheyd: hopende met d'aenkomste van den volgenden dag desselfs confirmatie: wierpen het loot, alsmede in d'eerste en in de hondenwagt, maer hadden geen grond: sulx wy besloten dat onse grondwerping van den voorgaenden dag, niet is geweest, noch van *Belgia Australis*, noch van het *Staeten Land*, maer van een tussen beyden leggende Zandbank. In de dagwagt hadden wy regen met een dikke lugt, en wierden vervolgens gefrustreert van onse hope, om door een oculaire inspectie van dat land, wegens deszelfs opdoening en strekking, behoorlyk kennis te krygen, waervan de onmogelykheid des te grooter is geworden, also de wind Zuyd-West loopende, ons noodzaekte de cours beoosten het Zuyden te moeten stellen. In het vierde glas van de voormiddagwagt begon de lugt op te helderen, so dat wy ons des middags bevonden op de Zuyder polus hoogte van 55 graden 29 minuten, en op de gegiste lengte van 317 graden 28 minuten, de gekoppelde cours was Zuyd, Zuyd-West, $\frac{1}{8}$ West, de wind Noord-Oost, Noord-West en Zuyd-West, met een bramseyls en een gereefde marseyls koelte, seer goed weder maar koud: wy bevonden, volgens de avondpeyling van der Zons ondergank, 24 graden 27 minuten Noord-Ooster miswysing.

6. — Bevonden met Noorder Zon te syn op de breete

te van 56 graden 56 minuten Zuyd, en op de gegiste lenkte als vooren; de gekoppelde cours was Zuyden, de wind West, West-Noord-West en andermaal Zuyd-West, ongestadig weder met buyen en regen, ook somtyds helder en zonneschyn, styve marseyls en gereefde marseils koelte, met een hooge zee uit het Westen; des naemiddags deden zeyn aan *De Africaansche Galey* tot het verbeteren der compassen, en verlegden deselve van 20 tot op 25 graden, de lelie bewesten de naelde; dan dewyl de koude sterck toenam, soo syn de wolle kleederen van rocken, broeken, kousen, schoenen, hemden, wanten en mutsen onder het volk uitgedeelt en verstreckt, welke van de Heeren Bewindhebberen ten dien eynde waren medegegeven, en tegenwoordig van een uytnemend groot gebruyck en nuttigheyd syn. Ook is heden goed gevonden aen alle het volck een half mutsken brandewyn te geven, in plaets van die geene alleen, die de dagwagt waren hebbende, mits nogtans, dat men de verstrecking boven het ordinaire rantsoen weder sal inhouden en besuynigen, wanneer men in de warmte gekomen sal syn, opdat wy in onse t'huys reyse geen gebrek aan sterken dranck souden hebben.

7. — Alsoo de wind Zuydelijk liep, leyden wy het in de eerste wagt om de West, dog in 't begin van de voormiddag de wind wederom heel na het Westen loopende, waren genootsaekt Zuydwaerts de steven te wenden: des middags gisten te weesen op de Zuyder polus hoogte van 57 graden 9 minuten en op de lenkte van 317 graden 44 minuten: de gekoppelde cours

cours was Zuyd-Oost ten Zuyden 4 mylen, de wind West-Zuyd-West, Zuyd-Zuyd-West en Zuyd-West, onderseyls en gereefde marsseyls koelte: besonder slegt weder met regen, sneeuw en hagelbuyen, seer koud.

8. — Was onse gegiste Zuyderbreete 58 graden nul minuten; de lenkte 318 graden 34 minuten, de gekoppelde cours Zuyd-Zuyd-Oost ½ Oost 14 mylen, de wind West, West Zuyd-West en West ten Noorden, onderseyls en marseyls koelte met een dicke en betoogen lugt.

9. — Gisten te syn op de polus hoogte van 58 graden 44 minuten besuyden de middellyn, en op de lenkte van 318 graden 10 minuten; de gekoppelde cours was Zuyden ten Westen 11 mylen, de wind West, Noord-West, West, Zuyden, West en Noord-West, gereefde marsseyls en labberkoelte, met slegt doncker regenachtig weder en koude.

10. — Hadden de bevonden breete van 59 graden 22 minuten Zuyd en de gegiste lenkte van 316 graden 1 minuut, de gekoppelde cours was Zuyd-West ten Westen, de wind Noord-Noord-West en Noord-West ten Westen met gereefde marseyls en bramseyls koelte: dit etmael was de lugt doorgaens seer doncker beneveld met veel regenbuyen, doch tegen de middag kregen een suyveren hemel, soo dat wy de Zons hoogte bekwamen.

11. — Was de gegiste Zuyderbreete 59 graden 45 minuten en de lenkte 313 graden 30 minuten, de gekop-

koppelde cours, West ten Zuyden 19½ myl, de wind Noord-West, Noorden en Noord-Noord-West, gereefde marseyls koelte met een koude benevelde lugt en regen.

12. — Bevonden ons op de Zuyder polus hoogte van 60 graden 30 minuten, en op de gegiste lenkte van 312 graden 34 minuten: de gekoppelde cours was Zuyd-West ten Zuyden ½ Zuyd, de wind Noord-West en West-Noord-West, met bramseyls en gereefde marseyls koelte, goed weder met gematigde koude; in het tweede glas van de naemiddagwagt liep de wind nae het Zuyd-Westen, soo dat wy goedvonden te wenden Noordwaerts, om niet Zuydelyker te komen dan wy reeds ons bevonden, ten ware uyt hooge nootsaeklykheyt; wy hadden alhier des nagts ten twaalf uren den dag nog aan den hemel, soo dat men konde sien te lesen en te schryven.

13. — Waeren wy genootsaekt, alsoo de wind heel Noordelyk liep, in het sesde glas van de dagwagt te wenden, om van onse gewonne Westelyke lenkte niet te verliesen, met Oostelyker te moeten stevenen; des middags hadden wy, volgens onse gegiste, de Zuyderbreete van 60 graden 1 minuut, en de lenkte van 312 graden 23 minuten, de gekoppelde cours was Noorden ten Westen 7 mylen, de wind van het Westen tot Noord-West ten Noorden, gereefde marseyls koelte met hagel- en regenbuyen, seer koud, wy bevonden by de avond-peyling 26 graden 37 minuten Noord-Ooster miswysing.

14. — Gisten te wesen op de breete van 60 graden 9 minuten Zuyd, en op de lenkte van 309 graden 40 minuten, de gekoppelde cours was West $\frac{1}{4}$ Zuyd $20\frac{1}{2}$ myl, de wind Noort-West ten Noorden en Noorden ten Oosten, gereefde en styve marseyls koelte, slegt weder met stofregen en mist, soo dat wy eenige zeynschooten deden, om van onse afgelegentheit kennis te geven aan DE AFRICAANSCHE GALEY, die ook van deselve beantwoort wierden: maer aengesien alle de Dag-Registers die ons ter hand gekomen syn, en hunne vaert nae de Zuyd-Zee gerigt hebben, als een algemeene kennis voor vast stellen, dat wanneer sy het *Staten Land* gepasseert syn (leggende op de Longitude van ontrent 317 graden, volgens het getuygenis van den Heer *Fresier*, wiens observatie wy in agting hebben) en Westwaerts voort seylende tot op de lenkte van 297 graden, 't sy wat meer of min, en dan vervolgens hunne courssen om de Noord beoogende, tot dat sy haar bevinden op 55 graden Zuyderbreete of daerontrent, en dat sy over sulx *Caap Hoorn* beoosten van haer hebben, soo oordeelen sy, dat men alsdan, en niet eerder, sig in de Zuyd-Zee bevind: wederom ter contrarie, als deselve repatrieeren en dus uyt de Zuyd-Zee, Oostwaerts heen, voorby het gemelte lant van *Caap Hoorn*, nae de Noord-Zee haer transporteeren, soo vermeynen sy insgelyks, dat als men beoosten het *Staten Land* is, men dan eerst de Noord-Zee inseylt; sulx een en deselfde vaerweg de naem van Zuyd-Zee of Noord-Zee heeft, naer dat ik Westwaerts of Oostwaerts myne cours dirigere en stelle, 't welk ab-

absurd en ongerymd is; derhalven om een scheypael tusschen het Noorden en 't Zuyden op te regten, soo agte ik dat *Caap Hoorn* bekwaemlyk de Terminus à quo kan syn, en dat men bewesten deselve synde, de Zuyd-Zee bevaert, maer beoosten, de Noordzee, als leggende in 't midden van *Terra de Feu.*

15. — Bevonden ons op de Zuyder polus hoogte van 60 graden 44 minuten en op de gegiste lenkte van 308 graden 43 minuten, de gekoppelde cours was Zuyd-West ten Zuyden, de wind Noord-Oost ten Noorden tot West-Noord-West, gereefde marseyls en onderseyls koelte, met een sware holle zee, groote koude en dick betoogen lugt en regen, doch ontrent het sesde glas van de voormiddag wagt begon den hemel op te helderen, soo dat wy de hoogte der Zon bekwamen.

16. — Was de gegiste Zuyderbreete 60 graden 39 minuten en de lenkte 307 graden 48 minuten, de gekoppelde cours West ten Noorden 7 mylen, de wind seer ongestadig, als Noord-West, Noord-Noord-Oost, Oost-Noord-Oost, Noord-Noord-West, West en West-Noord-West, met stilte, marseyls en gereefde marseyls koelte, koud en regenachtig weder.

17. — Hadden de bevonden Zuyderbreete van 59 graden 18 minuten en de gegiste lenkte van 307 graden 23 minuten, de gekoppelde cours was Noorden ten Westen, de wind West, West-Zuyd-West en Zuyd-West ten Westen, gereefde marseyls en onderseyls koelte met harde buyen, stofregen en een dicke don-

donkere lugt: dan in de voormiddag wagt wierd deselve helder en klaer.

18. — Bevonden te syn op de breete van 57 graden 58 minuten besuyden den Evenaer, en op de gegiste lenkte van 305 graden 55 minuten, de gekoppelde cours was Noord-West ten Noorden, de wind Zuyd-West en West-Zuyd-West, onderseyls en gereefde marseyls koelte met een betoogen lugt, behalve des middags.

19. — Waren ingevolge onse gissing op de polus hoogte van 57 graden 34 minuten Zuyd, en op de lenkte van 304 graden 47 minuten, de gekoppelde cours was Noord-West ½ West 10 mylen, de wind van het Zuyd-West ten Westen tot Oost, met stilte en een labberkoelte, doncker diesig weder, somtyds stofregen, doch met een gematigde koude en effene Zee.

20. — Gisten met Noorder Zon te syn op de Zuyderbreete van 56 graden 29 minuten en op de lenkte van 303 graden 18 minuten, de gekoppelde cours was Noord-West ten Noorden, ¼ West 20¼ mylen, de wind van het Oost-Zuyd-Oosten tot het Westen, met ongestadige koeltens en regenbuyen.

21. — Hadden na gissing de Zuyderbreete van 57 graden 4 minuten en de lenkte van 302 graden nul minuten, de gekoppelde cours was Zuyd-West, ½ West 14 mylen, de wind West, West-Noord-West, Noord-West en Noord-Noord-West, marseyls en gereefde marseyls koelte, met donker regenachtig en koud weder.

22. —

22. — Bevonden ons op de breete van 58 graden 18 minuten besuyden den Evenaer, en op de gegiste lenkte van 300 graden 20 minuten, de gekoppelde cours was Zuyd-West, de wind West-Noord-West en Zuyd-Zuyd-West, gereefde marseyls koelte, koud doncker weder met regen, tot het vierde glas van de voormiddag wagt, als wanneer wy heldere kimmen en hemel kregen.

23. — Was onse gegiste Zuyder polus hoogte 57 graden 19 minuten en de lenkte 299 graden 22 minuten, de gekoppelde cours Noord-Noord West $\frac{1}{8}$ West $16\frac{3}{4}$ myl: de wind van het Zuyd-Westen tot West ten Zuyden, gereefde marseyls en bramseyls koelte, goed weder met gematigde koude. Ingevolge van eene avond peyling bevonden wy 18 graden 45 minuten Noord Oostering, daerom des middags zeyn deeden tot het verbeteren der compassen, en wierden deselve verleyd van 25 tot 20 graden, de lelie bewesten de naeld.

24. — Waren na onse gissing op de breete van 56 graden 33 minuten Zuyd, en op de lenkte van 297 graden 8 minuten, de gekoppelde cours was West Noord-West $\frac{1}{8}$ Noord 21 mylen, de wind van West tot Oost ten Zuyden, stil en gereefde marseyls koelte met regen, mist en koude, deeden een zeynschoot, omdat wy DE AFRICAANSCHE GALEY niet konden sien, die deselve met een gelyke schoot beantwoorde en daarin continueedre tot der Zons ondergank, als wanneer de mist verdween en een suyvere lugt kregen.

25. —

25. — Hadden de gegiste Zuyderbreete van 56 graden 19 minuten, en de lenkte van 296 graden 57 minuten, de gekoppelde cours was Noord-Noord-West 4 mylen, de wind Oost, West-Noord-West en Noord-West, stil, labber en bramseyls koelte, donkere lugt met regen.

26. — Gisten onse Zuyderbreete te wesen 56 graden 1 minuut en de lenkte 294 graden 47 minuten, de gekoppelde cours was West ten Noorden ½ Noord 16 mylen, en de wind van 't Noord-Westen tot het Noord-Oosten, bramseyls en styve gereefde marseyls koelte, met donker koud en regenachtig weder.

27. — Was de gissing onser breete 56 graden 34 minuten besuyden den middellyn, en de lenkte 293 graden 44 minuten, de gekoppelde cours Zuyd-West, 12½ myl, de wind tusschen 't Noorden, Oosten en Noord-Westen, onderseyls en gereefde marseyls koelte, seer slegt weder met koude, stofregen en mist.

28. — Waren na gissing op de Zuyderbreete van 56 graden 18 minuten en op de lenkte van 292 graden 1 minuut, de gekoppelde cours was West ten Noorden ½ Noord 15 mylen, de wind Noord-West, Noord-Noord-Oost, en Oost Noord-Oost, slappe en gereefde marseyls koelte met donker, mistig en regenachtig weder.

29. — Gisten te wesen op 55 graden 31 minuten Zuyder polus hoogte en op de lenkte van 290 graden 40 minuten, de gekoppelde cours was Noord-West

16½

$16\frac{1}{2}$ myl, de wind Noord-Oost, Noord-Noord-West en Oost-Noord-Oost, gereefde en slappe marseyls koelte met eene dicke en diesige lugt: deeden des middags seyn tot correctie der compassen, en verleyden deselve van 20 op 15 graden, de lelie bewesten de naeld; want schoon wy geen peylingen van der Zons op- en ondergank hadden, soo hebben wy ons gereguleert nae de observatien van anderen, die dit oord bevaren en de veranderıng der miswysingen beschreven hebben.

30. — Hadden met Noorder Zon de Zuyderbreete van 55 graden 11 minuten ingevolge onse gissing, en de lenkte van 290 graden 1 minuut, de gekoppelde cours was Noord-West $\frac{1}{2}$ West $7\frac{1}{2}$ myl, de wind Noord, Noord-Oost, Noorden en Noord-Oost ten Noorden, bramseyls, gereefde marseyls en labberkoelte, een donkeren hemel met regen en mist.

31. — Was onse gegiste breete 54 graden 23 minuten Zuyd en de lenkte 291 graden 12 minuten, de gekoppelde cours Noord $\frac{1}{2}$ Noord 16 mylen, de wind West, ook Noorden en Noord-West, bramseyls en marseyls koelte, seer gematigd weder met een betooge lugt.

February.

1. — Hadden na gissing de Zuyderbreete van 54 graden 11 minuten, en de lenkte van 290 graden 58 minuten, de gekoppelde cours was Noord-West ten Noorden $3\frac{1}{2}$ myl, de wind Oost-Zuyd-Oost, Oost ten Noorden en Noord-Oost, synde een slap lugtje meest

stil

stil met een dicken benevelden hemel, somtyts stofregen, dog de koude seer getempert.

2. — Kregen goed weder met warmte, soo dat wy hoopten des namiddags de hoogte der Zon te sullen bekomen, dog deselve niet helder doorbreekende moesten ons met de gissing vergenoegen, dewelcke was 53 graden 58 minuten breete, besuyden d'Æquinoctiaal en de lenkte 291 graden 10 minuten, de cours Noord-Noord-Oost 4½ myl, de wind Zuyd Zuyd-West, meest stil en een labberkoeltje.

3. — Was onse gegiste Zuyder polus hoogte 52 graden 32 minuten, de lenkte 292 graden 6 minuten, de cours Noord-Noord-Oost 22 mylen, de wind Zuyd-West en Zuyd-Zuyd-West, met een bramseyls koeltje, goed weder en een betoogen lugt.

4. — Deden des middags zeyn aan DE AFRICAANSCHE GALEY om de compassen te verleggen van 15 op 10 graden Noord-Ooster miswysing: gisten te syn op de Zuyderbreete van 51 graden 8 minuten en op de lenkte van 293 graden 3 minuten, de cours was Noord-Oost 22½ myl, de wind Zuyd-West, Noord-West, wederom Zuyd-West en West-Zuyd-West, met een slappe en bramseyls koelte, een dicke donkere lugt en somtyts stofregen, soo dat wy seer verlangen naer helder en klaer weder, om dat het tyd wordt Noord-Oost te boegen, ten eynde wy door de opdoening van 't land souden verkent worden.

5. — Hadden wy na onse gissinge de breete van 48 graden 57 minuten Zuyd, en de lenkte van 294 gra-

graden 58 minuten, de cours was Noord-Noord-Oost ⅓ Oost 38 mylen, de wind Zuyd-West, Noord-West en West-Zuyd-West, met een frisse doordringende bramseyls koelte, goed weder, maer doncker en nevelachtig.

6. — Kregen des middags eene ruime hoog-meeting der Zon, en bevonden te syn op de Zuyderbreete van 47 graden 30 minuten, en onse gegiste was 19 minuten Zuydelyker: hadden de lenkte van 296 graden 21 minuten, de gekoppelde cours is geweest Noord-Oost ⅓ Noord 22 mylen, de wind West-Noord-West en Noord-West, een labber en bramseyls koeltje met een dikke betooge lugt. In de naemiddag wierd getwyfeld of men land sag, soodat wy met het opsetten van de eerste wagt wendden, om met het begin van de hondewagt het weder naer de wal te leggen.

7. — Was onse gegiste Zuyderbreete 47 graden 10 minuten, en de lenkte 296 graden 33 minuten, de gekoppelde cours Noord-Noord-Oost 5 mylen, de wind Noorden, Noord-Noord-Oost, en Noorden ten Oosten, bramseyls en gereefde marseyls koelte met een dicke donkere lugt, stuurende digt by den wind, dan om de West, dan om de Oost, nae den loop des winds: met Zons ondergank kregen eene ruwe peyling, welke was 11 graden 15 minuten Noord-Oost; soo als de eerste wagt opgeset wierd, leyden wy het wederom van de wal, en met het begin van de honde-wagt daer nae toe. Voorts goed weder en getemperd koud, gelyk doorgaens gehad hebben, sedert wy de 55 graden Zuyderbreete gepasseert waeren.

 8. —

8. — Bevonden ons op de polus hoogte van 46 graden 25 minuten besuyden de middellyn en op de gegiste lenkte van 297 graden 23 minuten: de gekoppelde cours was Noord-Oost ½ Noord; de wind Noorden ten Oosten, Zuyd-West en West, marseyls en gereefde marseyls koelte, uytnemend schoon fris en helder weder, soo dat het land ('t geene wy waenden gesien te hebben, wanneer de kimmen seer dik benevelt waren) geheel verdweenen is; egter blyft vastgesteld Noord-Oost te boegen tot de eerste wagt, om dan, gedurende den nagt, volgens de strecking van de Chilische kust te sturen. De Zon des avonds in 't ondergaen gepeylt hebbende, bevonden de miswysing van het Compas te syn 11 graden en 44 minuten Noord-Oost.

9. — Was de bevonden Zuyderbreete 44 graden 41 minuten, en de gegiste lenkte 298 graden 40 minuten; de gekoppelde cours Noord-Noord-Oost ½ Oost, de wind West en Zuyd-West, bramseyls, marseyls en wederom bramseyls koelte, met bysonder schoon, warm, fris en helder weder. Volgens eene morgenpeyling hadden wy 10 graden 48 minuten, Noord-Oosterste miswysing.

10. — Toonde de hoogtemeeting der Zon, dat wy waren op de breete van 43 graden 33 minuten Zuyd, en op de gegiste lenkte van 300 graden 24 minuten, de cours was Noord-Oost, de wind Zuyd-West en Zuyden ten Westen, met een slappe en bramseyls koelte, seer goed en fris weder: sagen een zee-rob, waar-

waaruyt presumeerden niet verre van land te wesen. Bevonden door een avond-peyling, dat de Noord-Ooster miswysing was 11 graden nul minuten.

11. — Hadden de Zuyderbreete van 41 graden 35 minuten volgens onse gissing, en de lenkte van 302 graden 34 minuten; de gekoppelde cours was Noord-Oost ½ Noord, 38 mylen, de wind Zuyd-Zuyd-West, Zuyd-Zuyd-Oost en Zuyden, bramseyls, marseyls en gereefde marseyls koelte met eene donkere betrocke lugt.

12. — Waren volgens der Zons hoogte op de breete van 40 graden 30 minuten besuyden de Æquinoctiaal, en op de gegiste lenkte van 303 graden 55 minuten, de gekoppelde cours was Noord Oost, de wind Zuyd-Oost ten Zuyden, West-Noord-West en Zuyd-West ten Westen, met stilte, en labber en bramseyls koeltje. Sagen een menigte van potskoppen en veele zee-robben, doch geen land, waar over ons verwonderden, om dat wy, volgens het uytwysen van sommige Zee-Kaarten, meer dan honderd mylen over land geseylt hadden, en volgens andere Fransche Kaarten, die de vaste kust van Chili Oostelyker plaatsen, hebden met ons bestek bynae aen land syn. Sulx wy geresolveert hebben by dag regt Oost te boegen en by nagt af en aen te houden, om het Eyland *Le Mocha* niet te passeren, alsoo de noodsaeklykheid vereyscht, indien 't mooglyk is, aldaer een goede quantiteyt van erwten of boonen te bekomen, omdat onse medegenomen erwten seer vuurig syn, en die

na

na verloop van vyf of ses maanden geheel oneetbaer sullen wesen. Dit etmael meest dik en donker weder.

13. — Was onse gegiste Zuyderbreete 39 graden 32 minuten, en de lenkte 305 graden 48 minuten, de gekoppelde cours Noord-Oost ten Oosten 26¼ myl, de wind West-Zuyd-West, Zuyden ten Westen en Zuyd-West; bramseyls en marseyls koelte, met eene donkere benevelde lugt: sagen wederom zee-robben.

14. — Wierd met der Zons opkomste geroepen dat vooruyt land was: waarop aen DE AFRICAANSCHE GALEY zeyn gedaen is; doch kort daer nae, door de opkomende nevelen het gesigt van hetselve verlooren hebbende, begon de Zon met het 6de glas van de voormiddag-wagt door te breken, soo dat wy een helderen en klaeren hemel krygende, het land seer onderscheydentlyk konden sien op de distantie van 9 mylen, en het dieploot werpende bevonden ons 110 vademen waters met eene groenachtige steckgrond.— Des middags peylden de Noordelykste hoek van de Rivier *Baldivia* Oost ten Zuyden 8 mylen van ons afstandig, als wanneer wy ons bevonden op de Zuyderbreete van 39 graden 27 minuten, en op de gegiste lenkte van 307 graden 42 minuten: staende met ons bestek ontrent eene graad en dertig minuten op het land, volgens eenige Fransche Kaarten, die gesagt moeten worden de beste te syn, omdat sy de kusten van Chili en Peru langentyd bevaeren hebbende, daerdoor in staat syn geweest om goede en naauw keurige waernemingen te konnen doen: De koers was-

Oost

Oost, de wind Zuyd-West, Zuyden en Zuyd-Zuyd-Oost met een bramseyls en gereefde marseyls koelte; stuurden langs de streeking van den wal op den afstand van tusschen de 3 à 4 mylen. Ontrent het 8ste glas van de agtermiddag-wagt deden zeyn om de Officieren van DE AFRICAANSCHE GALEY aen ons boord te hebben, ten einde met deselve te overwegen, of men het Eyland *La Mocka* soude aendoen, om te sien, of men aldaer eene goede quantiteyt erwten of boonen konde koopen, en dus suppleren het gebrek dat wy ontrent onse erwten hebben, die seer slegt en vuurig syn, en nae verloop van eenige maanden oneetbaar: Voorts om andere reden meer in de Resolutie breeder te extenderen; Eyndelyk dat men by de wind af en aan soude houden tot het doorbreken van den dag, om *La Mocka* niet voorby te loopen. Hadden de diepte van 20 vademen cingel grond, synde kleyne steentjes of keytjes, niet bekwaem om te ankeren. De Resolutie behelst het volgende:

» BREEDEN RAAD der twee in compagnie seylende Scheepen, gehouden aan 't boord van 't Schip DEN AREND, present Mr. JACOB ROGGEVEEN, President, Capitain JAN KOSTER, voerende het voorschreve Schip DEN AREND, Capitain ROELOF ROSENDAAL, commanderende op het Schip DE AFRICAANSCHE GALEY, JACOB VAN GROENEVELT, eerste, en CORNELIS VAN AELST, tweede Opperstuurman, beyde dienst doende op 't Schip DEN AREND; JAN

JAN JURIAANSE DE ROY, Opperstuurman op DE AFRICAANSCHE GALEY; STEVEN DE WIT, eerste, en FRANS STROOKER, tweede Onderstuurman, mede te samen beschreyden op 't Schip DEN AREND; JAN BOS, Onderstuurman op DE GALEY; HERMANUS VAN DEN EMSTER, Hoogbootsman, en HENDRIK BROUWER, Constapel, beyde varende op het voornoemde Schip DEN AREND; JONAS STANGENBERG, Hoogbootsman, en JAN CORF, Constapel, beyde op DE AFRICAANSCHE GALEY dienst doende.

Saturdag den 14 *February* 1722.

»De bovenstaande persoonen in Raede sessie genomen hebbende, heeft de President geproponeert, hoe hoognoodig het was, om aan de intentie van HAAR EDELE AGTBAERE DE VERGADERING VAN THIENEN, REPRESENTERENDE DE GENERALE GEOCTROYEERDE NEDERLANDSCHE WEST-INDISCHE COMPAGNIE, te konnen voldoen, te weten: dese Expeditie en Kruystogt in de Zuyd-Zee, ter ontdecking van onbekende Landen, sonder eenig gebrek of verhindering uit te voeren: dat men tot dien eynde het Eyland *La Mocha*, leggende na gissing 10 à 12 mylen Noordelyk van ons af: behoorde aantedoen, om ons aldaer te voorsien van eene goede quantiteyt erwten of boonen, want aengemerkt wordende, dat onse medegenomene erwten reets seer oud en vuurig syn, en dat deselve na verloop van vyf of ses maanden byna oneetbaer sullen wesen, en dus ten hoogsten schadelyk voor de gesontheyt des volks,

waer-

waervan de uytvoering deser Expeditie afhankelyk is, soo diende daarin voorsien te werden. Voorts, dat de stokvis ook voor de gesontheyt van 't volk immers soo ondeugende is en worden sal, als van de erwten is gesegt en voorgedragen. Ten derden, dat men reets bevonden heeft, honderden van ponden broots bedorven gehad te hebben, en nog onseker is, hoe dat de andere broodkamers gesteld syn; en of dit bedorven brood nu veroorsaakt sy, omdat de kamers niet met vuurwagens (gelyk by de Oost-Indische Compagnie gedaen wort) nae behooren syn gedroogt, daervan kan voor tegenwoordig geen oordeel vellen, en is ook ten desen gansch onnoodig. Ten vierden staat te considereren, dat de gort vol myt en wormen is, welke, wanneer wy op 't Eyland *Jan Ferdinando* sullen wesen gekomen, noodsakelyk van aldat ongedierte sal moeten worden gesuyvert, en gelugt, om de vermufte reuk weg te nemen, 't geene wederom niet kan geschieden, als met een groot verlies. Eyndelyk moet genoteert worden, dat onse vleesch- en spekvaten niet komen uit te leveren dat gewigt, soo als deselve op de Victualie-lyst staan begroot en uytgedrukt: want volgens onse gehoudene aenteykening in het verstrecken der rantsoenen, komen wy op yder vleeschvat te kort veertig, vyftig en sestig ponden vleesch; doch de spekvaten soo veel niet, maer egter seer merkelyk: derhalven, dit alles nae behooren en met rype aandagt overwoogen wordende, als mede dat *La Mocha* de eenigste plaets is, die met sekerheyt kan aengedaen worden, (alsoo *Sancta Maria* te veel gevaer' heeft door uytsteekende de droogten, reven en banken) om het noodige te bekomen, soo wort het geproponeerde mits desen aen de Vergadering overgegeven, om het sentiment en 't oordeel van een ygelyk deswegen te verstaen, om ons, na het besluyt ten desen te nemen, te konnen rigten. Op alle hetwelke gedelibereert synde, soo is met eenparigheit van stemmen goet gevonden en geapprobeert, om tegens den dag van morgen, (by toelating van wind en weer) op de rheede van 't Eyland *La Mocha* te loopen, en te tragten aldaer een quantiteyt, ten minsten van een hondert sacken erwten of boonen, soo 't mogelyk is, te bekomen.

» Aldus geresolveert en geconcludeert in 't Schip en ten dage als boven: (was geteekent) Jacob Roggeveen. Jan Koster. Roelof Rosendaal. Jacob van Groenevelt. Cornelis van Aelst. Jan Jurriaansen de Roy. Steven de Wit. Frans Strooker. Jan Bos. Hermanus van den Emster. Hendrik Brouwer. Jonas Stangenberg. Jan Corf."

15. — Hadden de wind des morgens uyt den Zuyden, met gereefde marseyls koelte, mistig weder en een holle Zee, van 't Zuyd-Zuyd-Westen. In het 5de glas der voormiddag-wagt, sagen eene hooge branding in het Noorden ten Westen van ons, alsmede op denselven tyd een hoek lands in het Noorden ten Oosten, 't welk wy meynden het Eyland *La Mocha* te syn: wenden alsdoen om de Oost, en boegden langsaemelyk onse cours van 't Oosten tot 't Noorden

ten

ten Westen: hadden de diepte van 17 tot $11\frac{1}{2}$ vadem-waters, zwarte steckgrond. In het 2de glas van de naemiddags-wagt kwamen ten anker op $11\frac{1}{2}$ vadem, synde de grond als boven, en leggende aan de Oostkant van 't Eyland ontrent een halve myl van de wal; peylende de Zuydhoek Zuyden ten Westen $\frac{1}{2}$ West, en de Noordhoek Noord-Noord-West van ons.

16. — Setten onse boot uyt, synde bysonder goed weder en stil: sonden vervolgens onse chaloup met de boot van DE AFRICAANSCHE GALEY, om te ondersoeken of sy ergens eene bekwame plaets konden vinden, alwaer met sekerheyt te landen was, en met de Spangiaarden of Indianen in gesprek te komen, ten einde, met deselve in eenige onderhandeling te treden. Maer onse afgesondene terug komende, rapporteerden dat het onmogelyk was te landen, wegens de groote branding en de blinde klippen die langs den wal heen strekten, of dat men boot en chaloup in 't uyterste gevaer stelde. Derhalven, indien wy aan de wal wilden wesen, het nootsakelyk ware, dat men goed weder met stilte soude moeten afwagten, opdat de branding daer door tyd soude hebben van te slegten, alsoo in de voorgaende dagen het sterk gewaeyt hadde. Wyders wierd ons gerapporteert, dat sy eene onnoemelyke menigte van paerden, koeyen, schapen en bokken, maer geen menschen hadden gesien. Omtrent den middag stuurden wy onse boot met die van DE AFRICAANSCHE GALEY naer den Noordhoek van 't Eyland, om te sien of aldaer de gegevene commissie konde uytge-

 voerd

voerd worden; dan tegen het vallen van den avond de booten wederkomende, soo was hun rapport als het voorgaende, namentlyk, dat sy geen menschen gesien noch gesproken hadden, noch ook aan land hadden kunnen komen, doch dat het Eyland vol van alderhande soort van vee was.

17. — Was de wind Zuyd-West, ook Zuyden, bramseyls koelte, stilte, dik regenachtig weder met donder en blixem. — In het 4de glas van de dagwagt sonden wy onse chaloup nae den wal, om te sien, of de sterke branding continueerde dan niet: dewelke afgeroeyd en wedergekomen synde, soo wierd gerapporteert, dat men bekwamelyk konde landen. Waarop aanstonds beyde de booten en onse chaloup naer behooren bemant syn, en yder gewapent met een snaphaan en houwer, last hebbende, om alles ordentelyk en vreedsaem te verrigten, en hunne wapenen niet te gebruyken, dan wanneer sy vyandelyk geattaqueert wierden, en dus om gewelt met gewelt te wederstaan. Onse manschap aan land komende, soo sagen wy van ons Schip, dat sy marcheerden naer de Noordhoek van 't Eyland, en deselve uit 't gesigt verliesende, moesten met geduld hunne wederkomst verwagten: dit verlangen nu geduurt hebbende tot het ondergaen van de Zon, soo kregen wy ons volk wederom wel in 't gesigt, doch aan de Zuydhoek van 't selve Eyland: waaruyt wy besloten, dat sy de circumferentie, of ten minsten een groot gedeelte van dien waeren omgetoogen. Maar alsoo wij geen booten noch chaloup aen boord kregen, en van desselfs oorzaek on-

onkandig synde, deden in 't eerste glas van de eerste wagt een zeyn-schoot, waerop de quartiermeester met de chaloup aen boord kwam, ons seggende, dat al het volk aen strand by de booten teruggekomen was, doch onmooglyk om het met de chaloup in de booten, die op de dreg buyten de branding lagen, over te brengen. Waerop geordonneert wierd, dat de booten aan boord souden komen, om in geen gevaer, gedurende den nagt, aldaer te blyven leggen. Ook konde de quartiermeester van het gepasseerde aen de wal ons het minste verslag niet geven, omdat 't gebruys van de Zee tegen het strand sulken grooten geraes en geluyd veroorsaekte, dat sy den anderen, met verstaenbaere woorden, niet hadden konden toeroepen. Ik moet hier byvoegen, dat in de naemiddag soodanigen vlugt van eendvogels van de vaste kust kwam overstreeken naer dit Eyland, dat het getal niet te bepalen is, want haere breete was langs het water seer uytgestrekt, en haere lenkte van een groote myl.

18. — Naedat wy de booten en chaloup, met het aanbreken van den dag, afgevaerdigt hadden, om ons volk aen boord te brengen, soo syn sy alle in 't 4de glas van de dagwagt gereverteerd, rapporterende dat op het Eyland niet een eenig mensch is; dat alles woest legt, en 't geen bevoorens aangesien was, koeyen, kalveren, schapen en bokken te syn, niet anders waren als paarden en jonge veulens: ook dat sy 3 à 4 wilde honden hadden gesien: doch hoe dor en woest haar alles voorkwam, dat sy echter resolveerden, om door oculaire inspectie volkomen onderrigt te

te wesen, het gansche Eyland in syn omtrek te doorloopen; maer in haer ondersoek niets gevonden hadden, dan eene bedroefde aenschouwing van een verongelukt schip, van 't welke eenige stucken op het strand van de Zee geworpen synde, geoordeelt wierd, dat hetselve een Fransch maeksel was. — De rede nu, waerdoor de Spangiaarden gepermoveert syn geworden, om dit Eyland totaliter te verwoesten, ('t welk in voorgaende tyden seer vrugtbaer is geweest, volgens het getuygenis der Dag-Registers van de Nassausche Vloot, JORIS VAN SPILBERGEN, en andere) is naer alle apparentie dese: dat de Engelschen of Zeeroovers aen dit Eyland gemeenlyk kwamen om ververscbing en victualie te bekomen en in te nemen, 't sy met geweld of permutatie en ruyling, want het groote getal van manschap, die sy voerden, veroorsaekte altyt (volgens hunne eygene Journalen) gebrek aan levensmiddelen: wanneer sy dan op *La Mocha* het noodige bekomen hadden, soo waren sy wederom in staat gestelt, om hunne roofsugt uyt te voeren. Dese onse onderneming dus slegt en ongelukkig uitgevallen synde, resolveerden wy aenstonts om onse reys naer 't Eyland van *Jan Ferdinand* (*) voort te

(*) Uit *Parijs* werd, onder dagteekening van den 18 Julij 1837, gemeld, dat dit Eiland, zoo vermaard door de geschiedenis van *Robinson Crusoe*, bij eene sware aardbeving in *Chili*, geheel zoude verzwolgen zijn, (Rotterdamsche Courant van den 20 Julij 1837, No 86, kolom 3. reg. 7.)

Indien dit waarheid is, dan moeten, na de aardbeving, Zeereisigers dit Eiland, op de breedte en lengte, waar het lag, vergeefs gete setten. Ligten derhalven onse ankors, en geranktenonder seyl ontrent het 3de glas van de voormiddag-wagt, de wind met een seer slap koeltje was uyt het Zuyden. Met Zons ondergank peylden het Eyland Zuyden ten Oosten 6 mijlen van ons, en het zigtbare Noordelykste land van *Chili*, Noord-Noord-Oost, op eene distantie van 7 mylen. Onse Noord-Ooster miswysing, volgens de bevinding van een avond-peyling, was 9 graden 4 minuten.

19. — Bevonden ons op de Zuyder polus hoogte van 37 graden 2 minuten, en op de gegiste lenkte van 302 graden 58 minuten, (hebbende ons bestek begonnen met 304 graden, daar *La Mocha* op geplaatst is, volgens de generale Wereldkaart, gedrukt by *Joannes Loots* tot *Amsterdam*, en die by ons gebruykt is omdat wy haar bevinden met de Fransche Zee-Kaarten en den Heer *Fresier* meest accoord te syn, immers ten respecte van de de strekkende vaste kust van *Chili*) de cours sedert de laatste peyling was Noord-West ten Noorden, de wind Zuyd-Zuyd-West en Zuyden ten Oosten, slappe en ook bramseyls koelte, met schoon, fris en seer aangenaem weder; derhalven ingeval het vervolg van goede dagen dit beginsel beantwoort, soo mag men besluyten, dat wy van nu aen de vreedige Zee bevaren.

20. —

---

gezocht en daar uit tot deszelfs verdwijning besloten hebben: ten ware men op Zee het had zien verzinken: want van de vaste kust van *Chili* lag het ten minste 70 Duitsche mijlen westwaards, en kon dus van daar met geene mogelijkheid gezien worden.

20. — Hadden de breete, uytwysend de Zons hoogte, van 35 graden 32 minuten Zuyd, en de gegiste lenkte van 302 graden 37 minuten, de cours was Noorden ten Westen, de wind Zuyden en Zuyden ten Oosten; slappe en bramseyls koelte met uytnemend goed weder. Volgens eene avond-peyling was de miswysing 9 graden 49 minuten, en na bevinding van de morgenpeyling 7 graden 32 minuten, beyde om de Noord-Oost.

21. — Gisten te syn besnyden den Æquinoctiael op de hoogte van 34 graden 20 minuten, en op de lenkte van 302 graden 37 minuten, de gekoppelde cours was Noorden 18 mylen, de wind Zuyden en Noord-West, slappe bramseyls koelte met bysonder goed weder: doch juist op den middag belette een donkere wolk dat wy geen schaduwe op onse graedboogen van de Zon konden krygen, om desselfs hoogte te bekomen: eene avond en morgen peyling te samen, toonden ons dat de variatie van 't Compas was 8 graden 52 minuten Noord-Oostering.

22. — Hadden de bevonde Zuyder breete van 34 graden 22 minuten en de gegiste lenkte van 301 graden 47 minuten, de gekoppelde cours was West ½ Noord, de wind West-Noord-West, Zuyd-Zuyd-West, West-Zuyd-West met een labber koeltje en eene heldere lucht. Desen morgen peylden wy de opkomst der Zon, waerdoor wy bevonden te hebben 6 graden 28 minuten Noord-Ooster miswysing.

23. — Bevonden ons op de breete van 34 graden 22

22 minuten Zuyd, en op de gegiste lenkte van 301 graden 28 minuten: de gekoppelde cours was Zuyd-West ten Westen, de wind variabel, synde Noord-West, West, West-Zuyd-West, wederom Noord-West, en West, met een slap koeltje, goed weder.

24. — Deede DE AFRICAANSCHE GALEY, ontrent het 2de glas van de voormiddag-wagt, het seyn van land te sien, 't welk aen ly vooruyt lag, en nootsakelyk het Eyland van *Juan Ferdinando* moeste syn; peylende hetselve West ten Noorden, 9 à 10 mylen van ons. Hadden des middags de Zuyderbreete van 33 graden 53 minuten, volgens onse genomene Zons hoogte, en de gegiste lenkte van 300 graden 29 minuten: de gekoppelde cours was West-Noord-West ½ West, de wind van het Westen tot het Zuyd-Oost ten Zuyden, met een slappe bramseyls koelte en eene hooge Zee uyt het Zuyd-Westen. Na Zons ondergank staken wy onder de wind en lieten 't dryven, om met het aenbreken van den volgenden dag af te brassen, en op de rheede te loopen.

25. — Stelden wy tegen het opkomen van de Zon onse cours regt op het Eyland aen; seylende vervolgens van de Zuydhoek, langs de Oostsyde, naer de Noordhoek. Wanneer wy nu ruym de helft van dit Eyland in desselfs lenkte hadden afgeseyld, en dat de opening van de rheede zich begon te vertoonen, soo wierden wy in de baey een Schip ten anker leggende gewaer, dat (ons in 't gesigt krygende) een Canonschoot deed en syn vlag in een schiouw liet

waeyen

waeyen, tot een zeyn (soo wy presumeerden) dat het volk van land naer boord zich soude vervoegen. Wy ondertusschen met een slap koeltje naderende, hebben de Prince Vlag, met het cyfer of merkteyken van de West-Indische Compagnie laten waeyen, om te kennen te geven, wat volk wy waren, middelerwyl alles besorgende 't geene tot onse bescherming noodig was, in cas van een Zeeroover, of die de rheede ons soude hebben willen bedisputeren. Dus dan al sagtjes voortseylende, en het Schip, wegens syne opdoening en vertooning, een weinig onderscheydentlyker kunnende sien, soo ontstond onder onse Officieren een geschil: sommige meynden dat het Spaansch maeksel verbeelde en van monture als wy; anderen ter contrarie, dat het onsen afgedwaelden metgezel THIENHOVEN was. Doch dit geschil wierd eindelyk getermineerd door de aenkomste van de chaloup van het ten anker leggende Schip, alwaer Capitain CORNELIS BOUMAN in was, die van de wal naer syn Schip roeyende op het gedaene zeyn, en ons in 't gesigt krygende, ons aanstonts kende en aen boord overkwam, ons vervolgens bekend makende, dat hy door donker en regenachtig weder wel 20 mylen bewesten *Jan Ferdinand* was geweest, en na dat hy het by de wind Oostwaerts hadde opgehaelt, ten laetsten daegs te voren aldaer ter rheede was gekomen. Eyndeling syn wy ontrent het 10de glas van de agtermiddag-wagt op de diepte van 48 vadem geankerd, doch door de sware winden, die van het hoog gebergte met groot gewelt neervallen, deurgaende, waeren genootsaekt dieper in de baey te korten

en

en ons te vertuyen op 35 à 36 vadem steckgrond, alwaer wy vast bleven leggen tot den 17den Maart; dat wy vertrocken ter uytvoering van onse eerste Kruystogt in de onbekende Zuyd-Zee, hebbende ondertusschen ons voorsien van alle noodwendigheden die daer te bekomen syn, te weten: uytnement goed water en brandhout, alsmede gevlekte vis, die in de pekel eenige uren gelegt en daernae gedroogt synde, lang kan goed gehouden worden tot gebruyk, en die in sulken grooten overvloed is, dat vier mannen met den hoek in staet syn om in twee ueren voor hondert koppen soo veel te vangen, dat sy voor een middag- en avondmael genoeg hebben, gelyk de ondervinding ons sulx geleerd en bevestigd heeft gedurende den tyd van ons verblyf aldaer, mitsgaders van goeden traan, die wy kookten van zeehonden, welke in een onnoemlyke menigte by duysende op het strant en klippen te bekomen syn, ook van zeeleeuwen, zynde seer groote monstreuse beesten, ter swaarte van twee, drie à vier duysent ponden. Wat voorts de andere behoeftens van ververscheing betreft, dat selve is, ingevolge de beschryvingen van twee Engelsche Journalen, het eene van Capitain *Woodes Rogers*, het andere van *William Dampier*, naer de wyse der Romans geschikt en voorgestelt, alsoo de groente, die wy vonden, met ons Meigras, en de kool met de steelen of stroncken aan de onse die wy in Holland op straet wegwerpen, seer gelyk syn. Wat nu ten laetsten de bokken en geyten concerneert, deselve konnen gesien, doch niet bekomen worden, dan met gevaer van 't leven, gelyk sulks gebleken is aan de botteliers-maat van 't Schip *THIENHOVEN*, die in 't vervolgen van deselve, als daerop ter jagt met andere uytgegaen synde, van eene rots te begaten is gevallen. Om van dit Eyland een concept te kennen formeren so is deselfs afbeelding hier tusschen ingevoegt. (*)

Maart 1722.

17. — Nae onse provisie van het noodige opgedaen, 't Schip van buyten en onder schoongemaekt, 't wand geteert, en alles in behoorlyke staat hatstelt hebbende, ligten onse ankers en gingen onder seyl, cours stellende (nae dat wy uyt de baeyen van het hooge land waren, volgens onse getrockene Resolutie op den 15den deser, welkers inhoud hierna woordelyk sal volgen) regt West-Noord-West. — Peylden met Zons ondergank het kleyne Eyland (dat ontrent een myl aen de Zuydwestkant van het grote Eyland af legt, en 't welk by Capitayn *Schouten* abusive genomen is voor het tweede van *Juan Ferdinandes* Eylanden) Zuyd-Zuyd-Oost, ½ Oost 7½ myl van ons. Wy hadden seer schoon weder met eene frisse koelte uyt het Zuyd-Zuyd-Oosten.

18. — Bevonden ons met Noorder Zon op de Zuyderbreete van 32 graden 56 minuten, en op de gegiste lenkte van 296 graden 23 minuten. De cours was West-Noord-West, de wind Zuyden en Zuyd-Zuyd-Oost, met een bramseyls koelte en helder weder. [illegible] On-
[illegible]

(*) Deze afbeelding ontbreekt.

Ontrent het 7de glas van de dagwagt peylden wy het Westelykste Eyland van *Jan Ferdinand*, ('t welk in de Kaarten te Zuydelijk geplaetst is) na gissinge 7 mylen Zuyd-West ten Zuyden van ons.

» RAAD der drie in Compagnie seylende Schepen, gehouden aen 't boort van 't Schip DEN ARENDT, ten presentie van de ondergeschreven hoofden dezer Expeditie.

Sondag den 15 Maart 1722.

» Den President aen deze Vergadering voorgestelt hebbende, de noodsaekelykheyd die er vereyscht wert tot het beramen der coursen, nae dat wy van de rheede van dit Eyland van *Juan Ferdinando*, (alwaer wy tegenwoordig ten anker leggen) sullen syn vertrocken, om onse kruistogt in de groote onbekende Zuyd-Zee aentevangen, en met de vereyschte voorsigtigheit te expedieren, soo syn ten dien eynde geexamineert en nagesien de Zee-Kaerten, als onse wegwysers. Sulx met eenparigheit van stemmen goet gevonden en vastgestelt is, de navolgende seylagie ordre (by toelating van wind en weder) exactelyk te observeren, te weten: dat men vertreckende van deze rheede, de cours sal stellen West Noord-West, en daermede tot wy gekomen sullen syn op de Zuyder polus hoogte van 27 graden 20 minuten, en dat men in lenkte 16 graden verandert sal wesen. Voorts wanneer wy ons aldaer bevinden, dan regt West aen te stevenen tot soo lange toe, dat men nog 15 graden in lenkte verandert is. En ingevalle wy als dan geen

geen ontdekking van eenig land komen te doen, soo sal men by nadere Resolutie beraemen, wat in 't vervolg, tot uytvoeringe van onse Commissie, behoorde gedaen en betragt te werden. Wyders is met eenparige toestemming goetgekeurt en besloten, dat Capitain ROELOF ROSENDAAL, voerende het Schip DE *AFRICAANSCHE GALEY*, vooruyt sal seylen, alles bysettende wat eenigsints goed kan doen, om $3\frac{1}{2}$ myl regt vooruyt te wesen, en op die distantie het te houden, tot het ondergaen van de Zon, en alsdan sal hy, Capitain ROSENDAAL, onder de wind steeken, het lood werpen om te diepen, en soo lang blyven dryven, tot dat hy het vuur van 't Schip *THIENHOVEN* in 't gesigt krygt, als wanneer hy Capitain ROSENDAAL sal afbrassen en cours seylen, dog soodanig dat hy het vuur van het Schip *THIENHOVEN* altyd in het oog houd. *DE AFRICAANSCHE GALEY* dus vooruyt seylende, en gevolgt werdende door het Schip *THIENHOVEN*, gevoert by Capitain CORNELIS BOUMAN, soo sal het Schip *DEN AREND*, gecommandeert wordende door Capitain JAN KOSTER, volgen en verpligt syn sich agter het Schip *THIENHOVEN* te houden, op een afstand van een halve myl. Insgelyks is met een algemeen besluyt beraemt, dat *DE AFRICAANSCHE GALEY* syn vuur sal setten op het achterschip, doch *THIENHOVEN* en *DEN AREND*, ter contrarie in de blinde mars, ten eynde de vuuren, dus geplaatst synde, bekwaemst sullen konnen werden gesien. Eyndelijk is geresolveert, dat Capitain ROSENDAAL gehouden en geoblibligeert sal wesen, precyselyk nae te komen, om ingeval hy eenig land of droogte kwame te ontdecken of te sien, aenstonts behoorlyk zeyn te doen, soo als de Zeyn-Brief deswegen dicteert en behelst, namentlyk: indien hy Capitain ROSENDAAL land of droogte by dag gewaer wort, dat hy alsdan de Prince Vlag sal laten waeyen en een schoot doen, volgens Articul 23 van de voorschreve Zeyn-Brief: maer wanneer de ontdecking van land of droogte by nagt zal wesen, soo sal denselven Capitain ROSENDAAL drie vuuren aen de besaens-roede ophysschen en drie schooten doen, ingevolge het 20ste Articul van gedagte Zeyn-Brief. Aldus geresolveert en gearresteert in 't Schip en ten dage als boven: Was geteekent: JACOB ROGGEVEEN, JAN KOSTER, CORNELIS BOUMAN, ROELOF ROSENDAAL."

19. — Hadden wy ingevolge onse hoogtemeeting de breete van 32 graden 2 minuten besuyden de middellyn, en de gegiste lenkte van 294 graden 3 minuten, de cours was West-Noord-West, de wind tusschen het Zuyden en het Zuyd-Oosten, met een bramseyls en styve marseyls koelte: goed fris weder.

20. — Gisten te wesen op de Zuyderbreete van 31 graden 13 minuten, en op de lenkte van 291 graden 45 minuten, de cours was West-Noord-West 32 mylen, de wind Zuyd-Oost, Zuyd-West ten Zuyden, en Zuyden ten Oosten, met een marseyls en bramseyls koelte, nevelachtig doch echter goed weder: volgens een peyling van der Zons ondergank bevonden de afwyking te syn 7 graden 22 minuten Noord-Oost.

21. — Was onse bevonden Zuyder pools hoogte 30 graden 36 minuten, en de gegiste lenkte 289 graden 44 minuten, de cours West-Noord-West, de wind tusschen het Zuyd-Zuyd-Westen en het Oost-Zuyd-Oosten, goed weder met een bramseyls koelte. Deden des middags seyn tot het verbeteren der Compassen, leggende deselve van 10 tot 5 graden de lelie bewesten de naeld.

22. — Bevonden ons op de Zuyderbreete van 30 graden 4 minuten, en op de gegiste lenkte van 288 graden 8 minuten, de cours was West-Noord-West, de wind Zuyd Oost, met een bramseyls koeltje en goed weder, soo dat wy ons jegenwoordig in de vreedsame Zee bevinden, volgens het oordeel van die gene, die deselve op het engste termineren van de 30 tot de 5 graden besuyden den Æquinoctiael en Westwaert onbepaeldelyk.

23. — Hadden des middags naer 't uytwysen van der Zons hoogte, de Zuyder breete van 29 graden 30 minuten, en de gegiste lenkte van 286 graden 16 minuten, de cours was West-Noord-West, de wind Oost en Oost-Zuyd-Oost met een bramseyls en slappe koelte: schoon fris weder. Onse avond-peyling van de Zon was 3 graden 53 minuten, en desselfs morgenpeyling 2 graden 7 minuten, beyde Noord-Ooster miswysing.

24. — Waren op de bevonde breete van 29 graden nul minuten besuyden den Evenaer, en op de gegiste lenkte van 284 graden 38 minuten, de cours synde West-Noord-West, de wind tusschen het Oost-Zuyd-

Zuyd-Oosten en het Oost-Noord-Oosten, bramzeyls en slapper koelte: zeer schoon en helder weder met eene effene Zee. Deeden met Noorder Zon zeyn tot het verleggen der Compassen van 5 op nul graden, soo dat de lelie over de naeld regt wysende lag, sonder afwyking.

25. — Resolveerden Noord-West te boegen, alsoo reets 16 graden in lenkte veranderd waren, en ons nog bevonden op 29 graden breete: sulks wy vreesden bezuyden *Terra Australis* al te westelyk te vervallen, indien de cours van West-Noord-West gecontinueerd wiert, voornamentlyk in cas de 500 mylen, die het gemelte land van de vaste kust van *Chili* of van *Copoyapo* aflegt, Engelsche mylen waren, gelyk te presumeren is, als door een Engelsch soogenaemt Capitain gesien en ontdekt synde; te meer, wanneer daer by nog geconsidereert werdt, dat deselve Capitain, in soo een lange reyse, vyftig jae grooter getal mylen soude hebben konnen misgissen, 't geene de ervarentste zeekundige subject syn: derhalven hebben wy, om de sekerste weg in te slaen, met het aanbreken van den dag (nae dat aen de Capitainen van *Thienhoven* en *de Africaansche Galey* advertentie was gedaan) Noord-West gestevend, met voornemen om die koers te houden tot op 27 graden Zuyder breete, en dan regt West te sturen, gelyk de Resolutie van den 15 deser contineert en behelst: des middags bevonden ons op de Zuyder polus hoogte van 27 graden 55 minuten, en op de gegiste lenkte van 282 graden 34 minuten, de gekoppelde koers was West-

West-Noord-West, ½ Noord, de wind tusschen het Oost-Zuyd-Oost, en het Oost-Noord-Oosten met een styve en ook slappe bramseyls koelte, seer goed fris weder en slegt effen water.

26. — Gisten te syn op de hoogte van 26 graden 42 minuten besuyden den Æquinoctiael, en op de lenkte van 280 graden 55 minuten, de cours was Noord-West 28½ myl, de wind Oost ten Zuyden, Zuyd-Oost ten Oosten en Oost, bramseyls koelte, met een betooge lugt en een effene Zee, sonder eenige deining; hebben in 't begin van de voormiddag-wagt zeyn gedaen om regt west te stuuren, als wy vast stelden binnen de 27 graden Zuyder breete te syn, 't welk van d'andere Schepen gesien wesende, naegevolgt is geworden.

27. — Was de bevonden breete 26 graden 44 minuten zuyd, en de gegiste lenkte 278 graden 50 minuten, de cours west, de wind tusschen Zuyd-Oost ten Oosten en Oost-Noord-Oost, met een frisse bramseyls koelte, somtyds een regenbuytje, echter seer goed weder.

28. — Bevonden ons op de Zuyder polus hoogte van 26 graden 45 minuten, en op de gegiste lenkte van 276 graden 40 minuten, de cours was West, de wind Oost en Oost Zuyd-Oost, met een marseyls en bramseyls koelte: schoon aangenaem weder, en somtyts een weynig regen.

29. — Hadden de bevonden Zuyder breete van 26 graden 41 minuten, en de gegiste lenkte van 274 graden 7 mi-

7 minuten, de cours was West, de wind Oost en Oost-Zuyd-Oost, bramseyls en marseyls koelte, met goed helder en fris weder: sagen een schaervogel en seer veel meeuwen. Ingevolge eene avond-peyling hadden de Noord-Ooster miswysing van 2 graden 51 minuten.

30. — Waren op de bevonde breete van 26 graden 42 minuten, en op de gegiste lenkte van 271 graden 47 minuten, de cours was West, de wind tusschen het Zuyd-Oost ten Oosten en het Oost, met een bramseyls koelte: seer goed weder.

31. — Syn wy te raede geworden wat Zuydelyker te boegen, en bevonden ons met Noorder Zon op de hoogte van 26 graden 53 minuten besuyden den Evenagter en op de gegiste lenkte van 269 graden 37 minuten, de cours was West $\frac{1}{2}$ Zuyd, de wind van 't Oosten tot het Zuyd-Oosten ten Oosten, bramseyls en slapper koelte met aengenaem weder. Sagen een pylstaert, ook vele kleyne en groote meeuwen; doch alsoo die vogels overal seer diep in zee worden gevonden, is hetselve juist geen voorteyken van de nabyheyd des lands, 't geene wy met verlangen te gemoet sien, aangesien wy nu ontrent soo verre Westwaerts geavanceerd syn, als desselfs afstand van de vaste kust van *Chili* in de Zee-Kaarten geplaatst word, echter soodanig, dat deselve vyf à ses graden in de longitude van den anderen differeren.

April.

1. — Bevonden ons des middags op de Zuyder polus

lus hoogte van 26 graden 56 minuten, en op de gegiste lenkte van 268 graden 45 minuten, de cours was West, de wind Oost-Zuyd-Oost en Zuyd-Oost, met een bramseyls koeltje, ook een slap lugtje en stilte. De Noord-Ooster miswijsing was 2 graden 18 minuten.

2. — Was de gegiste Zuyder breete 27 graden 31 minuten, de lenkte 268 graden 23 minuten, de gekoppelde cours Zuyd-Zuyd-West ½ West, 10 mylen, de wind Zuyden en West-Noord-West, van stilte tot gereefde marseyls koelte, met regenbuyen en een dikke betrokke lucht. Deeden zeyn om met de Capitainen van de Schepen THIENHOVEN en DE AFRICAANSCHE GALEY te raadplegen, welkers getrokke Resolutie de volgende is:

„RAADS-VERGADERING van de Hoofden der drie in compagnie seylende Scheepen, gehouden aan 't boord van 't Schip DEN AREND, ter presentie van Mr. JACOB ROGGEVEEN, President; Capitain JAN KOSTER, voerende het Schip DEN AREND; Capitain CORNELIS BOUMAN, commanderende het Schip THIENHOVEN en Capitain ROELOF ROSENDAAL 't gesag hebbende op het Schip DE AFRICAANSCHE GALEY."

Donderdag den 2 April 1722.

De President voorgedragen hebbende, hoe wy na ontrent vyf honderd mylen bewesten *Copayapo*, leggende op de kust van *Chili*, gekomen waren, alsmede, dat wy de Zuyder polus hoogte van 26 graden

56

54 minuten berstykt hebbende, echter het onbekende Zuydland (volgens de beschryvingen daarvan synde) nog niet in 't gesigt gekregen hadden, tot welkers ontdekking onse Expeditie en Kruystogt specialyk ondernomen is: dan alsoo het geluk ons met desselfs gesigt tot nogtoe niet heeft begunstigd, omdat mogelyk het selve land Westelyker afgelegen is, als de ontdekkers van dien gegist hebben; aangesien sy die dwaeling soowel onderworpen syn geweest, als de ervarentste en verstandigste zeekundige, die de cours van 't Oost of 't West, op een gedetermineerde hoogte, 't sy benoorden of besuyden de Æquinoctiaal, komen te boegen; derhalven proponeert hy President by wyse van raadvraging, als synde eene saeke van de uyterste aengelegentheyt, of men niet oordeelde het veyligste te wesen by de cours van West te continuëren tot soo lange, dat men vastelyk te gelooven had, dat *Copayapo* rykelyk seshonderd mylen Oostwaerts van ons afstandig was, om dus aen de intentie van onse Heeren Principalen (volgens de medegegevene Instructie, die de Longitude van 600 mylen definieert en bepaelt) exactelyk te voldoen en naer te komen. Alle hetwelke wel overwogen synde, is met eenparigheyt van stemmen goedgevonden en verstaen, na dat de veranderde lenkte van een ygelyk was opgenomen, en vervolgens gemiddeleert, die bevonden wierd te wesen 29 graden 30 minuten, nog Westwaerts heen te seylen een graad en dertig minuten, om dus aen de Resolutie op den 15 Maert jongstleden genomen, ganschelyk te voldoen; en dat voorts met deselve cours van regt West aen, te continueeren

tot

tot dat men ruym en sekerlyk nog de verheyd van een honderd mylen sal hebben afgeseyld, om in alle deelen het voorschrift van gedagte Instructie ongeschonden te gehoorsamen, gelyk de billykheyd en onse pligt dicteert. Aldus geresolveerd en geconcludeerd in 't Schip en ten dage als boven, (was geteekend) JACOB ROGGEVEEN, JAN KOSTER, CORNELIS BOUMAN, ROELOF ROSENDAAL."

3. — Hadden de bevonde breete van 27 graden 1 minuut Zuyd, en de gegiste lenkte van 267 graden 31 minuten, de gekoppelde cours was West Noord-West, de wind tusschen het Noord-Westen en het Zuyd-Zuyd-Oosten, met gereefde marseyls en bramseyls koelte: schoon weder. Sagen ook veelderhande soorten van vogelen. De miswysing der Compassen was 1 graad 46 minuten Noord-Oostering.

4. — Gisten te syn op de Zuyder polus hoogte van 27 graden 1 minuut, en op de lenkte van 267 graden 2 minuten, de cours was West 6½ myl, de wind tusschen het Zuyd-Zuyd-Westen en het Oosten, met een labberluchtje en stilte: voorts seer goed weder, hoewel een benevelde lucht, die echter soodanig was, dat wy door twee peylingen van der Zons onder- en opgank bevonden 2 graden 37 minuten Noord-Ooster miswysing te hebben.

5. — Was de gissing onser Zuyder breete 27 graden 4 minuten, en de lenkte 266 graden 31 minuten, de gekoppelde cours West, ½ Zuyd 7 mylen, de wind Noord-Noord-West en Zuyd-West, ongestadige koelte, ook

ook stilte met donker weder en regenvlaagjes. Sagen een schildpad, groente en gevogelte. Ontrent het 10de glas in de namiddag-wacht stak DE AFRICAANSCHE GALEY, die voor seylde, onder de wind om ons in te wachten, seyn doende van land te sien: na verloop van vier glasen, alsoo het koeltje slap was, by hem komende, vraegden wat hy gesien had; waarop geantwoord wierd, dat sy alle seer onderscheydentlyk vooruyt aen stuurboord een laeg en vlak Eyland hadden gesien, leggende in het West ten Noorden 5½ myl van haer: hierop is goed gevonden met kleyn seyl voort te loopen tot het eynde van de eerste wacht, en dan te laten dryven om de aenkomst van den dag te wachten. — Dit dus beslooten synde, gaeven aen Capitain BOUMAN, die achteruyt was, hiervan de vereyschte kennis, en aen het land den naem van 't *Paasch Eyland*, omdat het van ons op paaschdag ontdekt en gevonden is. Onder 't volk was groote blydschap, alsoo een ygelyk hoopte, dat dit laege land de voorboode was van de strekkende kust van 't onbekende Zuydland.

6. Hadden een slap koeltje uit het Zuyd-Oosten, en Oost-Zuyd-Oosten, leggende het *Paasch Eyland* in 't West ten Noorden 8 à 9 mylen van ons: boegden onse cours van 't Westen ten Zuyden tot het Noord-Westen, om aen de lykant van 't Eyland te loopen, op dat men van den lagerwal soude bevryd syn: des middags was de gekoppelde cours West 10 mylen, de gegiste Zuyder breete 27 graden 4 minuten, en de lenkte 265 graden 42 minuten. In het 9de

5de glas van de naemiddag saegen wy van verscheyde plaetsen rook opgaen, waeruyt men besloot dat hetzelve van menschen bewoond wierd. Derhalve is goed gevonden zeyn te doen, om met de Capitainen van de andere Scheepen te overwegen, of het niet noodzaeklyk was een landtogt te ondernemen, ten eynde, om van dat land behoorlyke kennisse te bekomen, wegens desselfs inwendige gesteltheyd; waer op beraemd en besloten is, dat beyde de chaloupen van de Scheepen DEN ARENd en THIENHOVEN, wel bemand en gewapend, naer land souden varen, en een bekwame plaets ontdekken, om met beter volk aen land te brengen, en de gronden te peylen. Dit besluyt genomen synde hielden wy met onse Scheepen dien nacht af en aen de wal. Welke Resolutie de navolgende is.

» RAAD VAN DE HOOFDEN der drie in compagnie seylende Schepen, gehouden aen 't boord van 't Schip DEN ARENd, ter presentie van de ondergeschrevene.

Maandag den 6 April 1722.

» Den President voorstellende, hoe dat wy nu gekomen sijn aen het *Zandige Eyland*, tot op een afstand van omtrent twee mylen, 't welk Oostwaerts legt (hoewel voor alsnog buyten ons gesigt) van de strekking der kust of streek lands, daervan de ontdekking een gedeelte onser Expeditie is; en dewyl van ons is gesien dat van verscheyde plaetsen rook opgegaen is, waeruyt met reden besloten mag worden, dat het voorschreve Eyland, hoewel het sig zandig

dig en dor [illegible], echter van menschen bewoond word; soo doet den President propositie, om aen geen versuym en negligentie schuldig te wesen, dat men van dese nacht sal af en aen houden met onse Scheepen, om in het aenkomen van den dag, met twee welbemande chaloupen, behoorlyk gewapend (opdat men, in cas van vyandelyke ontmoeting, in staet van defensie soude syn) naer land te vaeren, en aen de bewoonders alle vriendelykheyd betoonende, tragten te sien en te ondersoeken, wat deselve tot cieraed of tot iets anders dragen en gebruyken, alsmede, of daer eenige ververscheing van groente, boomvruchten of beesten by ruyling te bekomen syn. Waerop gedelibereerd synde, is hetselve met gemeene toestemming geapprobeerd en goedgekeurd; en voorts vastgesteld, dat beyde de chaloupen van 't Schip DEN AREND en THIENHOVEN met den dag sullen vertrekken, en dat DE AFRICAANSCHE GALEY, tot dekking en bescherming (des noods) deselve chaloupen soo dicht aen land sal volgen als 't mogelyk en raedsaem is. — Aldus geresolveerd en gearresteerd in 't Schip en ten daege als boven. (was geteykend) JACOB ROGGEVEEN, JAN KOSTER, CORNELIS BOUMAN, ROELOF ROSENDAAL."

7. — Was 't heel ongestadig weder, met donder, weerlicht, slagregen en veranderlyke winden uit het Noord-Westen, en ook stilte, soo dat onse landtogt ter uytvoering niet konde werkelyk ondernomen worden. In de voormiddag bragt Capitain BOUMAN, (alsoo een canoe van 't land naer syn Schip toekwam) een

een Paaschlander met desselfs vaertuyg aen ons boord, die gansch naekt was, sonder het minste deksel te hebben voor 't geene dat de eerbaerheyt weygert klaerder te noemen. Dit arm mensch toonde seer verblyd te syn van ons te sien, en verwonderde sig ten hoogsten over het maeksel van ons Schip, en 't geene hy daer ontrent aenmerkte, als de groote hoogte der masten, de dikte der touwen, de seylen, het canon, 't welk hy naeuwkeurig betastte, en voorts van alles wat hy sag, maer bysonderlyk ook wanneer syn aengesigt in een spiegel aen hem vertoond wiert, soo sag hy, met een schielyke terugtrekking van 't hoofd naer de achterkant van den spiegel, apparent om de oorsaek van die vertooning aldaer te sullen ontdekken. Na dat wy ons nu met hem en hy met ons, genoeg vermaekt hadden, stuurden wy hem in syn canoe weder naer land, begiftigd synde met twee blaeuwe snoeren coraelen om den hals, een spiegeltje, een schaertje, en andere diergelyke kleynigheden, daerin hy scheen bysonder behagen en genoegen te nemen. Maer wanneer wy dit land op een kleenen afstand genaderd waren, soo sagen wy onderscheydentlijk, dat de beschryving van het *Zandige* en *Laege* Eyland (soo door Capitain *William Dampier*, volgens het verhael en getuygenis van Capitain *Davis*, als door den Journaelhouder *Lionel Wafer*, wiens Dag-Register van dese en andere ontdekkingen de gemelde *Dampier* door den druk heeft wereltkundig gemaekt, en als een voornaem ornament in syn eygen boek, begrypende alle syne land- en zeetogten, geinsereert) met onse bevinding in het minste deel niet gelykvormig was, noch-

rechte, dat hetselve dat land insgelyks niet konde wesen, dat de gemelde ondekkers getuygen 14 à 16 mylen van hen gesien soude syn, en sig uytstrekte buyten hun gesigt, synde een reeks van hoog land, en van 't welke den gedagten *Dampier* hetselve uytmeet en oordeelt te syn de hoek van 't onbekende Zuydland. Dat dit Paaschland het *Zandige* Eyland niet kan wesen, blykt hieruyt, omdat het zandige kleyn en laeg is: daer ter contrarie het *Paaschland* in syn omtrek bevat 15 à 16 mylen, hebbende op de Oost en Westhoek, die ontrent 5 mylen van den anderen afgelegen syn, twee hooge heuvelen, die langsaemelyk nederdaelen en op welkers vereeniging der vlakte nog drie à vier kleyne hoogtens syn, soo dat dit land van een tamelyke hoogte is, en verheven boven het bereyk van het geweld der Zee. Dat wy in den beginne, van een verder afstand, het gemelde *Paasch Eyland* als zandig hebben aengesien, daervan is dit de reden, dat wy het verdord gras, hooy, of andere versengde en verbrande ruygte voor soodanig hebben gedebiteerd, vermits desselfs uytterlyke vertooning geen ander denkbeeld konde veroorsaeken, dan van een ongemeene schraal- en magerheyd, en dat de ontdekkers daerom aen hetselve den naem van *zandig* hadden gegeven. Derhalven is uyt het geavanceerde ligt te besluyten, dat dit ontdekte *Paaschland* een ander land sal syn, en 't welk oostelyker legt, als dat land, dat een van de oorsaeken onser Expeditie is, of anders souden de ontdekkers in hunne berigten, soo mondeling als schriftelyk gedaen, heel faciel van leugen konnen overtuygd worden.

8. — Hadden de wind Zuyden, Zuyden ten Oosten en Zuyd-Zuyd-West, met ongestadige gereefde marseyls koelte. Na het schaffen van de vroegkost sonden onse chaloup wel bemand en gewapend als ook de chaloup van 't Schip THIENHOVEN, naer den wal, welke, hunnen last verrigt hebbende, rapporteerden, dat de Inwoonders aldaer seer deftig gekleed waeren, met eenige stoffen van alderhande couleuren, en dat sy veel teykenen deeden, op dat men by hen aan land soude komen, maer alsoo onse order was hetselve niet te doen, wanneer het getal der presente Indianen te groot mogte wesen, is sulks naegelaten. Vorders vermeynden eenige gesien te hebben, dat de Inwoonders silvere plaeten aen d'ooren hadden, en paerlmoere schelpen om den hals tot cieraad. Met Zons ondergank hebben wy op de rheede komende, tusschen de Schepen THIENHOVEN en DE AFRICAANSCHE GALEY, die reeds geset laegen, op 22 vadem corael grond, en op den afstand van een kwart myl van de wal, ons anker laeten vallen, peylende de Oosthoek van het Eyland Oost ten Zuyden, en de Westhoek West-Noord-West van ons.

9. — Kwamen seer veel canoes aen de Scheepen; dese menschen toonden, toen ter tyd haere groote begeerlykheyd, tot alles wat sy saegen, en waeren soo stout, dat sy de hoeden en mutsen der Matroosen van 't hoofd naemen, en sprongen met hun roof buyten boord, (*) want syn uytnemende goede swemmers, gelyk

(*) Uit de Reisverhalen van COOK, DE LA PEROUSE
en

lyk bleek, omdat er een menigte van Land naer de Schepen kwam toeswemmen. Ook is er een Paaschlander geweest, die uyt syn canoe het venster van de cajuit van DE AFRICAANSCHE GALEY beklom, en op de tafel siende een kleed, daer deselve mede bedekt was, heeft, dat voor goeden pryse verklaerd hebbende, daer mede de vlugt genomen, soo dat men byzonder moeste toesien, om alles wel te bewaren. Voorts is beraemd met 134 man een landtogt te doen tot ondersoek van 't gerapporteerde onser afgesondenen.

10. — Vertrokken wy des morgens met drie booten en twee chaloupen, bemand met 134 koppen, en alle gewapend met een snaphaan, patroontas en houwer; aen de wal komende, hebben de booten en chaloupen digt by den anderen, op hunne dreggen doen leggen, en tot bewaering van deselve daerin gelaeten 20 man, met waepenen als boven, doch de boot van DE AFRICAANSCHE GALEY was nog gemonteerd met twee bassen voor op de boeg. Dit alles beschikt hebbende, syn wy, wel by den anderen, maer buyten orde van rang, getrokken over de klipsteenen, die aen de zeekant seer menigvuldig leggen, tot op het effen land of vlakte, wysende met de hand, dat de Inwoonders, die in menigte naer ons toekwaemen, sonden wyken en raymte maken. Hier gekomen synde, wierd het corps

---

en KOTZEBUE blijkt, dat de nakomelingen van dit geslacht niet minder diefachtig waren dan hunne Vaderen. COOK, *Reize rondom de Wereld*, V. Deel. bladz. 201. DE LA PEROUSE, *Reize* I. D. bladz. 93. KOTZEBUE, *Ontdekkings-Reis*, 1815—1818 I. D. bladz. 283.

corps de bataille van alle de Matroosen der drie Scheepen geformeerd, de Commandeur, de Capitainen KOSTER, BOUMAN en ROSENDAAL aen 't front, yder voor syn eygen Scheepsvolk: welk corps, drie ryen dik, achter den anderen staende, gedekt wierd door de helft der soldaten onder het commando van den Heer Lieutenant NICOLAAS THONNAR, uytmaekende de regter-vleugel, en de linker, bestaende uit de wederhelft der militairen, wierd opgevoerd door den Heer MARTINUS KEERENS, vaandrager. Na dese gedaene schikking syn wy een weynig voort gemarcheerd, om aen eenige van ons volk wat plaats te geven, welke achter uyt waren, om sich te konnen rangeren, vervolgens halte houdende, ten eynde de achterste souden opkomen, soo is tot groote verwondering en buyten alle verwachting gehoord, dat er vier à vyf snaphaanschooten van agter ons syn gedaen, met een sterk geroep „ *'t is tyd*, *'t is tyd*, *geeft vuur*," waerop, als in een oogenblik, meer dan dertig snaphaenen syn gelost, en de Indianen hierdoor gansch verbaest en verschrikt wordende, namen de vlugt, met agterlating van 10 à 12 dooden, behalven de gekwetste. De hoofden deser Expeditie, in 't front staande, beletten dat de voorste op de vlugtelingen vuur gaven, vraegende voorts wie order gegeven had om te schieten, en om wat reden hy daertoe bewoogen was geworden? Nae verloop van weynig tyd kwam de Onderstuurman van 't Schip *THIENHOVEN* by my, seggende, dat hy met ses man de achterste was, dat een van de Inlanders de tromp van syn snaphaen vatte om hem die te ontweldigen, welke hy terug stoot-

stootte; voorts, dat een andere Indiaen het rokje van een Matroos poogde van 't lyf te trekken, en dat eenige der Inwoonders, siende onse tegenstand, steenen opraepten, met een dreygend gebaer om op ons te gooyen, waerdoor naer alle apparentie het schieten van myn kleyne troep veroorsaekt sal wesen, doch dat hy tot sulk geen ordere in het minste gegeven had: dan alsoo het nu geen tyd was om deswegen behoorlyke informatie te nemen, is hetselve gedifféreerd tot betere gelegentheyd. Nae dat de verbaastheyd en schrik van de Inwoonders een weynig waren bedaerd, dewyle sy sagen dat men geen vervolg van vyandschap pleegde, en hen door teykenen te kennen gaf dat de gedoode met steenen op ons hadden gedreygd een aanval te willen doen; soo kwamen de Inwoonders, die altyd by en ontrent het front waren geweest, wederom by de Opperhoofden, en voornamentlyk een, die soo 't ons toescheen gesag over de andere voerde: want bevel gevende dat van alle kanten voor ons soude gehaeld en toegebragt worden alles wat sy hadden, bestaende in boomvrugten, aardgewas en hoenderen; soo wierd die last met eerbiedigheyd en buyging van 't ligchaam ontvangen en aenstonds gehoorsaemd, gelyk de uytkomst sulks bevestigde: want na verloop van een kleenen tyd bragten sy eene menigte van suykerriet, hoenderen, ubaswortelen en bananas; maer wy gaven aen haer door teykenen te verstaen, dat wy niets begeerden, dan alleen de hoenderen, synde ontrent 60 in 't getal en 30 bossen bananas, voor 't welke wy hun rykelyk de waerde betaelden met gestreept lynwaet, waermede sy toonden

den wel vernoegt en voldaen te wesen. Wanneer wy nu alles naer behooren ondersogt hadden, en insonderheyd de stoffen en derselver couleuren, mitsgaders de ingebeelde silvere plaeten en paerlmoere schelpen, soo bevond men al hetselve vodden te wesen; te weten: dat haere dekkleeden om het lyf een veldgewas waren, 3 à 4 dik op den anderen genaeyd, doch net en effalyk, welke stof (soo als men die in West-Indiën noemt) een soort van *Piet* is: voorts dat de aarde van 't land (gelyk wy op verscheyde plaetsen sagen) rood en geelachtig was, 't welk met water synde vermengd, sy alsdan hare kleeden daerin dompelen en weder laten droogen, 't welk blykt, omdat hun verfsel afgaet; want behandeld en betast wordende, soo vind men hetselve couleur aen de vingers, niet alleen door 't aenraeken van de nieuwe, maer selfs ook van de oude en versleetene. De geïmagineerde silveren plaeten waren gemaekt van den wortel van een aardgewas, gelyk men in Holland soude seggen, van dikke witte wortelen of peen: dit oorciersel is rond, doch langwerpig, welkers diameter ontrent twee duymen bevat van de grootste circumferentie en van de kleynste anderhalve duym, synde na gissing 3 duymen lank: om nu dese ingebeelde silveren plaeten tot een cieraed aen de ooren vast te maeken, soo moet men weten, dat de ooren deser menschen van de jeugd af, soodanig aen de lellen worden gerekt en het binnenste uytgesneden, dat de kleynste witte rondte door de opening van de oorlel gestoken synde, men alsdan tegens de grootste, die in deselve opening sluyt, van voren aen-

siet

siet. Wyders het paerlmoer, dat het huis-cieraad was, syn platte schelpen, van coleur als de binnenkant van onse oesters. Wanneer nu dese Indianen iets te verrigten hebben, en dat die oorhangsels door het heen en weder slingeren, haer hinderlyk souden wesen, soo nemen sy deselve af, en trekken de opening van de lel boven over den soom van 't oor, 't welck een vreemde vertooning tot lagchen maekte. Dese menschen syn wel geproportioneerd van ledemaeten, hebbende seer kloeke en sterke musculen, syn doorgaens groot van statuur, (*) en haer natuurlyke coleur is niet swart, maer bleek geel of delwachtig, gelyk wy sagen aen vele jongelingen, of, omdat die haere ligchamen met donker blaeuw niet beschilderd hadden, of, omdat sy van hooger staet synde, niet verpligt waeren tot den arbeyd der landbouw

(*) Volgens de *Tweejarige reize* » niet minder dan *twaalf* voeten, zoo dat men gemakkelijk, zonder het hoofd te buigen, tusschen de beenen van deze Goliats-Kinderen zoude hebben kunnen doorgaan.'' *Uitg.* 1758. bladz. 44.

BEHRENS zegt slechts van eenen dezer Eilanderen, die het eerst in een kanoo aan de Schepen kwam, dat hij *vrij lang* was. *Hist. de l'Exped. T. I. p.* 123.

COOK vond onder het geslacht, hetwelk hij er ruim 50 jaren later zag, geen echten Inwoner die *zes* voeten lang was. *Reize*, *V. D. bladz.* 217. Tegen over bladz. 218 Pl. XXXIX en XL vindt men de afbeeldingen van een Man en eener Vrouw dezes Eilands; doch DE LA PEROUSE zegt, dat de Engelsche Teekenaar de aangezichten zeer slecht getroffen heeft. *Reize*, *I. D. bladz.* 86.

Aan KOTZEBUE, die dit Eiland in 1816 aandeed, schenen de Inwoners van middelbare grootte. *Ontdekkingsreis in de Zuid-Zee en naar de Berings-Straat*; *I. D. bladz.* 286.

bouwery: ook hebben dese menschen sneeuw-witte tanden, en syn uytnemende sterk van gebit, ja selfs de oude en gryse, gelyk ons consteerde door het kraken van een groote en harde noot, welkers schaal dikker en vaster was, dan onse persik-steenen: het hoofdhair en baard van de meeste waren kort, doch andere hadden hetselve lang op den rug nederhangen of gevlogten, en boven op 't hoofd tot een tuyt gerold naer de wyse der Chineesen op *Batavia*, welke tuyt aldaer genaemd word *condé*. Wat de godsdienst deser menschen betreft, daervan heeft men geen volkomen kennis, wegens de kortheyd van ons verblyf, konnen bekomen, alleenlyk hebben wy opgemerkt, dat sy voor eenige bysondere hoog opgeregte steenenbeelden, vuuren aensteeken, en vervolgens op hunne hielen nedersittende met gebogen hoofde, brengen sy 't platte der handen te saemen, beweegende die op en nederwaerds. Dese steenen beelden hebben in 't eerst veroorsaekt, dat wy met verwondering aengedaen wierden: want wy konden niet begrypen hoe 't mogelyk was, dat die menschen, die ontbloot syn van swaer en dik hout om eenige machine te maeken, mitsgaders van kloek touwwerk, echter soodanige beelden, die wel 30 voeten hoog en naer proportie dik waren, hadden konnen oprigten: doch dese verwondering cesseerde met te ondervinden door het aftrekken van een stuk steens, dat dese beelden van kley of vette aarde waeren geformeerd, en dat men daerin kleene gladde keysteentjes hadde gestooken, die heel digt en net by den anderen geschikt synde, de vertooning van een mensch maekten; voorts sag men van de de schouders nederwaerts strekken een flaauwe verheffing of uytsteeksel, dat de armen afschetste, want alle de beelden scheenen te vertoonen, dat sy met een lang kleed van den hals tot aan de voetzoolen omhangen waren. Hebbende op het hoofd een korf, daar opgestapelde witgeschilderde keysteenen inlagen. (*)

Wyders is 't voor ons onbegrypelyk geweest, hoe dese menschen hunne spyse kooken, want niemand (†) heeft

(*) *De Tweejarige Reize* heeft hier » twee *Steenen*, die de Eilanders tot Goden strekten, en van eene grootte, die het geloof te boven ging. Zeven mannen met uitgestrekte armen in 't ronde zouden naauwelijks den eenen steen hebben kunnen omvademen. Op den top was gesneden of ingehouwen de gedaante van een menschenhoofd, versierd met een krans, die als een Mussivisch of ingelegd werk uit kleine steentjes niet geheel onbillijk was zamengesteld. De naam van den grootsten afgod was *Taurico*, en van den anderen *Dago*." *Uitg.* 1758. bladz. 52.

Volgens BEHRENS » stond eene menigte van afgodsbeelden langs de kust, zij waren alle van steen, en van eene menschelijke gedaante, met lange ooren en het hoofd met eene kroon versierd: alles naar de regelen der kunst bewerkt, en in zijne evenredigheden, waarover men ten hoogste verwonderd stond." *Hist. de l'Exped. T. I. pag.* 134.

COOK geeft eene beschrijving en afbeelding van deze beelden, zoo als hij die in 1774 vond. *Reizen D.* V. *Plaat* XLI.

Bij DE LA PEROUSE, die in 1786 dit Eiland aandeed, vindt men eene betere teekening. *Reize*, *D.* I. *Pl. tegen over bl.* 96.

KOTZEBUE zocht in 1816 deze beelden vergeefs: hij vond slechts een gebrokkelden steenhoop die naast zijn onbeschadigden grondslag lag: alle overige waren tot op het laatste spoor verdwenen. Dit is misschien alleen te verstaan ten opzigte van die, welke voormaals bij deze landingsplaats aanwezig waren.

(†) Behalve BEHRENS, *Hist. de l'Exped. T. I. pag.* 131.

heeft konnen merken of gesien, dat sy eenige aarde potten, pannen of vaten hadden: alleen is ons door 't gesigt gebleken, dat sy kuylen in de aarde met hunne handen graafden en daarin groote en kleyne keysteenen (want wy hebben geen andere soort van steen gesien) leyden; voorts gedroogde ruygte van 't veld getrokken en daarop gelegt hebbende, staken hetselve vervolgens in den brand, en, na verloop van weynig tyds, bragten sy een gekookt hoen (synde in een soort van biesen gewonden, heel sindelyk, wit en heet) aan ons om te eten, doch sy wierden door teykenen bedankt, alsoo wy andere besigheden genoeg hadden met op ons volk te passen, om deselve in goede orde te houden, op dat het geen moedwil soude aanregten, en ook, om in cas van disorde, niet overvallen te worden, want schoon dese menschen ons alle bewys van vriendschap betoonden, soo heeft de ondervinding van andere ons geleerd, dat men geen Indianen te veel moet vertrouwen, gelyk het Dag-Register van de *Nassousche Vloot* behelst, dat sy, door de behulpsaamheyd der Inwoonders van *Terra de Fes* op eenmaal seventien man verlooren, als misleyd geworden synde door het presteren van goede officien.

Wy dan, op alles met de vereyschte aandacht geen ondersoek konnende doen, beslooten, dat sy groote uytgeholde keysteenen onder de aarde moesten hebben, die het water bevatten van 't geene sy voornemens syn te kooken, (*) dat sy vervolgens een over-

(*) Onze Commandeur hecht hier bijzonder op het *koken;* daar de

overdek of welfsel van steenen maken, daerop hun vuur aensteeken, en dus, door de neerdrukkende hitte, hunne spyse murw en gaer kooken. Ook is 't seer aenmerklyk, dat wy niet meer als 2 à 3 oude vrouwen hebben gesien, aanhebbende een kleedje van de middel af tot beneden haere kniën, en een ander om de schouders geslagen, doch soo, dat de neerhangende borst-vellen bloot waren; maer jonge vrouwen en dochters kwamen niet te voorschyn, soo dat men te gelooven heeft dat de jaloesy de mannen bewogen sal hebben om deselve op een afgelegen plaats van 't Eyland te verbergen. (*) Hunne huysen of hutten syn

---

de Wilden het vleesch op de voorgestelde wyze zeker niet kookten, maar alleen zeer goed *gaar deden worden.* Men vindt er in latere Reisbeschrijvingen overvloedig melding van gemaakt.

(*) BEHRENS verhaalt hier de volgende bijzonderheden: » De Eilanders toonden aan het gelande Scheepsvolk hunne vrouwen, en gaven te verstaan, dat zij tot 's volks dienst waren. De vrouwen zetteden zich nabij het Scheepsvolk, en ontkleedden zich grimlagchende als wilden zij hetzelve met allerlei gebaarden tergen. Andere die in hare huizen bleven, riepen en wenkten om bij haar te komen. Zij waren geblanket met eene zeer levendige roode verw, alles overtreffende wat men van die natuur kende. *Hist. de l'Exped. T. I. pag.* 134. 133.

De *Tweejarige Reize* meldt van dit alles niets, en zegt alleenlijk van de vrouwen » dat zij bij de hoogte der mannen niet konden halen, als zijnde gemeenlijk niet boven de tien of elf voeten lang." *Uitg. van* 1758, *bladz.* 44.

Bij COOK vindt men de schandelijkste bewijzen van de onbeschaamde wellustigheid der vrouwen dezes Eilands. V. D. bladz. 432.

DE LA PEROUSE, die het Eiland in 1786 bezocht, verhaalt mesyn sonder eenig cieraed, hebbende eene lenkte van 50 voeten en de breete van 15; de hoogte van 9, soo 't na gissinge toescheen: derselver wanden (gelyk wy sagen het geraamte van een nieuwe timmering,) syn eerst staeken, die in den grond gehegt en vast gemaekt worden, regt op staende, aen welke andere lange houten, die ik latten noem, 4 à 5 hoog, gebonden synde, als dan het geraemte van 't gebouw vertoonen: de openingen nu, die alle langwerpige vierkanten syn, worden gestopt en toegemaekt met een soort van biesen of lang gras, 't welk sy seer dik op malkander leggen, en aen de binnenkanten met touwwerk ('t geene sy van seker gewas, *Piet* genaemd, heel aardig en konstig weten te maken, en voor onse dunne touwen niet behoeft te wyken) binden; soo dat sy voor wind en regen immers soo wel beschut syn, als die de rietdaeken in Holland bewoonen.

Dese hutten hebben niet meer als eene ingank, die soo laag is, dat men kruypende op de knieën daerin gaet, synde boven rond als een voute of verwelfsel, hoedanig ook het dak van form is. Den ganschen huysraed, die wy vooraen gesien hebben (want dese lange hutten scheppen geen ander daglicht als door desselfs ingank, alsoo deselve van

vens-

---

mede dat de vrouwen zich aan zijne Schepelingen aanboden en ze opdrongen. *Reize*, I. *D. bladz.* 93.

Von Kotzebue kreeg er in 1816 geene vrouwen van nabij te zien. *Reize in de Zuid-Zee en de Behrings-Straat*, I. *D.* *bladz.* 286.

vensters ontbloot en rondom digt geslooten zyn) waren matten voor hun vloertapyt, en een groote keysteen, waervan er veele laegen, voor een oorkussen; voorts, soo hadden sy rondom haere hutten seer kleene geslepen keyen, welks breete drie à vier voeten was, bysonder net en effen nevens den anderen gevoegd, en die, naer ons oordeel, hun verstrekten voor een stoep, om in de avond-koelte, daer te sitten en te praeten: en om een besluyt van dese hutten te maeken, resteert alleen te seggen, dat wy, aen den kant van onse landing, niet meer dan 6 à 7 hutten gesien hebben, waeruyt vastgesteld soude konnen worden, dat alle de Indianen van 't geene sy besitten een gemeen gebruyk nemen, want de grootheyd en het weynige getal der hutten geven te kennen, dat veele te samen in een hut woonen en slapen; maer of men daerom tot de gemeenschap der vrouwen onder hen sou mogen besluyten, soo soude het selve, als geen onvermydelyk gevolg synde, van ligtvaerdigheyd en kwaadspreking te beschuldigen syn. Wat eyndelyk hunne Vaertuygen betreft, die syn slegt en swak ten opsigte des gebruyks; want hunne canoes syn te samen gevoegd van menigvuldige kleyne plankjes en ligte inhoutjes, die sy konstig aen den anderen vast naeyen met heele fijne gedraayde toukens, gemaekt van het hierboven genoemde veldgewas *Piet;* maer dewyle hun ontbreekt de kennis en voornamentlyk de stoffe, om het groote getal der naeden van de canoes te kalefaten en digt te maken, soo syn deselve seer lek, waerdoor sy genootsaekt worden de helft des tyds met hoosen door te bren-

brengen: voorts syn haere canoes ontrent 10 voeten lank, behalven de hooge en scherp toeloopende stevens: derselver breete is, dat sy met gesloote beenen daer even in konnen sitten om voort te scheppen.

Om nu aan de andere syde van 't Eyland te gaan, waertoe de Konink of Overste ons noodigde, als synde de voornaemste plaats van hunne landbouwery en fruytboomen, vermits alle het geene sy ons toebragten van dat oord gehaald wierd; soo is sulks niet raedsaem geoordeeld, omdat de Noordelyke wind, welke begon op te koelen, onse anker-plaets tot een lager wal maekte, te meer, dewyl wy weynig volk aen de Scheepen hadden, die onse hulp van nooden mogten hebben, ingeval de wind sterk door waayde; daer en boven de booten en chaloupen met volk opgepropt synde, souden alsdan aen boord niet hebben konnen komen, of door de sterke branding op de wal, of door de onmogelykheyd van het op te roeyen: derhalven is goed gevonden in orde af te trekken, gelyk aenstonds werkstellig uytgevoerd is. Aan boord synde, hebben wy geresolveerd om nog een honderd mylen regt West te seylen, opdat wy, dus doende, onse Instructie en de daerop getrokkene Resolutie in alle deelen promptelyk souden nakomen; doch dat men alvorens een kleyne Kruystogt sal doen Oostwaerts heen, om te ondersoeken, of men het *Laeg* en *Zandig* Eyland soude konnen ontdekken; want in cas van ja, soo soude onse eerste kruysing in de Zuyd-Zee noodwendig, als desselfs eynde bereykt hebbende, moeten cesseeren: welke Resolutie van desen inhoud is:

RAADS-

» RAADS VERGADERING der Hoofden van de drie in compagnie seylende Scheepen, gehouden aan 't boort van 't Schip *DEN AREND*, soo als de Landtogt was geëxpedieerd en volbragt met drie booten en twee chaloupen, wel gewapend en bemand.

Vrijdag den 10 *April* 1722.

» Den President de Hoofden deser Expeditie geconvoceerd hebbende, ten eynde een ygelyk soude avanceeren syn sentiment en oordeel, concerneerende dit nieuw gevonden Eyland, of namentlyk door de ontdekking van dien soude konnen geacht worden, dat de Resolutie van den tweeden deser, by desen Raede beraemd en gearresteerd, punctueel soude syn geobserveerd en voldaen: dan of men ter contrarie nog honderd mylen onse cours Westwaerts sal vervolgen, (omdat dit ontdekte land, synde van ons genaemd het *Paasch Eyland*, alsoo hetselve op Paaschdag ontdekt en gesien is) niet gesegt kan worden, een *kleyn*, *laeg* en *zandig* Eyland te wesen, als bezattende in syn omtrek sestien Duytsche mylen, en van een tamelyke hoogte, hetwelk 8 à 9 mylen van ons afgelegen was, wanneer het zeyn van *DE AFRICAANSCHE GALEY* gedaen wierd, dat hy land sag; vermits dese verheyd met sekerheyd beslooten mag worden, aengesien wy den ganschen volgenden dag met een slappe koelte van nooden hadden, om tegen den avond, op een afstand van ontrent twee mylen, het selve op sy te hebben: alsmede, soo kan het voorschreve land niet *zandig* genoemd worden,

de-

dewyle wy het selve niet alleen niet zandig, maer integendeel uytnemend vrugtbaer bevonden hebben, voortbrengende bananas, pataddes, suykerriet van bysondere dikte, en veele andere soorten van aardvrugten; doch gedestitueerd van groote boomen en vee, behalven hoenderen. Sulks dit land, wegens syne vette aarde en goede lugt-streek, tot een aardsch Paradys te maeken is, indien hetselve behoorlyk wierd gecultiveerd en bearbeyd, 't geen nu alleen gedaen werd, naer mate dat de Inwoonders benoodigd syn tot onderhoud des levens. Wyders, soo is het ook gansch oneygen aan dit ontdekte land de naem te geven van een *reeks van hoog land*, wanneer men al onderstelde, dat men by ongeluk het *Laeg en Zandig* Eyland was voorby geseyld sonder hetselve te sien, hetwelk niet apparent is, omdat onse cours soodanig gerigt was, dat men hetselve onvermydelyk in 't gesigt soude hebben gekregen, ingeval dit *Paasch Eyland* dat land is, 't welk beschreven word te syn een *reeks van hoog land.* Derhalven soo mag men met goede reden besluyten, dat dit *Paasch Eyland* een ander land is, dan hetgeene dat wy soeken, en een gedeelte van onse kruystogt uytmaekt, aengesien de requisiten deficiëren, die aen dat land, hetwelk wy hoopen te ontmoeten, eygen syn. Sulks hy President dezen Raede in consideratie geeft alle het boven gementioneerde, om sich van derselver sentimenten te dienen, soo 't behoort.

Waarop aendagtelyk gelet en alles rypelyk overwogen synde, is eenstemmig als indisputabel geoordeeld, dat

dat het bovengemelde *Paasch Eyland* in 't minste niet voldoet de beschryving van een *reeks van hoog land*, als maer synde van eene gemeene hoogte, alwaer ook volstrekt onmogelyk fijne metalen souden konnen groeyen, gelyk de ondervinding door oculaire inspectie ons geleerd heeft, dat de Inwooners daarvan ontbloot syn, en alleen tot deksel en cieraed gebruyken seker veld-gewas, dat sy drie of vier dik voor warmte en sterkte heel aardig en net aen een weten te naeyen: voorts tot ciersel eenige vederen van hoenders of vogelen (welke laetste nogtans seer weynig syn gesien) tot een krans te samen gevlogten op hunne hoofden, en het beschilderen van haar aangesigt als ook andere deelen des ligchaems met een regelmaetige proportie in de afteykening, soo dat de eene syde des lyfs conform de andere is, alsmede eenige platte schelpen tot hals-cieraed, en de uytgesnedene oorlellen met een soort van wortelen (onse witte peen gelykformig) gevuld, voor oppronking der ooren. Wyders, dat wy ook niet gesien hebben het *kleyn*, *laeg* en *zandig* Eyland, het welk de voorbode en 't waere teyken moet syn van dat land, hetgeene wy soeken; oversulks is met eendragtige bewilliging goedgevonden en vastgesteld, dat men by den cours van West sal continueeren op de Zuyder polus hoogte van 27 graden, tot wy nog een honderd mylen sullen hebben afgeseyld, en daer gekomen synde, dan verders ons te reguleeren naer het geene behoort gedaen en uytgevoerd te worden.

Aldus geresolveerd in 't Schip en ten daege als boven. (Was geteykent) JACOB ROGGEVEEN,

 JAN

JAN KOSTER, CORNELIS BOUMAN, ROELOF ROSENDAAL."

Dese resolutie dus voltrokken en geteykend synde, heeft Capitain JAN KOSTER, discourswyse geavanceerd, dat heel faciel en gemakkelyk te ondersoeken soude wesen, of het boven gementioneerde *Paasch Eyland*, dat land waerlyk is, 't welk wy beoogen en daer wy onse cours naer gedirigeerd hebben, indien wy maer een kleyne Kruystogt ondernamen van 12 mylen Oostwaerds te seylen, en dat de Scheepen twee mylen van den anderen afgesonderd synde, alsdan sekerlyk soude komen te consteeren, ingeval wy een *laeg* en *zandig* Eyland ontdekten, dat na waerheid het voorsz. *Paasch Eyland*, dat land is, hetgeene wy betracht hebben te ontdekken: En in cas wy geen gesigt van het gemelde *Zandig* Eyland kregen, dat dan ook het voornoemde *Paasch Eyland* noodwendig een ander land is, (schoon hetselve in onse vaerweg legt) als waertoe onse Expeditie is gerigt. Voorts dat men, het *Zandig* Eyland ontdekkende, de cours Noordelyker soude konnen stellen, om de passaet-wind vaster en sterker te krygen, tot bevordering van onse tweede onderneming en Kruystogt; dewyle de eerste door de ontmoetinge van 't voorschreve *Zandige* Eyland soude komen te cesseren en op te houden. Alle betwelke overwogen synde, is het selve met gemeen advys goedgevonden en vastgesteld.

Aldus geresolveerd en geconcludeerd in 't Schip en ten dage van de bovenstaende Resolutie. (Was geteyteykent:) JACOB ROGGEVEEN, JAN KOSTER, CORNELIS BOUMAN, ROELOF ROSENDAAL.

11. — Was de wind dien dag Noord-Noord-West en Noord-West, met een marseyls koelte en hooge see: setten het plegt-anker af, en streeken de groote en fokke-rheeden omlaeg. Omtrent het vierde glas van de eerste wagt brak het dagelyksch touw van 't Schip *THIENHOVEN*, en toegeroepen synde of hy hulp van nooden hadde, antwoordde neen.

12. — Brak met het aenkomen van den dag het dagelyksch touw van *DE AFRICAANSCHE GALEY*, door welk ongeluk beyde die Scheepen soo na aen de wal waeren genaederd, eer sy voor een ander anker vast lagen, dat, indien sy doorgedregt, of het touw andermael gebrooken hadde, noodsaekelyk schipbreuk souden geleden hebben; want tyd mankerende om de seylen by de wind te rukken, soo sou het Schip of Scheepen door de wind en de aenrolling der Zee tegen de klippen hunne totale ondergank gevonden hebben. Dit gevaer van de andere Scheepen was de oorsaek dat wy besloten, om een spring op ons touw te steken, de seylen by te setten om slagvaerdig te vallen, dan te kappen, en dus het schip van laeger wal en ons selven tragten te salveren: ten welken eynde wy onse gestreeke rheeden weder om hoog setten, opdat men vaerdig ter uytvoering soude syn, wanneer de nood sulks vereyschte; doch de wind van het Noord-Westen met een regenbuy West loopende, bevrydde ons van dit extreme middel. Wy ligten derhalve gesamentlyk onse ankers en gingen on-

onder seyl: met Zons ondergank peylden de Oosthoek van 't Eyland Zuyd-West ten Zuyden, en de Westhoek Zuyd-West ten Westen 6 mylen van ons, daer het bestek van begint.

13. — Hadden de bevonde Zuyder breete van 27 graden 17 minuten, en de gegiste lenkte van 265 graden 56 minuten, de gekoppelde cours was Zuyd-Oost 4½ myl, de wind tusschen het Noord-Noord-Westen en het Zuyden ten Oosten, met ongestadige koelten en regenbuyen. Naer dat wy nu het *Paasch Eyland* West ten Noorden van ons peylden, stuurden wy regt Oost aan, synde alstoen seer klaer en helder weder; hebbende het land soo verre agteruyt, dat het naauwlyks van steng konde beoogd worden, echter continueerden wy nog 3 mylen voort te seylen, om in alle deelen aen de grootste afstandigheyd tusschen het *Zandige* en het *Paasch Eyland* te voldoen; maer hetselve niet ontdekkende, resolveerden wy te wenden om onse reys westwaerds te vervolgen. Deeden derhalven seyn aen ons geselschap om van cours te veranderen en West te stuuren, vaststellende, dat onse hoope door eene goede ontdekking in 't kort voldaen soude worden met eene hoog en wyd uytgestrekte landstreek.

14. — Gisten te wesen op de breete van 26 graden 53 minuten bezuyden den Evennagter, en op de lenkte van 265 graden 7 minuten, de gekoppelde cours was West ten Noorden, ½ Noord 11½ myl, de wind Zuyd-West ten Zuyden, Zuyden, Zuyd-Oost en Oost-Zuyd-Oost, marseyls en bramseyls koelte, goed weder

der, doch de lucht dik, donker en nevelachtig; hadden 1 graad 51 minuten Noord-Ooster miswysing.

15. — Was onse bevonde Zuyder breete 26 graden 53 minuten, de gegiste lenkte 263 graden 17 minuten, de cours West, de wind Zuyd-Oost en Oost, marseyls en slappe bramseyls koelte: schoon, fris weder. Volgens een morgen peyling hadden wy 2 minuten Noord-Ooster afwyking.

16. — Bevonden ons des middags op de Zuyder polus hoogte van 27 graden 3 minuten, en op de gegiste lenkte van 262 graden 12 minuten, de gekoppelde cours was West $\frac{1}{2}$ Zuyd, de wind Oost, Noord-Oost, Noorden, Noord-West en West-Noord-West, met een slap bramseyls koeltje en helder weder.

17. — Hadden volgens onse hoogmeting, de Zuyder breedte van 27 graden 15 minuten, en de gegiste lenkte van 261 graden 55 minuten, de gekoppelde cours was West-Zuyd-West, de wind tusschen het Noord-Westen en het Westen, met een slappe bramseyls en ook marseyls koelte en goed weder. Onse miswysing was 55 minuten Noord-Oostering.

18. — Waeren op de bevonde polus hoogte van 27 graden 4 minuten Zuyd en op de gegiste lenkte van 260 graden 40 minuten, de gekoppelde cours was West $\frac{1}{2}$ Noord, de wind West, Zuyd-Oost ten Zuyden en Zuyd-Oost ten Oosten, met gereefde marseyls en bramseyls koelte: uytnemend fris en schoon weder.

19. — Was de bevonde Zuyder breete 27 graden 4 mi-

4 minuten, de gegiste lenkte 259 graden 35 minuten, de cours West, de wind Oost, Zuyd-Oost en Oost, met een bramseyls koeltje, ook een slap luchtje, en een swaere hooge zee uyt het Zuyden: seer goed en klaer weder. Saegen twee pylstaerten en een meeuw.

20. — Dreeven meest van stilte, doch omtrent de dag-wagt kregen een slap luchtje uyt het Zuyd-Oosten. Hadden des middags de Zuyder breete van 27 graden 1 minut volgens onse hoogmeeting, en de gegiste lenkte van 259 graden 11 minuten, de cours was West met een krachtige hooge aenrolling der Zee uyt het Zuyden, doch echter seer aengenaem weder.

21. — Bevonden ons met Noorder Zon op de breete van 27 graden 1 minuut Zuyd, en op de gegiste lenkte van 257 graden 5 minuten, de cours was West, de wind Zuyd-Oost en Oost, bramseyls en marseyls koelte met regenbuyen, een hooge zee als boven. Omtrent Zons opgank is zeyn gedaen, ten eynde de Capitainen, benevens hunne Opperstuurluyden aen 't boord van den Commandeur souden komen om Raadsvergadering te houden, en voorts te helpen beraemen wat cours in het toekomende behoorde vastgesteld en geobserveerd te worden. Na het scheyden van de Vergadering, is des middags Noord-West gestevend, synde als toen klaer, fris weder, en de inhoud van welke Resolutie het volgende bevat: doch alvorens daertoe te komen, moet ik met weinig woorden noteeren, dat men sich ten hoogsten te verwonderen heeft, van

van menschen te vinden, die glory stellen om naemrugtig te wesen door het gemeen maeken hunner schriften met den druk, waerin sy de opgepronkte leugen gankbaer soeken te maeken voor suyvere waerheyd, gelyk consteert aen eenen soogenaamden Capitain *Davis*, *Wiljam Dampier* en *Lionel Wafer*, soo als denselven *Dampier* in syne Reys-Beschryvingen verhaelt, folio 266, en in de beschryving van de landengte van America folio 84, door den gemelden *Wafer* beschreven, en met welk juweel den gemelden *Dampier* syn boek orneert en verciert; want aengesien wy geen land van *Copayapo* westwaerds tot op een afstand van 658 mylen, daer wy ons heden bevinden, ontdekt hebben, dan het *Paasch Eyland*; soo volgt dat hetselve de kust is van 't onbekende Zuydland, naer 't oordeel van den gedachten *Dampier*, steunende op het getuygenis van *Davis* als desselfs ontdekker, en strekte Noord-West buyten het gesigt; 't welk nochtans de voorsz. *Wafer* bepaelt op 14 à 16 mylen, doch beyde getuygende, dat hetselve hoog land was. Wanneer nu het genarreerde vergeleken wordt met onse bevinding, soo resteert niet anders te seggen als dat dese drie, (want sy waeren Engelschen), soo wel *roovers* van de waerheyd, als van de goederen der Spanjaerden, syn geweest.

» RAAD der drie in Compagnie seylende Scheepen, gehouden aan 't boord van 't Schip DEN AREND, present Mr. JACOB ROGGEVEEN, President: mitsgaders alle de Capiteynen en Opperstuurluyden op deselfde Scheepen bescheyden.

Dings-

Dingsdag den 21 *April* 1722.

» Den President proponerende, hoe noodsakelyk het was, om van onsen voor desen vastgestelden cours te veranderen en een ander te beraemen, aengesien wy volgens de gemiddelde lenkte der drie Scheepen, ons bevinden van *Copayapo*, gelegen op de kust van *Chili*, regt West aen, op de polus hoogte van 27 graden besuyden den Evenaer, geseylt te hebben eene verheyd van 658 mylen, oversulks dat men met alle sekerheyd mag besluyten, dat de Instructie van onse Heeren Principalen, als het rigtsnoer onser Expeditie, en de Resolutien van den 2 en 10 deser, ingevolge deselve Instructie getrokken en beraemd, gansch stiptelyk en rykelyk syn voldaen en naegekomen: derhalve dan, dewyle onse eerste Kruystogt in de Zuyd Zee cesseert, soo is 't ten hoogsten noodig, dat men een gereguleerde cours vaststelle, om onse tweede Kruystogt exactelyk te konnen uytvoeren, bestaande hierin, dat men van onse tegenwoordige gegiste standplaatse soodanigen cours sal eligeeren als 't behoort, ten eynde om het *Honden Eyland* te beseylen, leggende volgens de route van Capitain *Willem Cornelissen Schouten*, 925 mylen van de vaste kust van *Chili*, en op de Zuyder breete van 15 graden 12 minuten. Wyders, wanneer wy daer gekomen sullen syn, of men als dan niet regt West behoorde te stuuren om het Eyland *Zonder grond* te ontdekken, gelegen op de hoogte van 15 graden ofte 15 graden en 15 minuten bezuyden de middellyn, en van 't voorschreve *Honden Eyland* ontrent honderd mylen, alwaer hy Ca-

Capitain *Schouten* slegt en effen water gevonden heeft en geen holle deyningen uyt den Zuyden, gelyk hy getuygt, gehad, en wederom (na ontrent 140 mylen in slegt water voortseylende) holle deyningen van het Zuyden, gekregen te hebben. Sulks dat onse Kruystogt alhier gerigt moet syn om te ondersoeken wat de waere oorsaek van dit effen water is; en by gevolg of die uytwerking niet vloeyt door een tusschen beyde leggende landstreek, en om daervan by ondervinding versekerd te syn, wat cours tot ontdekking van dien vereyscht soude worden te moeten stevenen. Verders proponeerde hy President, of (aengesien wy een lange Kruystogt te doen hebben, en dat het enseker is, dat men eenig land ontdekken sal) de goede voorsorge niet dicteert en vereyscht, om rantsoen van drinkwater te geven, te weten, een kan van 10 mutskens daegs voor yder man; als mede, dewyl onder het volk gebrek van tabak begint te ontstaen, of men alle maenden aen yder man niet behoorde uyt te deelen een pond tabak, synde van de Heeren Bewinthebberen als een geschenk voor het volk ten dien eynde mede gegeven.

Alle hetwelke met aendacht overwogen, en de Zee-Kaerten deswegens nagesien synde, soo is met unanimiteyt van stemmen goedgevonden en verstaen, dat men met Noorder Zon Noord-West sal boegen, tot wy gekomen sullen wesen op de Zuyder polus hoogte van 15 graden 12 minuten, en dan regt West aen om het *Honden Eyland* in 't gesigt te krygen; daer synde, de cours van West te continueeren, doch soodanig, dat men ontrent 100 mylen afgeseyld hebbende, zich

 be-

bevindt op 15 graden, ofte 15 graden en 15 minuten, Zuyder breete, alwaer het Eyland *Zonder grond* geplaatst is, en het effen water syn beginsel heeft: voorts is vastgesteld alhier stand te houden, om de coursen als dan nader te reguleeren, 't sy Zuyden, Zuyd-Zuyd-West of Zuyd-West, soo als men sal bevinden te behooren. En eyndeling wat de uytdeeling van 't randsoen van water, als mede van de verstrekking van tabak aan het volk concerneert, soo is het selve met gelyke toestemming van alle goedgekeurd. Aldus geresolveerd en gearresteerd in 't Schip en ten daege ut supra. (Was geteykend) JACOB ROGGEVEEN, JAN KOSTER, CORNELIS BOUMAN, ROELOF ROSENDAAL, JACOB VAN GROENEVELD, CORNELIS VAN AELST, WILLEM WILLEMSEN ESPELING en JAN JURIAANSEN DE ROY."

22. — Hadden ingevolge onse hoogmeting, de Zuyder breete van 25 graden 46 minuten, en de gegiste lenkte van 255 graden 41 minuten, de cours was Noord-West, de wind van 't Oosten tot het Noorden ten Oosten, bramseyls en ongestadige koelten, des nachts regenvlaegjes, voorts goed weder. Van daeg in de voormiddag is een matroos overleden, zynde de vierde.

23. — Was de bevonden polus hoogte 25 graden 6 munuten bezuyden den Æquator, en de gegiste lenkte 255 graden 30 minuten, de gekoppelde cours Noorden ten Westen, de wind van 't Noorden tot het West-Zuyd-Westen, met ongestadige koelten, regenbuyen en een harde travaad uyt het Westen, doch duurde niet lang.

24. —

24. — Kregen in het 5de glas van de tweede of honde-wagt een sterke travaad uyt het Zuyd Westen; hadden met Noorder Zon de bevonde Zuyder breete van 23 graden 53 minuten, en de gegiste lenkte van 254 graden 21 minuten, de gekoppelde cours was Noord-West ⅞ Noord, de wind van het Westen tot het Zuyd-Oosten, met ongestadige koelten, echter goed weder. Vertrouwen met het ondergaen van de Zon, den Tropicus Capricorni, of de Zonne-keerkring van den Steenbok te passeeren. Naer het uytwysen van eene avond-peyling bevonden 1 graad 56 minuten Noord-Ooster miswysing van 't Compas.

25. — Gisten des middags te syn op de breete van 21 graden 59 minuten bezuyden de Æquinoctiaal, en op de lenkte van 252 graden 17 minuten, de cours was Noord-West 40 mylen, de wind Zuyd-Zuyd-Oost en Zuyd-Oost, met een sterke doordringende marseyls koelte en een swaere hooge Zee uit het Zuyd-Zuyd-Westen, goed weder, maer een betooge lucht.

26. — Hadden de bevonden Zuyder polus hoogte van 20 graden 40 minuten, en de gegiste lenkte van 250 graden 21 minuten, de cours was Noord-West, de wind Oost-Zuyd-Oost en Zuyd-Oost, met een styve marseyls koelte en hooge rolling der Zee uyt het Zuyd-Zuyd-Westen, soo dat met goede reden sonde konnen gevraegt worden, waerom dese Zee, by uytnementheyd boven andere, de naem voert van *Mare Pacificum* of *Vreedsame Zee?* Indien nu geantwoord wordt, dat desselfs denominatie afkomstig is van haere werking, aengesien dit oord der Wereld van onstuimige

en

en harde stormwinden niet ontrust noch periculeus bevonden werd; soo is de replyk, dat die benaming met meerder regt aen de *Æthiopkische* Zee te appropriëren is: want van *Cabo de bona Esperança* naer de middellyn seylende, soo sal men van de 30 tot de 5 graden Zuyd (hoedanig dese dus genaemde *Vreedige Zee* bepaeld wordt) geen stormen ontmoeten; daer en boven sal men door een swaere en hoog op eenloopende Zee uyt het Zuyden of Zuyd-Westen niet geschokt en geslingerd worden, gelyk de ondervinding ons ten vollen overtuygt. (*)

27. — Bevonden te syn op de Zuyder breete van 19 graden 15 minuten en op de gegiste lenkte van 248 graden 54 minuten, de cours was Noord-West, de wind Oost-Zuyd Oost en Zuyd-Oost, met een gemeene marseyls koelte en hooge Zee als boven.

28. — Was onse bevonde Zuyder polus hoogte 18 graden 8 minuten, en de gegiste lenkte 247 graden 42 minuten, de cours Noord-West, de wind tusschen het Zuyd-Oosten en 't Zuyden, met een bramseyls en slapper koelte: seer goed en aengenaem weder.

29. —

(*) Onze Commandeur bevond zich hier binnen den Zuider-keerkring, in *April.* KOTZEBUE in *Februarij* 1824, en zegt: » dat » het geringe geschommel van het Schip tusschen de keerkringen den » Zeelieden toelaat zich met bezigheden onledig te houden, tot wel- » ke zij anders zelden gelegenheid hebben; zoo dat men er zelfs » nette en juiste teekeningen kan vervaardigen.'' (VON KOTZEBUE *Nieuwe ondekkings-reize*, *I.* D. *bladz.* 79.) Deze Zeestilte schijnt dus soms uitzonderingen te lijden.

29. Hadden met Noorder Zon de bevonde Zuyder breete van 17 graden 27 minuten, en de gegiste lenkte van 246 graden 55 minuten, de cours was Noord-West, de wind Zuyd-Oost en Oost-Zuyd-Oost, met een slap bramseyls koeltje: goed weder.

30. — Bevonden des middags onse breete te syn 16 graden 47 minuten Zuyd, en de gegiste lenkte 246 graden 3 minuten, de cours was Noord-West, de wind Oost-Zuyd-Oost en Zuyd-Oost, met een slap koeltje en goed weder. Sagen in de voormiddag een seer kleyn schildpadje en veel meeuwen, die wy in ettelyke dagen, noch ook andere soort van vogelen niet gesien hadden. Naer het uytwysen van een morgen-peyling der Zon, bevonden de Noord-Ooster afwyking van het Compas te wesen 2 graden 4 minuten.

Mey.

1. — Kregen ingevolge de genomene hoogte der Zon, de breete van 15 graden 53 minuten bezuyden de middellyn, en de gegiste lenkte van 245 graden 7 minuten, de cours was Noord-West, de wind tusschen het Oost-Zuyd-Oosten en het Noord-Oost ten Noorden, met regenvlaegjes en een bramseyls koeltje.

2. — Deden met het uytgaen van de dagwagt aen ons geselschap zeyn om van cours te veranderen, aengesien wy vaststelden, de breete van 't *Honden Eyland*, leggende op 15 graden 12 minuten Zuyd, bekomen te hebben, en regt West te stuuren, gelyk de Reselutie, op den 21 April jongstleden in Raade ge-

no-

nomen, behelst; om dus het selve Eyland in 't gesigt te loopen. Des middags gisten te syn op de Zuyder polus hoogte van 15 graden 8 minuten, en op de lenkte van 244 graden 3 minuten, de gekoppelde cours Noord-West, ¾ West 19 mylen, de wind Zuyd-Oost en Oost, met een gemeene bramseyls koelte en aengenaem weder, doch een betooge lucht, die juyst ons op den middag belette een goede Zons hoogte te bekomen.

3. — Was onse gegiste Zuyder breete 15 graden 8 minuten, de lenkte 242 graden 53 minuten, de cours West 17 mylen, de wind Oost ten Noorden, Oost-Zuyd-Oost en Oost, met een slap en labber koeltje, mitsgaders een betrokke en benevelde lucht.

4. — Hadden dit etmael veel travaden, regenbuyen en een dikke lucht, echter tegen den middag de Zon doorbrekende, bevonden ons op de breete van 15 graden 12 minuten bezuyden de Æquinoctiaal, en op de gegiste lenkte van 241 graden 55 minuten, de cours was West, de wind Oost, Noord-Oost en Oost-Noord-Oost, met een slap bramseyls koeltje, sagen veel poskoppen en gevogelte.

5. — Gisten met Noorder Zon te syn op de Zuyder polus hoogte van 15 graden 12 minuten, en op de lenkte van 240 graden 30 minuten, de cours was West 20¼ myl, de wind Oost en Oost-Noord-Oost, slappe en bramseyls koelte, verseld met een sware slagregen.

6. — Was onse bevonde Zuyder breete 15 graden 10 minuten en de gegiste lenkte 239 graden 42 minu-

nuien, de cours West de wind tusschen het Oosten en het Noorden ten Oosten, met stilte en een slap luchtje: schoon klaer weder. Sagen een Dorade by het Schip, maer konden hem niet vangen. De peyling van de avond en morgen Zon toonde ons, dat het Compas 3 graden 37 minuten Noord Oostering had.

7. — Bevonden de breete van 15 graden 6 minuten bezuyden den middellyn, en op de gegiste lenktë van 239 graden 1 minuut, de cours was west, de wind variabel met stilte en een slap luchtje van het Oosten, helder weder. In de namiddag waeren seer veel Dorades by 't Schip, daer wy een van kwamen te vangen.

8. — Hadden de bevonde Zuyder breete van 15 graden 13 minuten, en de gegiste lenkte van 238 graden 40 minuten, de gekoppelde cours was West-Zuyd-West ½ West, de wind Noord-West en West-Noord-West, synde meest stil en een slap luchtje, goed weder. Bevonden door eene avond- en morgen-peyling van der Zons onder- en opgank 4 graden 4 minuten Noord-Ooster miswysing van 't Compas.

9. — Was de gissing des middags van onse Zuyder breete 15 graden 25 minuten, en van de lenkte 238 graden 1 minuut, de gekoppelde cours West-Zuyd-West, ½ West 10½ myl, de wind van 't Noord-Westen tot het Noorden, met stilte en een labber koeltje: goed weder, dooh een benevelde en travadige lucht. Ontrent het vierde glas van de eerste wagt deeden zeyn van te wenden, om geen meerder Zuyd te winnen, 't welk van de Scheepen THIENHOVEN, en

en *DE AFRICAANSCHE GALEY* wel na gevolgd is, doch sonder beantwoording dat sy ons zeyn gehoord en gewend hadden, 't welk strydt tegen alle zeemanschap, en de serieuse vermaeningen voor desen in nadrukkelyke termen gedaen. Ingevolge een morgen-peyling van der Zons opkomst, hadden wy 2 graden 35 minuten Noord-Ooster afwyking.

10. — Gisten te syn op de breete van 15 graden 5 minuten Zuyd, en op de lenkte van 237 graden 43 minuten, de gekoppelde cours was Noord-West, ½ Noord 6½ myl, de wind Noord-West, Noorden, Zuyd-West en West, meest stilte en een slap koeltje met eene donkere en travadige lucht, ook somtyds regen. Sagen seer veel meeuwen en andere soorten van gevogelte.

11. — Hadden, na de uytwysing onser gegiste Zuyder breete, 15 graden 8 minuten, en de lenkte van 237 graden 16 minuten: de gekoppelde cours was West, ½ Zuyd 6½ myl, de wind West-Zuyd-West, Zuyden, Oost-Zuyd-Oost en Oost, met stilte en een slap luchtje: seer goed, doch dik donker weder.

12. Was onse gegiste Zuyder polus hoogte 15 graden 2 minuten, de lenkte 236 graden 20 minuten, de gekoppelde cours West ½ Noord, 13½ myl, de wind Oost-Zuyd-Oost, Zuyd-Oost en Oost, van een slappe tot een marseyls en gereefde marseyls koelte, met donker weder en regen. In het vierde glas van de eerste wacht deden wy zeyn aen onse mede seylende Scheepen, om onder den wind te steken en te dryven tot het aenbreken van den dag, om by nacht op het *Houdes*

Ey-

Eyland niet te vervallen en Schipbreuk te lyden; alsoo wy op desselfs breete ook de gegiste lenkte afgeseyld hadden: doch de Capitainen van THIENHOVEN en DE GALEY hebben andermael konnen goedvinden ons gedaene zeyn onbeantwoord te laten, 't welk gansch onbetaemlyk is, waer ontrent, in cas van continuatie, middelen van nader constrainte sullen moeten gebruykt worden. Saegen eene groote meenigte van vogelen, en onder die swarte meeuwkens met witte of gryse hoofden, welke in andere gewesten niet gevonden worden, waeruyt presumeerden de nabyheyd van eenig land om de Noord; alsoo de Zuydelyke tigt of deyning der Zee verhinderde derwaerts land te vermoeden. En schoon het gevogelte diep in alle Zeeën gesien wordt, waerdoor dese presumtie soude komen te corruëren; soo is het echter seker, dat het kleyne getal van die, (waerop de objectie steunt) geen comparatie lydt by de menigvuldige die wy hier vinden, en op welkers groot getal wy onse presumtie funderen.

13. — Bevonden ons op de Zuyder breete van 15 graden 13 minuten, en op de gegiste lenkte van 235 graden 6 minuten, de cours was West ½ Zuyd, de wind Oost-Zuyd-Oost en Zuyd-Oost, van gereefde marseyls tot bramseyls koelte: goed weder. In 't 4de glas van de achtermiddag-wagt gaven voor ons mede seylend geselschap het zeyn om nogmaels te dryven tot de aenkomste van den volgenden dag, uyt oorsake hier boven geëxprimeerd. Welk zeyn beyde de opgemelde Capitainen beantwoord hebben: derhalven moet men besluyten dat die selve Capitainen van hunnen pligt

 niet

niet onkundig syn; maer dat sy de beantwoording doen of omitteeren naer welgevallen. Sagen wederom veel vogelen van alderhande soort, ook een menigte visch.

14. — Hadden de bevonden breete van 15 graden 6 minuten Zuyd, en de gegiste lenkte van 233 graden 19 minuten, de cours was West, de wind Oost-Zuyd-Oost en Oost, met eene frisse bramseyls koelte en een suyveren hemel. Sagen uytnemend veel vogelen en visch.

15. — Was de gegiste Zuyder breete 15 graden 6 minuten, en de lenkte 231 graden 44 minuten, de cours West 23 mylen, de wind Oost, met een slappe en bramseyls koelte. Wy syn ten uytterste verwonderd dat het *Honden Eyland* nog voor de boeg niet gekomen is. Want hetselve gecarteert leggende op 238 graden, volgens de gehoudene route van Capitain *Schouten*, in eene afteykening of Zee-kaartje van desselfs Journael te vinden, en dat wy reeds op 231 graden gekomen syn, namentlyk, met soodanige Zeekaarten, die van het syne geen meerder verschil hebben dan de lenkte van eene graad; soo syn onse gedagten eenigsins verward om een goed besluyt te maken; bysonder als men aenmerkt, dat onse cours indiervoegen gerigt is geweest, dat wy omtrent 80 mylen beoosten het *Honden Eiland* met ons bestek waren, eer wy van 15 graden Zuyder breete Westwaerds onse steven gewend hebben; vervolgens op 15 graden en eenige minuten voortseylende regt West aen tot op 238 graden, synde de longitude van het gemelde *Honden Eyland*, soo is 't onbegrypelyk, dat wy dat Eyland

land niet ontdekt hebben, te meer dewyle de Schepen *THIENHOVEN* en *DEN AREND* twee groote mylen van een gesepareerd waeren, regt Zuyden en Noorden van den anderen, houdende DE AFRICAANSCHE GALEY, die vooruyt seylde, in 't midden van ons beyden. Naer welke afgeseylde lenkte van 238 graden, wy noch ruym honderd mylen by de cours van West gecontinueerd hebben op deselfde polus hoogte van 15 graden 12 minuten, immers soo na het mogelyk was; en echter tot heden dat Eyland voor de steven niet krygende, soo is 't ligt te denken, dat wy radeloos moeten syn, hengesien onse wegwyser, namentlyk het Journael of Dag-Register van den opgemelten Capitain *Schouten*, ons niet brengt (volgens syne belofte) ter plaatse van onse begeerte. Derhalven wanneer wy op 230 graden lenkte sullen gekomen wesen, en dan insgelyks het Eyland *zonder grond* (in cas wy het *Honden Eyland* mogten gepasseerd syn) niet in 't gesigt krygen, ben ik voornemens vergadering te beleggen van de Capitainen en Opperstuurluyden der drie Schepen, om met den anderen typelyk te overwegen wat noodig sy in 't werk te stellen tot uytvoering onser Expeditie en Kruystogt.

16. Bevonden met Noorder Zon te syn op de breete te 15 graden 8 minuten Zuyd, en op de gegiste lenkte van 229 graden 46 minuten: de cours was West, de wind Oost, Noord-Oost en Noorden, met een bramseyls koelte, goed weder, hoewel somtyds een regenbuytje. Deeden op den middag seyn om Breeden Raad te houden met de Capitainen en Opperstuurluyden der

res-

respective Scheepen, als wanneer ook den President aen beyde de gemelte Capitainen gevraegt heeft, door wat reden sy gepermoveerd en bewogen wierden om de gedaene zeynen van den negenden en twaalfden deser, niet te beantwoorden? die daarop met serieuse betuygingen repliceerden, deselve niet gehoord te hebben, waerop den President in Vergadering haer ernstig vermaende om in het toekomende niet te mankeren in hunnen pligt, want tot wederlegging van het geallegeerde, was alleen maer te avanceeren dit volgende peremptoire bewys, dat, indien 't waarachtig sy, dat de zeyn-schooten niet gehoord syn, hoe het dan mogelyk is 't effect van deselve te gehoorsamen, want niet hoorende, hadden sy met voort te seylen moeten continueeren, en niet onder de wind steeken om te dryven of te wenden naer de hoedanigheyd van het zeyn: dan om geen verder beweging te maeken is d' Excuse voor quasi satisfactoir aengenomen. De woorden der getrocke Resolutie syn dese:

» RAADS-VERGADERING der drie in compagnie seylende Scheepen, gehouden aen 't boord van 't Schip *DEN ARENT*, present Mr. JACOB ROGGEVEEN, President; Capitain JAN KOSTER, commanderende op het Schip *DEN ARENT*, Capitain CORNELIS BOUMAN, voerende het Schip *THIENHOVEN*, Capitain ROELOF ROSENDAAL, 't gesag hebbende op het Schip *DE AFRICAANSCHE GALEY*, mitsgaders alle de Opperstuurluyden van gemelde drie Scheepen.

Sa-

Saturdag den 16 *Mey* 1722.

„ De President heeft desen Rade voorgedragen, hoe dat de drie in compagnie seylende Scheepen (volgens Resolutie van den 21 April jonstleden) met de cours van Noord-West te stevenen tot op de Zuyder polus hoogte van 15 graden 12 minuten, die breete bekomen hebben op den 2 deser, als wanneer (naer de inhoud van gedagte Resolutie) van cours veranderd en regt West gestuurd is: synde alstoen op de gegiste longitude van 244 graden 3 minuten; dus voort seylende syn wy in die hoope en verwagtinge geweest, dat men het *Honden Eyland*, leggende op de gemelde breete van 15 graden 12 minuten, en op de gegiste lenkte van 238 graden (gelyk sulks blykt uit de woordelyke text van het Journael van Capitain *Willem Cornelissen Schouten*, mitsgaders uyt het afgeteykent Kaartje wegens syne route of Kruystogt in de Zuyd-Zee, en 't welk, in het gemelde Journael geinsereerd en gebonden is, synde de editie van den jare 1646) souden voor de steven en in 't gesigt krygen, als het verschil van beyde die lenktens afgeseyld soude wesen. Dan 't effect van die hoope en verwachting niet erlangende, soo hebben wy blyven continueren West aen te boegen op de latitude hier boven geëxpresseerd, tot heden, dat wy ons bevinden op de gegiste lenkte van 228 graden 33 minuten, volgens de mediatie der drie Schepen, soo even opgemaekt; monteerende eene verheyd van ontrent 230 mylen. Zoodat wel te wenschen was, dat de waere oorsaek ontdekt konde worden, waerom wy het gemelde *Honden*

den Eyland in 't gesigt niet bekomen, hebben; want te avanceeren voor een argument van bewys, dat het Eyland hier in questie op de Zuyder breete van 15 graden 12 minuten kwalyk en dus naer waerheyd niet geplaetst is, omdat men het *Honden Eyland* in eenige Kaarten vindt op 13 graden, en in andere op 14 graden, beyde bezuyden de Æquinoctiaal, soo corrueert dat argument sich selven: aengesien dat alle Eylanden, droogtens, klippen en strekking van kusten in de Zee-Kaerten onmogelyk konnen gelegt worden naer behooren; dan volgens de Journalen of Dag-Registers van hen die soodanige Eylanden, droogtens, klippen, en strekking der kusten ontdekt, gesien en beschreven hebben. Oversulks is het *Honden Eyland* kwalyk geplaetst in die Kaerten, die hetselve gelegd hebben op 13 en op 14 graden, als gedestitueerd synde van de tekstwoorden, die uytdrukkelyk 15 graden komen te noemen; en vervolgens op die selve polushoogte van 15 graden, is de opgemelde Capitain *Schouten* blyven continueeren West aen te seylen nog eene verheyd van ruym ses honderd mylen, om dat hy meynde aldaer *Terra Australis* te sullen ontdekken; noemende onophoudelyk syne voorschreve Zuyder breete van 15 graden, sonder byna van eenige vermindering of vermeerdering, die aenmerkenswaerdig is, mentie te maeken. Derhalven mag men, ja men wordt genoodsaekt te moeten concludeeren, dat wy de waere route of vaerweg van meergemelde Capitain *Schouten* hebben gehouden en beseyld; doch echter is het ook waerachtig dat wy van 't gesigt van 't voorschreven *Honden Eyland* gefrustreert en versteeken syn: alsme mede, dat de verheyd of lenkte van 't Eyland *Zonder grond*, ('t welk van het *Honden Eyland* ontrent honderd mylen geëlongeërd is) reeds ruym is afgeseylt, en dat men ook het slechte en effene water niet ontmoet 't gene by uytnementheyd daer aen toe te eygenen is, dat men verscheydemaelen effender water gehad heeft in onse Kruystogt van *Juan Ferdinandos* Eyland naer het te ontdekkene land, 't welk van ons *Paaschland* genaemd is, dan wy heden bevinden te hebben. Dit alles dan dusdanig synde, soo werd dese Vergadering in aendagtige overweging gegeven, of men Zuydelyker sal boegen tot ontdekking van eenig land, dan of men by cours van West behoorde te continueren tot soo lange toe, dat men van het slechte en effene water volkomene sekerheyd, heeft, en als dan eerst Zuydwaerds te stevenen. Op alle hetwelke met serieuse overweginge gelet synde, soo is met algemeene toestemming verstaen en vastgesteld, dat men by den cours van West sal aenhouden en blyven seylen, tot wy gekomen sullen syn op de longitude van 216 graden, of ten ware dat men het Eyland *Zonder grond* of het effene water eerder kwame te ontdekken en te sien, om als dan soodanige verandering te maeken, als de reden sal oordeelen te behooren. Aldus geresolveerd en gearresteerd in 't Schip en ten dage ut supra.

» (Was geteekend): Jacob Roggeveen, Jan Koster, Cornelis Bouman, Roelof Rosendaal, Jacob van Groenevelt, Cornelis van Aalst, Willem Willemsen Espeling, Jan Jurriaansen de Roy."

17. —

17. — Was de gegiste Zuyder breete 15 graden 8 minuten, en de lenkte 228 graden 23 minuten, de cours West 20 mylen, de wind seer variabel, als stil, Noord-Oost, Noorden, West, Zuyd-Oost, Oost, Oost-Noord-Oost, wederom Noorden en Noord-Oost, bramseyls ook marseyls koelte, travadig weder met regen. Saegen kroos, meeuwen, en onder die een swarte vogel met een witte borst, welke by veele onbekend was en by andere gehouden wierd voor een watersnip of diergelyke soort, geevende een fluytagtig geluyd.

18. — Deeden het zeyn aen ons geselschap van land te sien in 't eerste glas van de voormiddag-wagt, leggende regt vooruyt in het Noorden ten Westen, naer gissinge 6 mylen van ons. Gisten des middags te syn op de hoogte van 15 graden 8 minuten Zuyd, en op de lenkte van 227 graden 19 minuten: de gekoppelde cours was West $15\frac{1}{2}$ myl, de wind heel Noordelyk, Westelyk en Zuydelyk, marseyls en bramseyls koelte met travaden. Ontrent het 4de glas van deselve wagt konden wy het land van 't halve dek eerst in 't gesigt krygen op een afstand van 4 mylen, synde seer vlak en laeg; met Noorder Zon peylden hetselve in het Noorden $2\frac{1}{2}$ myl van ons. Wy hebben (seer verheugd synde) dit land bevonden te wesen (ingevolge de beschryving van den Journaalhouder, concerneerende de voyagie van Capitain *Willem Cornelissen Schouten*) het *Honden Eyland*, (*) welkers lenk-

(*) Men zie op 't laatst van den 27 Mei, waar dit Eiland niet voor het *Honden Eiland* erkend, maar het *Bedriegl ijk Eiland* genoemd wordt.

lenkte $1\frac{1}{2}$ myl, en desselfs breete omtrent $\frac{1}{2}$ myl bevat, staande vol geboomte, die een uytnemend aengenaem gesigt geven, doch van binnen met sout water bedekt, soo als van steng gesien wierd. Dit Eyland ligt naer de gissing van gedagte Capitain *Schouten* 925 mylen van de vaste kust van *Peru*, en volgens de gemiddelde lenkte der drie in compagnie seylende Scheepen, van deselve *Peruaansche* kust regt Oostwaerds van ons, 1100 mylen, welk verschil seer veel bekommering veroorsaekt heeft, omdat het ons onmoogelyk toescheen, dat wy het selve souden hebben konnen passeren sonder gesien te worden, mits dat het behoorlyk op de Zuyder polus hoogte van 15 graden 12 minuten, en naer waerheyd gelegen was. Omtrent het 8ste glas van de namiddag-wagt peylden het gemelde Eyland $2\frac{1}{2}$ myl Zuyd-Zuyd-Oost van ons, stelden alstoen onse koers regt West aen.

19. — Gaf DE AFRICAANSCHE GALEY, die vooruyt seylde, het zeyn van land of droogte te sien, in het begin van het 2de glas van de honde-wagt, waerop wy aenstonds onder de wind staeken, en zeyn deeden om te wenden. Dan DE AFRICAANSCHE GALEY vastraekende, verwittigde ons van syn ongeluk, door noodschooten, synde twee kort op den anderen met drie vuren in het fokke-wand, soo dat wy illico onse chaloup hem toesonden tot hulp, en preyden het Schip THIENHOVEN om desgelyks te doen, gelyk op stond geschiedde. Middelerwyl continueerde DE GALEY in het doen van noodschooten, tot een teyken, dat hy nog niet vlot was, maer vast bleef

 sit-

sitten: om welke reden wy en THIENHOVEN soo dicht by DE GALEY af en aen hielden als 't mogelyk waer, op dat men in cas van schipbreuk in gereedheyd, en dus tot hulp, soude wesen, en op dat de chaloupen ons des te facielder konden rapporteren van 't geene de noodsaeklykheyd vereyschte, dat werkdaedig ter uytvoering behoorde gedaen te worden. Na verloop van omtrent 2 uren, kwam onse chaloup terug, seggende, dat het Schip vast sat met de boegspriet over de wal, dat sy een anker achteruyt gebragt en de seylen op de mast gebrast hadden; maer dat sy benoodigd waren een werp-anker met deselfs touw, om het selve dieper in Zee te brengen, en dus met meerder kracht daeraen souden winden. Voorts verhaelde onse stuurman, dat hy op syne terugkomst de chaloup van THIENHOVEN ontmoetende, daertegens het selfde had gesegd, welke te gelyk naer syn schip wederkeerde om het versogte te besorgen. Na verloop van een kleyne tusschenpoosing van tyd begaf sich onse chaloup, insgelyks de boot en chaloup van THIENHOVEN, met het noodige derwaerds. Den dag aenkomende, sagen nog 2 andere laege Eylanden, die wy des nachts met eene gelukkige onwetenheyd (alsoo wy deselve niet gesien hadden) passeerden, welke door eene tusschenwydte van $1\frac{1}{4}$ myl van den anderen afgescheyden leggen, synde van binnen vol sout water, en hebbende alleen een soom of rand als een dyk, daer het geboomte op staat; peylende het midden van het selve na gissinge 2 mylen in 't Noorden ten Oosten van ons, en gaven daeraen den naem van de *Twee Gebroeders*, omdat sy den andederen gelykdaentig syn. Wy peylden ten selven tyde DE AFRICAANSCHE GALEY, in het West-Zuyd-Westen 2¼ myl van ons, leggende met de marseyls op steng. Bevonden ons des middags op de Zuyder breete van 14 graden 41 minuten, en op de lenkte van 226 graden 32 minuten, de gegiste cours was West ten Noorden 11½ myl, de wind Zuyden, Zuyd-Oost en Oost-Zuyd-Oost, met een bramseyls koelte. Omtrent Zons ondergang peylden den Noordhoek van 't Eyland daer de DE GALEY op vast sat, (en van ons genaemd wierd het *Schadelyk Eyland*, omdat wy voor desselfs behoudenis seer bedugt waren, alsoo syne vlotwording te lang vertoefde) Noord-West ten Westen, en de Westhoek van 't Eyland de *Twee Gebroeders* Noorden ten Oosten van ons. Des nachts laveerden wy met alle kracht van seyl om boven het *Schadelyk Eyland* te geraeken, synde een styve gereefde marseyls koelte, vergeselschapt met travaden, soo dat onse voorsteng een krak kreeg en 't groot marseyl van een scheurde.

20. — Was de wind Zuyd-Oost en Oost-Zuyd-Oost, met een gereefde marseyls koelte en een hooge Zee: lieten onse vlag in schion waayen, en doende eenige Canonschooten met een weynig tusschentyd, om te kennen te geven, dat een van de chaloupen soude afkomen, ten eynde ons berigt te geven wegens den staat en gesteldheyd van DE AFRICAANSCHE GALEY. Maer dewyl er geen vaertuyg afkwam, en men van steng konde sien, dat de branding der Zee achter over het Schip sloeg; soo waeren wy niet al-

alleen bevreesd voor 't verlies van DE GALEY, maer ook voor alle onse afgesondene vaertuygen. Tegens de aankomste van den avond spraken wy Capitain BOUMAN, hem seggende, dat men gedurende desen nacht over en weder soude houden, om met den dag aan de lykant van het Eyland te loopen, het welk goedgevenden is.

21. — Hadden de wind als voren met eene gereefde marseyls koelte en hooge Zee. Liepen omtrent Zons opkomst naer de lykant van het *Schadelyk Eyland*, alwaer wy slecht water vonden: setten onse boot uyt en stuurden deselve naer den wal met twee onser stuurluyden, waervan een in de boot tot bewaring van dien soude blyven, en de andere over land met een brief van my naer Capitain ROSENDAAL gaen om die te overhanden, hetwelk Capitain BOUMAN insgelyks heeft gedaen; afvaerdigende drie man met een canoe, die op het Eyland van *Jan Ferdinando* uyt een boom was gehouwen en uytgehold, naer den wal, om te verstaen in wat staet DE GALEY, syn boot en chaloup was. Omtrent het ondergaen van de Zon kwam de boot met onsen afgesonden weder aen boord, mede brengende een brief ten antwoorde, die in substantie behelsde: dat alle aengewende devoiren, om het Schip te salveren, vruchteloos waren geweest, dat het selve geborsten en vol water was, sonder eenige levensmiddelen, of 't geene naemwaerdig is, te hebben konnen bergen; dat hy en het volk met den eersten naer de lykant van het Eyland souden komen door de hulp van onse chaloupen, die

door

loor de swaere branding over de klippen op het strand
eslagen waren, waerdoor een chaloup-roeyer van
et Schip *Thienhoven* verongelukt en aldaer
egraven was. Voorts maekten ons onse afgesonde-
e bekent, dat sy de chaloupen over den soom van
et land in het binnen water, hetwelk een groote hal-
e myl breed en zout is, souden brengen, en dus
net het volk haer kooygoed, rokken, broeken en
liergelyke kleynigheden, 't geen seer kleyn van be-
ang was, overvaren; en dan vervolgens deselve naer
len lykant, het binnen water gepasseert synde, we-
lerom over den soom of rand van 't Eyland trekken
n sleepen, om aen 't boord der Scheepen gebragt te
worden: deselve stuurman berigtte ook, dat hy gaen-
le langs den binnen-oever van 't Eyland, 19 à 20
Hutten had geteld, die van menschen bewoond wierden, want dat hy houtskool, een bamboesstok met een
net en glad gemaekt handvatsel en een kleyn stuks-
ken leer vond, van 't welke hy de twee laetste aen
boord bragt; geloovende dat die menschen, door het
sterk schieten van *de Galey*, verbaesd en verschrikt geworden synde, als hoorende iets ongehoords,
naer den Noordhoek van 't Eyland gevlugt waeren.
Eyndelyk dat de boot van 't Schip *Thienhoven*,
die nog op dreg lag, verloren was, indien de wind
niet uytschoot om het van lager wal af te leggen en
boven winds te raken. Met Noorder Zon bevonden ons
op de Zuyder breete van 14 graden 41 minuten.

22. — Konden wy des morgens geen land sien,
want voor de wal bevreesd synde, om de harde wind
van

van een styve gereefde marseyls koelte, uyt het Zuyd-Oosten, vermengd met travaden, soo waren wy wat verder zeewaerts geraekt als gedagt hadden, kwamen echter ontrent den middag by de wal en bevonden ons op de Zuyder breete van 14 graden 42 minuten. In het 9de glas van de namiddag-wagt wendden wy weder zeewaerts, om over en weder te houden; peylende de Noordhoek Noord-Oost, de Zuydhoek Zuyden, en DE GALEY Oost-Zuyd-Oost van ons; synde van het naeste land ½ myl.

23. — Was de wind Zuyd-Oost en Zuyd-Zuyd-Oost, met een marseyls koelte: saegen des morgens de boot van 't Schip THIENHOVEN onder de wal laveeren om by ons te komen; die vervolgens na verloop van eenigen tyd aen boord kwam, rapporterende de stuurman, dat het uytschieten des winds syne behoudenis was geweest, ook, dat hy langs de wal seylende, van veele Indianen toegeroepen en met de handen gewenkt was, om by haer aen land te komen.

Wy vonden goed onse boot in het water te brengen en naer de wal te senden, opdat deselve het gesalveerde volk en kooygoed sonde afhalen; welke wederkomende, gaf eenige te saem gepakte goederen over, die alle nat waren; welke andermael afgevaerdigd synde, kwam tegens den avond met de boot van THIENHOVEN, beyde de chaloupen, Capitain ROSENDAAL, die siekelyk was, en al de manschap aen ons boord, mede brengende het restant van het gesalveerde goed, dat seer weynig was, dewyle verscheyde pakken, met door de branding te werken, weg-

raek-

raekten, soo dat er waren die hun kooygoed, rokjes, broeken, hemden en schoenen verloren hadden. Tusschen ons en Capitain BOUMAN is aenstonds van de manschap van DE AFRICAANSCHE GALEY verdeeling gemaekt, en waervan 18 koppen op het Schip DEN AREND en 13 op het Schip THIENHOVEN, yder in syne kwaliteyt en gagie, soo als sy by de Heeren Bewindhebberen van de West-Indische Compagnie ter Kamer Amsterdam syn aengenomen, geplaetst en bescheyden geworden syn, om hunne dienst te presteren en waer te nemen.

Dit verlies van soo een goed en welbeseyld Schip is des te grooter, aangesien de voornaemste levensmiddelen van brood en gort, in vaatwerk, en nu nog soo deugdsaem als wanneer hy uyt het Vaderland stak, was, al te samen, sonder iets te hebben konnen salveeren, verloren syn, vermits het Schip, op de scherpe Coraal-klippen stootende, in 't kort geborsten en vol water was; soo dat het volk alleen voor eenige weynige dagen van spys en sterken drank in staet is geweest te konnen bergen: welke sterken drank mogelyk ook de oorsaek is, dat twee Matroosen van het Schip DEN AREND, en drie van THIENHOVEN, goedgevonden hebben aldaer te blyven; want het laetste vaertuyg van de wal stekende, kwamen die onbesonne gasten te voorschyn, roepende: *Wij wenschen u een behoude reys, segt onse vrinden te Amsterdam goede nacht, wy sullen hier blijven.* (*) Voorts

(*) Met dit eenvoudig verbaal koomt ook dat der *Tweejarige Reize* overeen, doch BEHRENS zegt: » dat zij tegen hunne Officie-sen

Voorts segt den Oppertimmerman van DE GALEY en nog twee à drie andere van het volk, dat die uytsinnige wegloopers hen aengesogt hebben om insgelyks aldaer te blyven: welke Resolutie des te onbegrypelyker is, alsoo haer niet onbekend kan syn, dat die plaats van alle scheepvaert ontbloot synde, het onmogelyk is om te eeniger tyd (wanneer sy sullen resipiëren) weder in hun Vaderland te konnen keeren. Ook is haer kenlyk dat het Eyland bewoond wordt, en door dronkenschap of dartele wellust gedreven wordende, om met de vrouwen der Indianen vleeschelyke gemeenschap te hebben, sullen sy sekerlyk vermoord worden.

24. — Sonden wy onse chaloup naer de wal, om te sien of men eenige groente konde bekomen; alsoo Capitain ROSENDAAL en 't volk deselve op het Eyland uytnemend goed gevonden en gegeten hadden, doch de chaloup (door de swaere storting van de Zee) niet konnende landen (dewyl de wind Zuyden en Zuyd-Zuyd-West was) kwam vrugteloos terug.

25. —

---

ren waren opgestaan, onderling twist hadden gekregen, en met messen gevochten, zoo dat eenige gekwetst wierden: zij hadden zich voorts verborgen, om hunne straf te ontwijken, te meer daar Capitein ROSENDAAL had gedreigd hen te zullen doen ophangen, zoo dra zij aan het Admiraalsschip zouden gekomen zijn. Men zond BEHRENS met een ander detachement om hen gevangen te nemen, doch zij hadden zich achter het kreupelhout verborgen en vuurden op het detachement, zoo dat het niet aan land durfde gaan. Alle verdere overredings-middelen waren vruchteloos, men moest ze dus laten daar zij waren." *Hist. de l'Exped. T.* 1 *pag.* 146. 147.

25. — Wierd in 't begin met het doorbreken van den dag, regt vooruyt wederom land gesien, synde insgelyks seer vlak en laeg, van binnen vol zout water, en van buyten alleenig met een soom of dyk van witte scherpe Coraal-steen als alle de andere: noemden het selfde Eyland *den Dageraad*, om dat het met desselfs aenkomst ontdekt is door het Schip *THIENHOVEN*, dat omtrent $\frac{1}{4}$ myl daervan af was, wanneer gesien is geworden: sulks men ligt kan begrypen, dat soo een vaerweg te houden ten uytersten gevaerlyk, ja doodelyk moet geacht worden. En het schynt ons toe byna onmogelyk te wesen dat het Journaal of Dag-Register der Reystogt van Capitain *Schouten*, van alle dese Eylanden geen mentie maekt, alsoo syne route en onse parallel is; want de tekst van het gemelde Journaal bevat de Zuyder breete van 15 graden 12 minuten, wanneer hy het *Honden Eyland* ontdekte, 't geene met onse polus hoogte bezuyden de Æquinoctiaal gelykformig staet. Voorts seylt Capitain *Schouten* langs de Zuydkant van dat Eyland, en wy (omdat *Schouten* aldaer geen grond of bekwaem middel vond van aen land te komen) seylden langs de Noordsyde van het selve, om te sien of aldaer een baaytje of vlakke Zeemond was, om te konnen landen; peylende het gemelde Eyland ontrent het 8ste glas van de namiddag-wagt Zuyd-Zuyd-Oost $2\frac{1}{2}$ myl van ons; stellende in het vervolg onse cours, van die peyling af, regt West, gelyk het voorschrift van onse route (die naer de route van Capitain *Schouten* gereguleerd is) behelst; soo dat dit verschil geen de minste aendacht meriteert; echter schynt het een gevolg te wesen,

dat dit verschil van ons en Capitain *Schouten* (synde gelegen in eene tusschen-ruymte van omtrent 2 à 3 mylen, dat is van 8 tot 12 minuten, 't geene wy Noordelyker syn geweest) de oorsaek is, of immers kan syn, dat *Schouten* het *Schadelijke Eyland* by nacht gepasseerd heeft; oversulks konde hy van het selve geen aenteekening houden, als buyten syne kennisse exterende; en dus alléén kan desselfs Journaalhouder geregtveerdigd worden, die anders van een verfoeylyk versuym te beschuldigen soude syn: soo dat men hieruyt siet, dat hoe kleynder het verschil is, hoe grooter ook het ongeluk van *DE AFRICAANSCHE GALEY* te schatten en te beklagen sy; te meer, alsoo wy vaststelden eene ruyme Zee te hebben tot aen het *Eyland Zonder grond*. Bevonden ons met Noorder Zon op de Zuyder breete van 14 graden 33 minuten, en op de gegiste lenkte van 226 graden 16 minuten, de gekoppelde cours was West ten Noorden 4 mylen, de wind Zuyden en Zuyd-Zuyd-West, bramseyls koelte met travaden. Van daeg overleed een soldaet, die de vyfde doode was. Na zeyn gedaen te hebben om vergadering te beleggen, syn de Capitainen met hunne Stuurluyden en de Militaire Hoofd-Officieren aen ons boord gekomen, en het beraemde luydt als volgt:

» RAADS-VERGADERING der twee Schepen gehouden aen 't boord van 't Schip *DEN AREND*, present Mr. JACOB ROGGEVEEN, President; Capitain JAN KOSTER, commanderende op het Schip *DEN AREND*; Capn. CORNELIS BOUMAN, voe-

voerende het Schip *THIENHOVEN*; Capitain ROELOF ROSENDAAL, het gesag gehad hebbende op het verongelukte Schip *DE AFRICAANSCHE GALEY*, jegenwoordig bescheyden op het gemeld Schip *THIENHOVEN*; JACOB VAN GROENEVELT, eerste Opperstuurman, NICOLAAS THONNAR, Lieutenant Militair en CORNELIS VAN AELST, tweede Opperstuurman, alle drie bescheyden op het voorseyde schip *DEN AREND*; MARTINUS KEERENS, Vaandrager op het voorschreve Schip *THIENHOVEN*; JAN DE ROY, Opperstuurman geweest synde op 't voornoemde verongelukt Schip, en thans in die selve kwaliteyt dienstdoende op de meergemelde *THIENHOVEN*.

Maendag den 25 Mey 1722.

» Den President desen raede voordragende hoe dat op den 19 jongstleden, in 't begin van het 2de glas van de honde- of tweede-wacht door *DE AFRICAANSCHE GALEY*, behoorlyk en tydelyk seyn gedaen is van land te sien, waerop het Schip *DEN AREND*, als seer digt achter *DE GALEY* synde, aenstonds seyn van wenden dede, en dus gelukkig is gesalveerd geworden, dan *DE AFRICAANSCHE GALEY* vast rakende, continueerde seer lang van schooten byna te gelyk te doen, om ons te verstendigen van syn ongeluk, hetwelk wy beantwoordden met het senden van onse chaloup naer den selven, gelyk sulks ook door het Schip *THIENHOVEN* is naegevolgd: dan onse chaloup terug komende rapporteerde, dat *DE*

GALEY

GALEY vast sat en een werp-anker met desselfs touw benoodigd had: waerop aenstonds die afvaerding werkstellig is gemaekt, alsmede door het Schip THIENHOVEN met chaloup en boot. Maer de sware branding of storting der Zee het Schip overweldigende (sonder in staet te syn van iets naemwaerdigs te konnen salveren en bergen) hebben echter het geluk gehad van alle desselfs manschap te behouden, en op de twee resterende Scheepen te verdeelen, in die kwaliteyt en gagie, soo als deselve by *Haere Agtbaerhedens de Heeren Bewindhebberen der West-Indische Compagnie ter Camer Amsterdam* syn gesteld en aengenomen. Dierhalven dit genarreerde met behoorlyke aendagt geconsidereerd werdende, soo profluëert daer uyt; dat wanneer het getal van onse manschap vermeerdert, nootwendig de uytdeelingen der randsoenen moeten verminderd worden, of dat men anders doende, sich selven moet troosten in 't laatst (de levensmiddelen geconsumeerd synde) van honger te sterven. Oversulks oordeelt hy President verpligt te wesen aen desen Raede het boven gementioneerde te geven in serieuse bedenking, of de noodsaeklykheid en de reden niet vorderen, dat men in plaetse van drie en een half pond brood voor yder man ter week, van nu voortaen niet meer sal verstrekken als drie ponden. Voorts in plaats van driemael des daags, tweemael sal schaffen, doch volle bakken potspys, blyvende het randsoen van vleesch en spek als voor desen. Eyndelyk, dat in plaats van tien mutskens drinkwater daegs, alleenlyk sullen gegeven worden acht mutskens voor yder man, synde het ordinair

rant-

rantsoen op alle Scheepen. — Waerop gedelibereerd wesende is het geproponeerde van alle eenstemmig geapprobeerd en vastgesteld, 't welke de voorname Hoofden van het Dek volgens gemeene usantie, te kennen is gegeven tot hunner narigt, die het selve seer billyk en noodsaeklyk hebben geoordeeld. Aldus geresolveerd in 't Schip en ten dage ut supra.

Was geteykend:

JACOB ROGGEVEEN.
JAN KOSTER.
CORNELIS BOUMAN.
ROELOF ROSENDAAL.
JACOB VAN GROENEVELT.
NICOLAAS THONNAR.
CORNELIS VAN AALST.
MARTINUS KEERENS.
JAN DE ROY.

26. — Was onse bevonde Zuyder breete 14 graden 36 minuten, de gekoppelde cours Zuyden 4½ myl, de wind Zuyd-Zuyd-West en Zuyden met een labber koeltje en stilte: schoon weder. Omtrent den avond kwamen de Officieren van het Schip *THIENHOVEN* uyt den naem des volks aen ons boord, vergeselschapt wordende van de Officieren van 't Schip *DEN AREND*, versoek doende my als hun Commandeur te spreken, welk versoek en desselfs gedisponeerde aldus luydt:

Op huyden den 26 Mey 1722 versogten alle de Hoofd-Officieren des Volks, die op het dek der Scheepen bescheyden syn, als Hoogbootsmannen en Constapels

pels der drie Scheepen *DEN AREND*, *THIEN-HOVEN* en *DE AFRICAANSCHE GALEY*, van my ondergeschreven te mogen spreken: welk versoek haer geaccordeerd synde, hebben my in seer beleefde termen voorgedragen, dat al het volk (als een eenig man) haer kwam te senden, om uyt derselver naem my te versoeken als het Opperhoofd en Commandeur deser Expeditie, dat het my toch mogt gelieven (soo van de twee nog jegenwoordig in wesen synde Scheepen, als van het reeds verongelukt Schip *DE AFRICAANSCHE GALEY*) van myn woord en versekering by geschrift te geven: dat wanneer een van de twee Scheepen, of wel beyde te samen, mogten komen te stranden of op eenige wyse te verongelukken, en dat sy met een van beyde onse Scheepen, of deselve te gelyk schipbreuk lydende, en echter by eenig toeval door andere Scheepen gesalveerd, en in 't Vaderland kwamen te arriveren, sy als dan, of derselver vrouwen en kinderen in cas van hun voor-overlyden, hare te goed hebbende gagie souden genieten en ontvangen; want dat het andersints seer hard soude wesen van hunne gagie te moeten verliesen, dewyle dese kruystogt geene vergelyking heeft by de Zeevaert van andere gewesten in Europa, om dat men, (het Schip aldaer verliesende) alleen twee, drie à vier maenden gagie kwyt is; aengesien sy, na verloop van dien tyd, wederom in hun Vaderland komen konnen en eene andere reys ondernemen tot onderhoud van hunne personen, vrouwen en kinderen, of dat sy ter plaatse van hunne geleden schipbreuk, of de naaste daerontrent gelegen, op andere Scheepen hen konnen verhuharen en gagie winnen, daer ter contrarie in dit verafgesonderd, onbekend en gevaerlyk deel der wereld (soo men al onderstelt, dat men het gevaer des doods ontworstelt, en behouden in 't Vaderland retourneert) twee jaren sullen verloopen, en dus arm en naekt souden thuys komen, na duysend ongemakken en periculen des levens uytgestaen te hebben, en boven dat alles nu nog tegenwoordig (voor soo veel de spyse van erwten, gort en stokvis belangt) sy met de varkens in 't Vaderland van een en deselve conditie syn, alsoo die levensmiddelen ondeugende, vuurig, vol wormen, myt, en een vermufte stank by ondersoek bevonden sullen werden, en van 't welke den heer Commandeur niet onbewust is, als met die selfde spys sich moetende versadigen, en welk ondeugend voedsel, met het derven van ververscHing, de oorsaeken syn, dat op beyde de Scheepen vyftig mannen siek in de kooy van 't scheurbuyk leggen; doch van *de Africaansche Galey* niemand, omdat die in vaatwerk alle syne spyse gehad heeft: welke gesonde manschap ons ten hoogsten vorderlyk is tot het vereyschte dagelyksch scheepswerk, en mitsdien billyk, dat ook alle hunne gagie nevens de andere behouden en goed gedaen sal worden, want *de Galey* heeft volgens uytdruklyken last van den Heer Commandeur (gelyk nu aen het Schip *Thienhoven* geordonneerd is) vooruyt moeten seylen, waerdoor het Schip *den Arend* gesalveerd is, dat anders het lot van *de Galey* deelachtig soude syn geweest. Dierhalven om den Heer Commandeur alles in 't kort te seggen op het fundament der redelykheyd, hier bo-

boven omstandig vertoond, soo is het versoek en de bede van de gantsche manschap der drie in compagnie seylende Scheepen, als van DEN AREND, van THIENHOVEN en van de verongelukte AFRICAANSCHE GALEY, dat de Heer Commandeur de goedheyd sal gelieven te hebben om aen hen te belooven, toe te seggen en behoorlyk bewys by geschrifte te verleenen, dat alle de gagie der meergemelde manschap van de drie Scheepen, in 't Vaderland sal voldaen en betaeld worden, onder belofte (die wy uyt den naem van het volk doen) dat de Heer Commandeur sich volkomen kan en mag verseekerd houden, dat sy alle soodanig sullen gehoorsamen aen de beveelen van den Heer Commandeur, gedunrende den ganschen tyd van dese reystogt, als goede, getrouwe en eerlyke mannen betaemt, of dat andersints de gedaene belofte van onwaerde, sonder effect en krachteloos sal wesen. Dit genarreerde heel bescheyden geavanceerd synde, soo diende ik ondergeschreven van antwoord, dat in substantie dit was: Ik hebbe het versoek en de meyninge des volks seer wel begrepen, ook de kracht der reden waerop sy hun voorstel, als regtvaerdig, komen te wettigen; echter soo kan het volk niet onkundig wesen, noch ook gylieden als desselfs afgesanten, te weten, dat (volgens de dagelyksche usantie en dispositie van het Zeeregt) diegeene die syn Schip verliest, ook te gelyk syn gagie verliest, ten ware van de koopmanschappen en goederen soo veel gesalveerd wierd, dat, boven alle gesupporteerde ongelden, de gagie daeruit soude konnen voldaen worden. Ook is 't faciel te begrypen,

dat

dat het versoek ten desen gedaen, sich uytstrekt buyten de palen van myn vermogen; want myn gesag en authoriteyt betreft alleen de executie van dese Expeditie; maer niet om over de geldkas van de West-Indische Compagnie in alle voorvallen de disponeren; ten ware het selve mogt strekken tot behoudenis der Scheepen, levensmiddelen, ververschingen en diergelyke noodwendigheden. Het verongelukken van *DE AFRICAANSCHE GALEY*, en diergelyk lot voor de Scheepen *DEN AREND* en *THIENHOVEN*, is wel een reden tot rouwklagten, maer niet tot voldoening van gagie, als veroorsaekt synde door de beschikking des Hemels, die niet wederstaen kan worden, en waeraen men sich met geduld moet onderwerpen. Weshalve dewyle het voorgesteld versoek myne magt excedeert, niet jegenstaende de gevaren waer aen wy alle geëxponeerd syn, mitsgaders de slegtheyd der levensmiddelen, en alle de consideratien hierboven gementioneerd; soo is voor het tegenwoordige niet anders te doen, als dat de Opperhoofden der Scheepen alle vereyschte voorsigtigheid gebruyken, en dat het volk met bereydwilligheid gehoorsaemt de Commando van die geene, waer onder het selve sorteert; het welke ik in 't algemeen en een ygelyk in 't byzonder seer ernstig recommandeere na te komen, op dat ik niet genoodsaekt worde dwangmiddelen te gebruyken; alle het welke ik ulieden bevele aen het volk bekend te maken, en het selve te houden binnen de palen van haer pligt, waertoe sy by eede aen de West-Indische Compagnie verbonden syn; gevende hiermede aen gemelde Officieren verlof om

11. te

te vertrekken; doch deselve versogten nogmael te mogen spreken, 't welk toegestaen wierd: waerop sy vervolgden te seggen: dat al het volk vastelyk besloten had, ingeval de gagie voor alle de manschap der drie opgemelde Scheepen, niet beloofd wierd, in 't Vaderland betaeld en voldaen te sullen worden, dat sy absoluut weygerden dese reyse te volbrengen, en in tegendeel wederom naer huys wilden keeren: dit gesegd wesende, hoorde ik ondergeschreve een sterk gemompel en groot geraas van verwarde stemmen des volks, die alle voor de boeg van 't half dek stonden, en voor aen de boeg my begevende, soo vraegde ik aen de menigte, wat dese onordentelykheyd beduydde en wat sy begeerden? die my antwoordden, dat sy haer gagie in versekering wilden hebben, of dat sy anders naer het Vaderland wilden terug keeren, om dus eens verlost te worden van 't gevaer, daer sy dagelyks in waren van Schip en leven te verliesen, gelyk gisteren, met het doorbreken van den dag, 't Schip THIENHOVEN te beurt soude gevallen syn, indien de aenkomst van den dageraed ons van schipbreuk niet bevryd had, dewyl het Schip THIENHOVEN geen halve myl van de branding van een vooruyt leggend laeg Eyland was: sulks wy versekering van onse gagie moeten hebben, of anders naer huys toe. Waerop ik ondergeschreven haer vertoonde, dan sy met soodanige buytenspoorige voorstellingen te doen, en daer in voorttegaen, haer selven schuldig kwamen te maken aen oproer en muytery, 't geene volgens den voorgelesen Articul-Brief ten hoogsten strafbaer is: derhalven, dat sy voorsigtig sou-

souden wesen en tot haer pligt keeren; of dat men de oproerigste rigoureuselyk naer verdienste ten voorbeelde van andere sou straffen. Hierop kreeg ik tot antwoord: de Heer Commandeur moet ons niet aensien als oproermakers, maer als eerlyke lieden die voor haer selven, vrouwen en kinderen (welke tegenwoordig op het crediet van dese reyse moeten borgen, en dus leven) sorge dragen, en die het onmogelyk kwalyk genomen kan worden. Na eenige verwisseling van woorden aen wedersyden, die meest in repetitien van het gededuceerde bestonden, soo hebbe ik ondergeschreven in kwaliteyt als Opperhoofd en Chef (volgens mijne Commissie in terminis) uyt den name ende van wegen haere Agtbaarheden de Heeren Bewindhebberen der West-Indische Compagnie ter Kamer Amsterdam, die my in hunne Vergadering (in cas van eenige onwilligheyd des volks, om dese Expeditie ten eynde toe uyt te voeren, anders dan onder belofte en versekering van hunne gagie te behouden, indien sy Schipbreuk kwamen te lyden) mondeling in mandatis hebben gegeven, het selve aen haer te beloven en vastelyk toe te seggen, gelyk ik ondergeschreven in myne opgenoemde kwaliteyt van Mandatarius en Lasthebber mits desen belove en volkomen toesegge: dat sy alle hunne verdiende gagie sullen hebben en genieten, schoon hun Schip of Scheepen mogten komen te verongelukken en achter te blyven. En om dese acte des te meer te bekragtigen, soo betuyge ik ondergeschreven (in geval het den Hemel behaegde dat ik op dese reyse kwam te overlyden), op de

waer-

waerheyd van dese Lastgeving den dood te ontvangen en voor 't oordeel Gods te verschynen. Actum in 't Schip DEN ARENND, ten dage als boven.

(Was geteykend:) JACOB ROGGEVEEN.

27. — Hadden, volgens onse Zons hoogte de bevonden breete van 15 graden 24 minuten bezuyden den Evennagter, en de gegiste lenkte van 226 graden 16 minuten: de cours was Zuyden, de wind Noorden, Oost en Noord-Oost, met stilte en een slap bramseyls koeltje: des middags deden 't zeyn om de Compassen te verleggen van regt wysend op 5 graden de lelie bewesten de naeld; alsoo wy in eene avondpeyling der Zon bevonden 5 graden 42 minuten de afwyking Noord-Oost te wesen. Omtrent het ondergaen der Zon, sagen wederom een laeg en vlak Eyland, noemden het selve (om dat het op dien tyd gesien was) den *Avondstond*, strekkende van het West ten Noorden tot het Zuyd-West ten Zuyden, soo verre van steng beoogd kon worden. Of nu de Schryver van het Dag-Register der route die Capitain *Schouten* gehouden soude hebben, de waerheyd of leugen voorstelt, daervan sal dit Eyland den *Avondstond* regter syn, om denselven te regtvaerdigen of te veroordeelen. Opdat dit nu ordentelyk geschiede, soo moet aengemerkt worden, dat de tekstwoorden van dat Dag-Register seggen: dat sy het *Honden Eyland* ontdekt hebben te leggen op de Zuyder breete van 15 graden 12 minuten, en van de kusten van *Peru* en *Chili* afgelegen 925 mylen; voorts dat sy haer cours weder West stelden naer de *Eylanden van Salomon*, en na

dat

dat sy omtrent honderd mylen, met die selfde streek van West geseylt hadden, sagen sy een laeg Eyland dat groot was; en des nachts Zuyd-Zuyd-West 10 mylen geseylt hebbende, soo seylden sy des morgens digt onder de wal langs, vonden aldaer slegt water en geen deiningen, gelyk de vorige dagen, uyt den Zuyden; daerom vermoedden sy Zuydwaerts meer land moest wesen, doopende het selve met de naem: het *Eyland Zonder Grond*, omdat sy nergens eenige bekwame anker-plaets hadden konnen vinden: dus met deselve cours voortseylende in effen water, ontdekten nog twee andere laege Eylanden, waervan het eerste ('t welk sy het *Water Eyland* noemden, omdat eenig versch water aldaer bekomen hadden) van 't *Eyland Zonder grond* aflegt 15 mylen, op de Zuyder breete van 14 graden 16 minuten, ende het tweede, (synde genaemt het *Vliegen Eyland*, alsoo sy door dat gedierte seer geincommodeerd wierden) is van dat eerste, door een tusschen ruimte van 20 mylen afgescheyden, sonder uytdrukking van desselfs polus hoogte, apparent om dat de Zon des middags bewolkt, of dat de kimmen des Hemels duister en beneveld syn geweest.

Wanneer nu dit geëxtraheerde der tekstwoorden voorgemeld, met een weynig aendagt overwogen wordt, soo consteert, dat de Journaal-houder wegens de route of vaerweg van den meermael genoemden Capitain *Schouten*, van absolute leugentael ('t sy voorbedagtelyk, 't sy door onkunde) beschreven te hebben, niet te excuseeren en vry te spreken is; want van de *terminus à quo* (synde het *Honden Eyland*) tot de *ter-*

terminus ad quem, ('t welk het *Vliegen Eyland* is, en nog 100 mylen Westwaerts) is die gehoudene (of liever soodanig beschrevene) route, begrepen tusschen de 15 graden 15 minuten (wesende het Zuydelykste) en 14 graden 46 minuten ('t welk het Noordelykste der gemelde route is, voor soo verre de gedagte bepalingen concerneert): oversulks moet onvermydelyk volgen, (aengesien van alle dese onbekende en nu nieuw ontdekte Eylanden de Noordelykste gelegen syn op de Zuyder breete van 14 graden 30 minuten, en de Zuydelykste op 15 graden 50 minuten, vermits het *Avondstonds Eyland* seer Zuydwaerds strekte soo als men van steng konde sien, en wy ons des middags hadden bevonden te wesen op 15 graden 24 minuten Zuyder breete) dat de meermalen gementioneerde route, niet naer waerheyd beschreven werd, om dat men daerin van alle deze Eylanden geen het minste gewag maekt: en welke Eylanden (soo de Zuydelykste als de Noordelykste) van het *Honden Eyland* boven de 16 mylen niet afstandig syn; oversulks soude Capitain *Schouten* noodwendig schipbreuk hebben geleden, of door het sien en 't vermyden van deselve sich gesalveerd hebbende, soo moest desselfs Dag-Register, om deugdelyk te wesen, sulks uytdruklyk comprehendeeren, 't welk niet synde, soo kan aen die vaerweg van 15 graden Zuyder breete, met eenige vermeerdering of vermindering van minuten, de naem van *Schoutens Route* niet geappropieerd worden; dewyle de Journaal-houder de waeragtige merkteykenen van die vaerweg, en waeruyt alleen te besluyten is, dat men deselve beseyld heeft, omitteert. Derhalve ve konnen wy ook aen dat *Honden Eyland*; 't geene wy op den 18 deser ontdekten, dien naem niet laten behouden, maer met meerder regt het selve noemen, het *Bedrieglyke Eyland*, omdat het ons bedroog en deed gelooven, dat wy de ware route van Capitain *Schouten* (welke hy nooyt bevaren heeft) beseylden.

28. — Bevonden ons op de Zuyder breete van 15 graden 10 minuten en op de gegiste lenkte van 225 graden 49 minuten, de gekoppelde cours was West ten Noorden, de wind Oost en Noord-Oost met een slap bramseyls koeltje en schoon weder. In 't 8ste glas van de naemiddag-wagt, saegen nogmael een laeg Eyland, strekkende van het West-Noord Westen, tot het West-Zuyd-Westen, 't welk wy noemden het *Eyland Meerder Zorg*, aengesien wy eenigsints duchtende waren, dat desselfs westelykste eynde met dat van *den Avondstond* te samen mogten vereenigen, en dat wy dus in een diepen boesem of schaer besloten souden worden; alsoo het Eyland van *den Avondstond* omtrent de 18 mylen lang, by gissinge, sich vertoonde, welkers eynde van steng wy niet konden beoogen. Peylden den Noordhoek van het *Avondstonds Eyland* met Zons ondergank in het Zuyden 1½ myl, de Zuydhoek van 't Eyland *Meerder Zorg* West-Zuyd-West 3 mylen van ons. Omtrent het opsetten van de eerste wagt hebben het laten dryven; voorts leyden het met de marseyls over en weder over, tot den volgenden dag.

29. — Hadden de bevonden breedte van 15 graden 19

19 minuten Zuyd, en de gegiste lenkte van 224 graden 28 minuten, de cours was West, de wind Noorden, Noord-Noord-West en Noord-Noord-Oost, met stilte en een labber koeltje, goed weder.

30. — Sagen wederom, even voor Zons opkomst, een laeg Eyland, leggende in 't Noord-West ten Noorden 3 mylen van ons regt voor uyt, hopende aldaer eenige groente en ververseching voor ons volk (waar van diep in de dertig siek en met scheurbuyk in de kooy lagen) te sullen bekomen; noemden daarom het selve het Eyland van *Goede Verwachting*: maer alsoo het op den dag heel stil en een labber lugtje uyt het Oost-Noord-Oosten, Noorden en het Noord-Oosten was, durfden wy den wal niet naderen, omdat alle die Eylanden, of liever reven, van anker-grond gedestitueerd syn en oversulks te gevaerlyk deselve aen te doen, alsoo de tigt der Zee op een lager wal sterk aenset, bevonden des middags te syn op de Zuyder polus hoogte van 15 graden 17 minuten, en op de gegiste lenkte van 223 graden 46 minuten; de cours was West-Noord-West: synde seer aengenaem weder.

31. — Was de bevonden breete 15 graden 38 minuten bezuyden de middellyn, en de gegiste lenkte 223 graden 11 minuten, de gekoppelde cours Zuyd-West ten Westen ½ West, de wind Zuyden ten Oosten, Oost-Zuyd-Oost en Zuyd-Zuyd-Oost, met een labber luchtje en schoon weder, maer des nachts een styve gereefde marseyls koelte, vergeselschapt van tra-

travaden, regen en hooge Zee uyt den Zuyden.

Juny.

1. — Gisten des middags te syn op de breete van 16 graden 4 minuten Zuyd, en op de lenkte van 222 graden 3 minuten, de gekoppelde cours was West-Zuyd-West 17 mylen, de wind van het Zuyden tot het Oost-Zuyd-Oosten, met gereefde marseyls koelte en een betrokken lucht.

2. — Sagen des morgens omtrent het 6de glas van de dagwagt in 't Oost-Noord-Oosten 3 mylen van ons een Eyland, dat tamelyk hoog, maer vlak sonder gebergte was: wy resolveerden onse steven derwaerts te boegen, om aldaer ververshing soo voor de sieken die dagelyks in getal vermeerderden, als voor het gansche Scheepsvolk, te soeken; stuurden derhalven onse chaloup, wel bemand en gewapend, naer den wal om het noodige mede te brengen, hetwelk van het Schip *THIENHOVEN* nagevolgd wierd.

Onse chaloup het land naderende, en ondersoekende waer sy best souden kunnen landen, soo waren de Indianen haer behulpsaem in het aenwysen van de bekwaemste landing plaats, doch deselve was echter soodanig, dat een touw aen de wal gebragt en vast gemaekt synde, men alsdan door middel van dien uyt de chaloup aen strand konde komen; maer een Indiaan het aen land gebragte touw vattende, om het selve den overbrenger te ontweldigen, soo trok hy den scheeps houwer uyt de scheede, swayende en dreygende daermede te sullen slaen; maer die Zwart,

 als

als ook syn ander geselschap, alle te samen met stokken van 12 à 14 voeten lank, die vooraen een scherp beentje van eenig gediertje hadden, gewapend synde, velden hunne pieken, om onsen man te dooden of te kwetsen, soo dat de gene die in de chaloup waren genecessiteerd wierden eenige snaphanen te lossen, doch schoten voorbedagtelyk mis, om door 't onverwagt geschater der schoten haren man te salveeren: op welk ongehoord geluyd, met vuurspouwing vermengd, alle confuselyk als verbaesde en verschrikte de vlugt genomen hebben. Waerop onse manschap onverhinderd aen land gekomen is, uytgenomen die gene, die tot bewaring der chaloupen geschikt waren. Ons volk vervolgens over de scherpe witte coraal steenen (hoedanig alle de stranden der ontdekte Eylanden syn, en waerover de Indianen blootvoets sonder letsel seer snel konnen loopen) boschwaerts intrekkende, heeft het selve een halven sak groente (wesende een soort van wilde posteleyn en thuynkers) aen boord gebragt, 't welk met hoenders gekookt synde, voor die geene die siek in de kooy lagen, een uytnemende goede ververschinge was, waerom wy aen het Eyland de naem gaven, het *Eyland van Verkwikking*. Voorts gerapporteerd wordende, dat er overvloed van groente te krygen was, mits dat men des morgens vroeg sich naer den wal begaf, om tyd tot het versamelen te hebben; soo is goedgevonden den volgenden nagt, die reeds begon te naken, af en aen te houden. Hadden des middags de bevondene breete van 15 graden 43 minuten Zuyd, en de gegiste lenkte van 222 graden 20 minuten, de gekop-

pel-

pelde cours was Noord-Oost, de wind Zuyd-Zuyd-Oost en Zuid-Oost, met gereefde marseyls koelte, hooge Zee uyt den Zuyden, en tamelyk goed weder.

3. — Sonden onse chaloup, sterk bemand en wel gewapend, naer den wal, in het 6de glas van de dag-wagt, 't welk Capitain BOUMAN van gelyke dede, met last van soo veel groente te versamelen en aen boord te brengen als mogelyk was. Bevonden ons met Noorder Zon op deselfde polus hoogte en gegiste lenkte als van gisteren, de wind synde Zuyd-Oost en Oost-Zuyd Oost met een marseyls koelte en goed weder. Omtrent Zons ondergank kwam onse chaloup terug, medebrengende vier groote sakken vol groente: welke soodanig verdeeld wierd, dat het gansche scheepsvolk vier malen daervan konde schaffen; en op dat sy het meeste nut tot verversching souden hebben, soo is by yder kooksel groente de helft van een der kloekste varkens gedaen, met eene goede kwantiteyt gestoote peper, 't geene eene smakelyke soep maekte. Voorts is ons gerapporteerd, dat de Indianen groote schelmen waren; want wanneer, seyden sy, wy alle naarstigheyd deden om groente te plukken, soo kwamen onder anderen een oud wyf en eene jonge dogter van veertien of vyftien jaren by ons, welkers ouderdom wy besloten, om dat de boesem in haer eerste groeysaamheyd was van uytbotting: dese, die haer seer minsaem toonde om ons te helpen plukken, wees met de hand dat wy boven op het hooge land moesten komen, alwaer alles in overvloed was; doende ook haer kleedje af, en toonende aen het volk

volk hoedanig sy geschapen was; gevende door teykenen van wysing te kennen, als sy boven kwamen daer hare hutten stonden, sy als dan ten gebruyke soude wesen. Ondertusschen onse sakken met groente naer de chaloup gebragt hebbende, besloten wy van het strand naer de boven vlakte van 't Eyland te gaen, om dat men geloofde, aldaer *cocosnoten* en *piesang* te sullen vinden: by den opgank komende (synde een smalle weg daer maer één man te gelyk kan gaen, hebbende veel moeyte om op te klimmen en sich vast te houden, alsoo de passagie gelyk een groef is, die aen wedersyden scherpe coraal-steen tot een muur heeft) wenkten ons de Indianen, doch naulyks halver weg opgeklommen wesende, wierden wy met een hagelbuy van steenen begroet uyt het bygelegen bosch, waerdoor een man van 't Schip THIENHOVEN is gekwetst geworden op 't hoofd, alsmede onse sergeant aan den elboog en in de lenden. (*) Wy aenstonds denkende op onse verweering, losten eenige snaphanen op die geene die in het bosch hier en daer tusschen het geboomte haer vertoonden, van welke wy vertrouwen, dat er vyf of ses gesneuveld en gekwetst sullen wesen; oordeelden vervolgens (om onse manschap, met opwaerts te leyden, in geen gevaer te bren-

---

(*) Hier heeft men dus bij dit voorval slechts *twee* gekwetsten. De *Tweejarige-reize* heeft *vele* gekwetsten: bladz. 63; doch volgens BEHRENS liet het Scheepsvolk *eenige dooden* op de plaats, en de kwetsuren, welke verscheidene van het volk ontvingen, hoe seer in 't eerst van weinig belang, wierden vervolgens doodelijker: zoo dat weinigen den dood ontgingen. — Dat BEHRENS zelf twee kneuzingen kreeg verzwijgt hij. *Hist. de l'Exped. T. I. pag.* 161

brengen) best te syn af te trekken, en ons te vernoegen voor het tegenwoordige met onse groente.

Deeden na Zons ondergank zeyn om Breeden Raad te houden van alle de Capitainen, Opper- en Onderstuurluyden, ten eynde (alsoo onse Kruystogt geëxpireerd is) met den anderen te beraemen soodanige coursen, als tot ons retour naer 't Vaderland behoorden gestevend te worden; en van welke getrokken Resolutie de textwoorden aldus luyden:

» BREEDEN RAAD der twee in Compagnie seylende Scheepen, gehouden aen 't boord van het Schip *DEN AREND*, present Mr. JACOB ROGGEVEEN, President, Capitain JAN KOSTER, Capitain CORNELIS BOUMAN, Capitain ROELOF ROSENDAAL, mitsgaders alle de Opper- en Onderstuurluyden, bescheyden en dienstdoende op de Scheepen *DEN AREND* en *THIENHOVEN*.

Woensdag den 3 *Juny* 1722.

Den President heeft aen desen Rade voorgesteld en te kennen gegeven, dat hy deselve ten dien eynde hadde geconvoceerd, opdat een ygelyk lid soude avanceeren syn sentiment en oordeel, hoedanig onse t'huysreyse behoorde werkstellig gemaekt te worden. Want aengesien onse Kruystogt in dese Zee komt te cesseren, door het ontdekken van de oorsaek, die Capitain *Willem Cornelissen Schouten* bewogen had te besluyten, dat Zuydwaerts land moeste wesen, omdat hy in effen en slegt water seylde sonder holle dey-

deyningen uyt den Zuyden, als in de voorgaende dagen; en welke oorsaek gelegen is in de ontmoeting van alle die Eylanden of reven, die wy tot ons groot gevaer en schade ontdekt hebben, mitsgaders andere die Noordwaerts van ons (naer alle waerschynlykheyd) afstandig syn geweest: soo dicteert de rede, dat wy onse sorge laten gaen om te repatrieeren, waertoe een dubbele passage en vaarweg is, als de eene: soo verre om de Zuyd of Zuyd-Westen te loopen, dat men aldaer de veranderlyke winden ontmoet, om met deselve Oostwaerts te stevenen; vervolgens *Caap Hoorn* en het *Staten Eyland* bewesten passeerende, alsdan de Noord-Zee in te seylen, en voorts de coursen naer het Vaderland te boegen; de andere: Westwaert te continueeren, tot wy van onse tegenwoordige standplaatse nog 16 graden in longitude sullen veranderd syn, en dan de cours in dier voegen te rigten naer het Noorden, dat men tusschen *Nova Guinea* en 't Eylaud *Gilolo*, soo 't mogelyk sy, of beneorden het selve, in *Oost-Indien* gerake, en dus langs de gewoonlyke jaerlyksche route der Oost-Indische Retour-Vloot na 't Patria onse reys vervorderen. Weshalve dan, soo is het ten hoogsten noodsakelyk, dat met alle aendagtigheyd rypelyk overwogen worde, wat vaerweg uyt de twee voorgestelde kan en behoorde geëligeerd en ingeslagen te worden, tot behoudenis van Schip en leven. Ook moet men considereren en ernstig aenmerken, dat HAAR HOOG MOOGENDE DE HEEREN STATEN-GENERAAL DER GEASSOCIEERDE NEDERLANDSCHE PROVINCIEN, met uytsluytinge van alle andere harer

On-

Onderdanen en dus privatelyk de *Nederlandsche Oost-Indische Compagnie* hebben geoctroyeerd de Oost-Indien alleen te bevaren. Sulks, indien wy onse reyse verder voortsetten als de Oostkant van *Nova Guinea*, alwaer de limieten van de Generale West-Indische Compagnie der Nederlandsche Geunieerde Provincien komen te eyndigen, soo sondigen tegens de beveelen van hoogst gemelde Haar Hoog Mogende, en by gevolg syn de overtreders strafbaer: het welk ik ulieden met nadruklyke termen voorstelle wel te overwegen, en mitsdien om aen alle de onheylen niet te participeeren, die de verkiesing der route over *Oost-Indien* soude konnen of mogen veroorsaken; soo vrage ik: of het niet beter en mogelyker sy onse cours te stellen naer *Nova Zelandia*, om van daer (na behoorlyk ververscht en van alles voorsien te syn) *Caap Hoorn* te passeeren: alle hetwelke dese Vergadering in serieuse bedenking wordt gegeven, opdat een ygelyk syne sustenue met gesonde reden soude bekleeden, om daeruyt op te maken soodanigen besluyt, dat het selve voor ons in het toekomende sal moeten wesen het rigtsnoer van onse onderneming naer het Vaderland.

Waerop gedelibereerd en met de Zee-Kaarten geconsuleerd synde, soo heeft Capitain Jan Koster syn sentiment en oordeel in de navolgende ordre voorgedragen en geadviseerd, namentlyk: dat het volstrekt onmogelyk is, om onse cours naer *Nova Zelandia* te stellen, of dat men alles aen het uytterste gevaer exponeerde, ten ware de hulpe des Hemels (boven de verwagting en hope van het menschelyk verstand)

ons

ons salveerde van die periculen, die waerschynlyke gevolgen syn, soo wy de stevens onser Scheepen derwaerts souden rigten. Want om *Nova Zelandia* te beseylen syn twee wegen, waervan de eene is, dat men soude moeten trachten soo veel Zuyd te winnen als noodig sy, om met sekerheyd vast te stellen, dat wy het selve (syne breete bekomen hebbende) met eene Weste cours in 't gesigt souden krygen; maer 't gene hier omtrent te dugten staet is seer aenmerkelyk, te weten: dat men op de polus hoogte van *Nova Zelandia*, ja vry noordelyker, de variabile of veranderlyke winden onderworpen is, en gevolgelyk, soo deselve lang uyt een nadeelig oord waayden, souden wy ons selven te samen in een onvermydelyk bederf neerstorten, door 't gebrek van water: wat nu de andere weg betreft, die is in alles gelykformig met de eerste ten opsigte van het gevaar, verschillende alleen hierin, dat men ter contrarie soo verre Westwaerts soude moeten loopen, dat wy insgelyks ons konden versekeren dat *Nova Zelandia* met een Ooste cours te beseylen was, mits ondersteld word van desselfs breete bereykt te hebben, doch de veranderlyke winden ons tegen synde, soude onse totale ruine en ondergank veroorsaekt worden door het selve gebrek van water.

Vorders wanneer nu al gepresupponeerd mogt worden, dat wy *Nova Zelandia* kwamen te ontdekken, soo hebben wy de minste sekerheyd niet, dat aldaer een bekwame anker-plaats gevonden sal worden; aengesien by alle de Eylanden die wy gepasseerd syn op den afstand van een kabels lenkte en minder van het

het strand, geen grond te bewerpen is; gevolgelyk met het uyterste gevaer vermengd, indien wy de Scheepen af en aen den wal houden: Eyndelyk als de booten uyt varen om water te soeken, en 't selve gevonden hebben, soo sal men moeten afwagten of de Indianen het wegvoeren van dien sullen toestaen, dan niet: en in cas van vyandelyke attaques, soo is onse manschap in groot pericul, om dat men van de Scheepen geen hulp kan toebrengen. Wyders staet nog te considereren, dat schoon wy, ten hoogsten tot genoegen, van water onse provisie hadden bekomen, echter het selve niet satisfactoir is, om de reys naer *Caap Hoorn* voort te setten, aengesien onse sieken ten minsten veertien dagen aen land behoorden te wesen, met het genot van goede ververschinge, zoo voor die geene principalyk die in de kooy siek leggen, als voor de andere, die, niettegenstaende sy nog boven op het dek komen, aen het scheurbuyk sterk laboreren en welkers getal van dag tot dag vermeerdert, soo dat, volgens de opgave van den Chirurgyn, naaulyks dertig koppen gants suyver en onbesmet syn. Derhalven concludeere ik, dat de naer huys reyse bewesten *Caap Hoorn* om, voor ons onmooglyk is, wegens de onsekerheyd van het noodige te erlangen; en by gevolg dat wy genootsaekt syn onse route over Oost-Indien te moeten nemen, alsoo langs dien weg eene groote menigte van Eylanden gevonden wordt, alwaer van verversching iets te bekomen is, gelyk de Dag-Registers van andere behelsen. Wat nu belangt dat wy tegens Haar Hoog Mogende souden pecceren: indien men de behoudenis van Scheepen en onse levens

 be-

betracht, door over Oost-Indien naer huis te keeren, soo meyne ik, dat sulks geene consideratie meriteert: want HAAR HOOG MOGENDE de *Oost-Indische Maatschappy* begunstigende, dat sy met seclusie van alle andere harer onderdanen, *die Indiën* alleen souden bevaren tot voortsetting van derselver koophandel, welks winsten de ziel en 't eenige oogmerk is, waerom de scheepvaert op verafgelegene landen ondernomen wordt; soo konnen wy onder het getal van ongehoorsame niet gerecenseerd worden, als of men den koophandel der *Oost-Indische Compagnie* wilde onderkruypen, door 't vernegotiëren van onse medegenomene cargasoenen, vermits in onse Scheepen niets te vinden is dat in die gewesten kan gedebiteerd worden, als bestaende in coralen, kleyne zak-spiegeltjes, kapmessen, zak-messen, bylen, grof ongebleekt linnen, ook met streepen, van vyf, ses, à seven stuyvers de el, en diergelyke beuselingen, die by geene natien getrokken syn, als van de slegtste soort der swarten in *Africa*, welke wy egaal stelden met die geene, die wy in de Zuyd-Zee souden hebben mogen vinden, ingeval wy eenig aenmerkelyk land ontdekt hadden, om aen derselver inwoonders te verhandelen, en welkers montant voor de drie in compagnie uytgeseylde Scheepen, boven de dertig duysend gulden niet komt te renderen: by gevolg konnen wy niet aengesien worden voor overtreders van 't octroy by HAAR HOOG MOGENDE aen de *Oost-Indische Compagnie* verleend, als geen afbreuk (schoon men de wil had) konnende doen. Oversulks sullen wy met de kielen onser Scheepen alleen het zoute water van

ha-

hare limiten doorbooren, het geen aen alle vreemde natien en barbaren gepermitteerd is, en daerom ons ook niet kan schuldig maken aen overtreding: te meer, alsoo aan de *noodsakelykheyd*, door eenige souveraine magt (buyten tiranny) geene wet kan voorgeschreven worden, en dat niemand tot het onmogelyke, (om sich selve te verdelgen) te verpligten is. Welk geadviseerde van alle de andere leden deser vergadering eenstemmig is geapprobeerd en goed gevonden. Vervolgens is geresolveerd met de cours van West soo lang te continueeren, dat men nog sestien graden in de longitude veranderd sal wesen, en dan West-Noord-West te stevenen tot wy gekomen sullen syn op de polus hoogte van drie graden bezuyden den Æquinoctiaal; aldaer ons bevindende, is vastgesteld om dan nader te beramen, hoedanig wy onse coursen te rigten hebben, ter bevordering van ons retour over *Oost-Indien*.

Aldus geresolveerd en gearresteerd in het Schip en ten dage ut supra.

(Was get.) JACOB ROGGEVEEN.
JAN KOSTER.
CORNELIS BOUMAN.
ROELOF ROSENDAAL.
JACOB VAN GROENEVELT.
CORNELIS VAN AALST.
WILLEM WILLEMSEN ESPELING.
JAN JURIAANSEN DE ROY.
CORNELIS MENS.
STEVEN DE WIT.
FRANS STROKER en JAN BOS.

Maer

Maer aengesien wy self vaststellen en uyt onse ondervinding besluyten, dat Capitain *Willem Corne-lissen Schouten*, de route, die wy gehouden hebben volgens de letter van desselfs Journael, nooit be-zeyld heeft, soo schynt daeruyt te resulteeren dese wettige en wel gefundeerde vraag, namentlyk: waer-om wy dan, (soodra dat oordeel als waerachtig by ons plaets gevonden had) onse stevens naer het Noord-Oosten of Oostelyker niet gewend hebben, om dus in den vaarweg van gemelden Capitain *Schouten* te komen, synde gelegen op de Zuyder breete van 13 graden 5 minuten, volgens de Zeekaart van *Johannes van Keulen*, en sich daer bevindende, alsdan de Kruystogt, naer desselfs inhoud, te expediëren en uyt te voeren? welke vraag: (doch die niet als van een onkundige kan geobjicieerd worden) seer ligt te formeeren, maer nog ligter te refuteeren is; omdat deselve onder de verdichtselen van kranke hersenen sich sorteert: want van die plaats, daer wy ons te dier tyd bevonden, naer het Noord-Oosten te stevenen, soude apparent heel faciel te doen syn geweest, in-dien de wind bezuyden (die aldaer de frequentste is) en niet benoorden het Oost doorwaayde; doch op de Zuyder breete van 13 graden 5 minuten gekomen syn-de, soo moet men, om in het effen water van Capi-tain *Schouten* te geraeken, eene verheyd van 140 mylen ten minsten regt Oost aen stevenen, 't welk onmogelyk is om by de wind, dan over de eene, dan over de andere boeg op te seylen, en bysonder niet voor ons, wegens de slechte staet daer onse manschap sich in bevindt; want men moet indagtig

we-

wesen, dat die passaat-wind synen loop houdt tusschen het Zuyd-Oosten (van waer desselfs benaming deriveert) en het Noord-Oosten: maer om de maat tot overloopens toe op te vullen, soo sal men de onmogelykheyd met eene vooronderstelling mogelyk maken, en poseren, dat wy ons bevinden op 13 graden 5 minuten Zuyder breete, alwaer het *Honden Eyland*, door de Zeekaart-verkooper en uytgever *Joannes van Keulen* geplaetst is: het Eyland *Zonder Grond* op 12 graden 56 minuten: het *Water Eyland* op 13 graden 25 minuten, en het *Vliegen Eyland* op 14 graden. Dese vooronderstelling gecompareerd en vergeleken wordende met onse route die wy bezeyld hebben, sal men onderscheydentlyk sien de hoegrootheyd van het verschil van beide die bevaren breetens Westwaerts heen, namentlyk, dat wy ons bevonden hebbeu op de polus hoogte van 15 graden 18 minuten, 10 minuten, 8 minuten en 6 minuten: ook op 14 graden 41 minuten, 36 minuten en 33 minuten. Wanneer nu het Noordelykste van de gepresupponeerde route van Capitain *Schouten* genomen wordt, synde 12 graden 56 minuten, en het Zuydelykste van de onse, wesende 15 graden 13 minuten, soo vindt men een verschil van 2 graden 17 minuten, het welk tot mylen gereduceerd wordende, uytmaekt eene verheyd van 34 mylen: het middelbare verschil van de opgemelde routes is dese; te weten: die van Capitain *Schouten* sal bevonden worden te syn, volgens het hier boven gecarteerde door gedachten *van Keulen*, 13 graden 25 minuten, en van de onse 15 graden 6 minuten, welkers differentie is 1 graad 41 minuten of 25 mylen.

Eyn-

Eyndelyk het minste verschil van deselve routes is, dat Capitain *Schouten* geweest is op 14 graden 33 minuten, hetwelk van den anderen gesubstraheerd synde, vindt men 33 minuten of 8 mylen verschil. Om nu het geavanceerde tot soodanigen applicatie te maeken, dat de objicieerder sich selven comdemneere, soo staet alleen behoorlyk te verdeelen alle landschappen, het sy vaste kusten of Eylanden, óf in laege, of middelbare, of hooge, of in den hoogsten trap uytnemende hoog. Wat dan de laege landen betreft, deselve konnen gesien worden (mits onderstellende een suyveren hemel en dat de kimmen niet beneveld maer helder en klaer syn) op den afstand van 5 à 6 mylen; de middelbare op 9 à 10 mylen; de hooge op 15 à 16 mylen, en die van den hoogsten trap, uytnemende hoog, op 20 à 25 ja veel meerder mylen. Wyders moet aengemerkt worden, dat de lage en middelbare hooge landen niet konnen voortbrengen fijne metalen, omdat die nergens gevonden worden, dan in hoog bergachtig land; oversulks syn dese twee sorteeringen het voorwerp niet van onse expeditie en betrachting: derhalven volgt, dat wy soodanig hoog land moeten hebben om ons oogmerk te bereyken, hetwelk op eene verheyd van 15 à 16 mylen sigtbaer is. Wanneer wy dan vervolgens het meeste verschil van beyde de gemelde routes examineren, synde eene distantie van 34 mylen, welke Capitain *Schouten* Noordwaerds van ons is geweest, alsdan moet verder ondersteld worden, dat gedachte Capitain van syne standplaetse naer het Zuyden siende, 15 à 16 mylen sigts bereykt heeft, en dat hy (in

cas

cas aldaer eenig hoog land gelegen hadde) het selve soude hebben konnen beoogen; insgelyks ook wy (die in het Zuyden van hem Capitain *Schouten* ons bevonden) de verheyd van 15 à 16 mylen met ons gesigt Noordwaerts afmetende, komen beyde de gesigtseynders, van Capitain *Schouten* en van ons, soo digt en naby den anderen, dat tusschen deselve geen grooter ruymte sy, als van 2 of van 4 mylen: welke tusschenruymte vervallen en verdwynen sal, indien men aen het hooge land ('t welk ondersteld moet worden te exsteren) eenige breete (wanneer desselfs lenkte Oost en West mogte strekken) om het Zuyden of om het Noorden van 4, 6 à 8 mylen attribueert en toevoegt, waertegens de voorschreve gesigt-eynders stuytende (min of meer naer proportie van de uytgebreyde breete des lands) men onvermydelyk dat selve hooge land soude hebben ontdekt, en welke ontdekking als waerachtig, sich aen 't verstand vertoont, wanneer het middelste verschil, synde de afgelegendheyd van 25 mylen, die tusschen onse en Capitain *Schoutens* route is geweest, naer behooren overwogen wordt, want ingeval het grootste verschil meetkundig betoogd is, soo is 't een wettig gevolg, dat het middelste verschil van 25 mylen nog kragtiger concludeert. Eyndelyk wat aengaet het minste different van 8 mylen, dat selve heeft geen andere adstructie van noode dan de bloote voorstelling, als synde uyt en door sich selven gedemonstreerd. Derhalven, om van het gesuppediteerde nu een besluyt te maken, soo segge: dat 't sy wy de route van 13 graden 5 minuten, volgens de Zeekaart van *Joannes van Keulen*, bevaren hadden,

den, en dat wy dus in het effen water van Capitain *Schouten* gekomen waren, als wanneer men Zuydwaerts sou hebben moeten boegen om de oorsaek van dat effen water te ontdekken; het sy een ander wat Zuydelyker, alsoo de route van meergemelden Capitain *Schouten* in Zeekaarten ook gevonden wordt geplaatst te leggen op 14 graden bezuyden den Æquinoctiaal; wy echter geen ander land souden hebben gesien, dan die Eylanden of reven, die wy in onse route van 15 graden gevonden en ontdekt hebben: want de Zee uyt het Zuyden op dese Eylanden aenrollende, verliest haer kracht, en maekt benoorden deselve effen en slegt water, 't welk de oorsaek is geweest, waerom Capitain *Schouten* besloot, dat Zuydwaerts van hem land moest wesen.

4. — Bevonden ons op de breete van 15 graden 41 minuten Zuyd, en op de gegiste lenkte van 221 graden 18 minuten, de cours was West, de wind Zuyd-Oost en Oost-Zuyd-Oost, met een bramseyls koelte en seer aengenaem weder.

5. — Was de bevonde Zuyder breete 15 graden 39 minuten en de gegiste lenkte 219 graden 41 minuten, de cours West, de wind Oost, bramseyls koelte met een heldere frisse lucht.

6. — Deede het Schip Thienhoven, in het 6de glas van de dag-wagt, seyn van land te sien, hetgeene ons toescheen, volgens syn opdoening, het *Cocos Eyland* van Capitain *Schouten* te wesen, het welk een hoogen berg maer kleyn van omtrek is, leg-

leggende in 't Zuyden loefwaerts van ons omtrent 9 à 10 mylen. Na verloop van 2 glasen sagen in het Zuyd-Westen nog een ander Eyland, twee mylen van het eerste afgelegen, dat grooter is, doch laeg, sulks wy hierdoor bevestigd souden syn geworden, dat het eerste de *Cocosberg* en het tweede 't *Verraders Eyland* was, indien de polus hoogte van Capitain *Schouten* en de onse niet al te merkelyk differeerden. Dan alsoo daer (by onderstelling dat die de Eylanden van *Schouten* mogten wesen) geen water is, en dat men van desen dag deselve niet souden hebben konnen beseylen, soo oordeelden wy best te wesen onse reyse voort te setten: hadden met Noorder Zon de bevonden Zuyder breete van 15 graden 37 minuten en de gegiste lenkte van 218 graden 18 minuten, de cours was West, de wind Oost, met een slappe bramseyls, ook marseyls koelte en seer uytnemend schoon weder.

7. — Hadden de bevonden Zuyder polus hoogte van 15 graden 36 minuten, en de gegiste lenkte van 216 graden 51 minuten, de cours was West, de wind van het Zuyd-Zuyd-Oosten tot het Oost-Zuyd-Oosten met een gereefde marseyls koelte en geweldige hooge Zee uyt het Zuyden, die regt op bakboords syde aenvallende, een bysonder ongemakkelyk varen veroorsaekte door het sterk slingeren en arbeyden van 't Schip, 't welk continueerde tot den 11 deser inclusive; hebbende gedurende dien tyd de wind tusschen 't Oosten en het Zuyd-Oosten, met een styve gereefde marseyls, ook onderseyls koelte en veel travaden. Voorts

is in alle die dagen niets voorgevallen dat eenige notitie waerdig is, dan dat de aenrolling der Zee uyt het Zuyden ons om de Noord had geset.

12. — Bevonden de Zuyder breete te syn 15 graden 16 minuten, en de gegiste lenkte 205 graden 8 minuten, de cours was West, de wind Oost-Zuyd-Oost en Oost ten Noorden, bramseyls en marseyls koelte: hier heeft de geweldige tigt en aendryving der Zee uyt het Zuyden beginnen te cesseren. Met Noorder Zon hebben wy zeyn gedaen om van cours te veranderen, ingevolge de resolutie van den 3 deser, in breeden rade getrokken en gearresteerd; stellende oversulks onse cours West-Noord-West aan.

13. — Was onse bevonde breete besuyden de middellyn 14 graden 30 minuten, de gegiste lenkte 203 graden 17 minuten, de cours West-Noord-West, de wind van het Oost-Zuyd-Oosten tot het Oost-Noord-Oosten, met een bramseyls en marseyls koelte. In het 7de glas van de dag-wagt wierd land gesien, leggende regt vooruyt in 't West-Noord-Westen omtrent 6 mylen van ons: wy gaven door het doen van een zeyn, aen 't Schip *Thienhoven* de vereyschte kennis daervan, en hetselve op een naderen afstand beschouwende, bevonden, dat het meest rondom met reven en klippen even boven het water omringd was, die naer gissingen een myl Zeewaerts streckten, en hebben te dier oorsake daeraen den naem gegeven van *'t Vuyle Eyland*; begrypende in syne circumferentie niet boven de grootte van eene myl.

Om-

Omtrent een glas na Zons ondergank stak het Schip THIENHOVEN onder den wind, zeyn doende van land te sien: wy, by hem komende, seyde hy dat in het Westen seer hoog land lag, naer gissing 4 à 5 mylen van ons; doch dat hy wegens de duysterheyd desselfs grootte en strekking niet had konnen onderscheyden, waerop wy resolveerden met de marseyls dien nacht over en weder te houden tot den dag, om alsdan aen de lykant van 't Eyland te loopen, ankergrond te soeken, en water (was het mogelyk) te bekomen, mitsgaders groente, boomvrugten en alle andere ververschiñg voor ons volk koopen of verruylen, het welk wy ten hoogsten benoodigd waren, want schoon wy op den derden deser soo veel groente hebben gehad, dat het gansche scheepsvolk ten genoege viermael en de sieken ses mael daervan schaften: soo heeft die verversching wel eenige verkwikking te weeg gebragt, doch geene herstelling aen een eenige; sulks op de Dag-Registers van andere weynig staet te maken is, getuygende, dat door een zak groente, of door 't genot van fruyten, haer volk in korten tyd seer gebeterd of in vorige gesondheyd was; daer nogtans onse ondervinding het contrarie bevestigt: want om eene Zee-scheurbuykige siekte te cureren (welke syne oorspronk trekt uyt verouderde eetwaren en het inademen van soute luchtsdeelen) moet niet alleen versche en goede spyse tot voedsel genuttigd worden, maer daer benevens eene frisse en aengename landlucht, gelyk wy op *Sanct Sebastiaan*, synde onse verversch-plaats, gehad hebben, en het welk door het hospitaal van *Cabo de bona Esperança*

sou-

soude konnen geconfirmeerd worden.

14. — Stuurden wy met het doorbreken van den dag regt op het hooge land aen, leggende ontrent 6 mylen in het Westen van ons; boegende onse cours langsamelyk soodanig, om de Zuydkant ('t welk ly was) te beseylen en aldaer te ankeren: met Noorder Zon was onse bevonde Zuyder breete 14 graden 9 minuten, en de gegiste lenkte 202 graden 20 minuten, de gekoppelde cours West-Noord-West; de wind Oost en Oost Noord-Oost, met schoon weder en eene bramseyls koelte. Ontrent het 6de glas van de namiddagwagt kwamen wy aen de lykant van 't Eyland, by gissinge een halve myl van het strand, wierpen het dieplood, maer hadden geen grond: vervolgens setten de chaloup uyt, van manschap en geweer wel voorsien, om langs de wal te gronden te peylen, en een goede anker-plaats gevonden hebbende, seyn te doen. Ondertusschen kwamen twee à drie canoes, — die geen uytgeholde boomen, maer van planken en inhouten gemaekt en seer ordentlyk de een in de ander gevoegd waren, soo dat wy onderstelden, dat sy eenig gereedschap van Yser, waer naer sy seer begeerig syn, moeten hebben, om van de boomen (welkers getal onnoembaer is, alsoo het gansche Eyland tot boven op de hooge kruynen van 't gebergte vol staet, en soo digt, als het gras op weelige weyden) planken en ander houtwerk tot gebruik te maken, — by ons Schip, die eenige cocosnoten hadden, welke wy ruylden voor 5 à 6 groote verroeste spykers. Van dit Eyland legt nog een ander in het Noord-Westen, met eene tus-

schen

schenruymte van omtrent 2 mylen, 't welk ons toe-scheen twee Eylanden te wesen, om dat in 't midden een steyle nedergaende kloof was tot beneden toe; maer of de Zee daer een doortogt had, konden wy niet sien. De Indianen van dit eerste Eyland syn de *Paaschlanders* in kloekte en robustheyd van ligchaem gelyk: ook in het beschilderen van sich selven, maer soo veel en overtollig niet, dewyl hun verfciersel aenvank neemt van de dyen tot nederwaerts aen de beenen. Voorts hebben wy niet anders gesien tot dekking hunner naektheyd, als een riem om het middellyf, waer aen een menigte van lange en breede bladen of biesen, of van een ander gewas, vastgemaekt is Onse chaloup na verloop van 4 à 5 glasen syne verrigting volbragt hebbende kwam aen boord, brengende de kwade tyding dat nergens anker-grond te vinden was, dan alleen op een distantie eens kabels lenkte van den wal op 5 vadem diepte, met een steyle afloopende grond en vuyl, wegens de scherpe corael-steen. Waerop wy aenstonds afbrasten en seyl maekten, cours stellende West-Zuyd-West, om boven het Westelykste Eyland te loopen, als wanneer wy bevonden dat het twee Eylanden waren, leggende van den anderen afgescheyden de verheyd van een kleyne canonschoot, die beyde insgelyks bewoond syn; alsoo wy by dag rook, en donker synde, vuuren op verscheyde plaetsen hebben gesien: dus voortseylende, sagen nog een kleyn Eylandje, welkers omtrek geen myl bevat; leggende in het Westen, ontrent eene halve myl van het Zuydelykste deser twee afgesonderd: welke twee, yder in hare circumferentie, naer gissing

sing 4 mylen begrypen, wesende van eene seer groote hoogte, en vol geboomte: het eerste Eyland, welkers gronden wy gepeyld hebben, sal in desselfs omloop wel 8 à 9 mylen besluyten. Dese vier Eylanden hebben wy genoemd (om dat die door het Schip THIENHOVEN, by Capitain CORNELIS BOUMAN gevoerd wordende, syn ontdekt) *Boumans Eylanden.* Eindelyk is nog aen te merken, dat de Opperstuurman van het gemelde Schip THIENHOVEN met de chaloup ten selven eynde om te diepen naer den wal of 't strand geroeyd is, en aldaer komende, segt hy, dat de Konink in eene canoe sittende, en by hem hebbende een jong Vrouwspersoon van 18 à 19 jaren, wier hals met een snoer van langwerpige blaauwe corалen vercierd was, aan hem stuurman door teykenen vraegde, of hy soodanige niet hadde? wysende op de gemelde snoer, waerop hy stuurman, door het knikken van het hoofd, ja seyde, doch wees met de hand naer het Schip, dat de coralen daer waren, en hy die aen het land soude brengen. Dat dese nu de Konink was, besloot hy hier uyt, om dat als de Konink by de chaloup kwam, duysend en meer Indianen op het strand waeren, gewapend met assagayen, boog en pylen, soo gaf denselven een wegwysend teyken met de hand dat sy souden vertrekken, 't welk in een oogenblik werd gehoorsaemd, wykende alle boschwaerts in, soo dat niemand van die meenigte op het strand te sien was: de reden die de Konink bewoog om dit te doen, sal apparent dese syn, dat hy bedugt is geweest, dat de Stuurman, siende soo veele gewapende, door vreese soude mogen vertrekken, voor dat hy syn oogmerk be-

bereykt hadde in 't ondersoeken of er coralen te bekomen waren, dan niet? Heden is een soldaet overleden, dewelke de sesde doode is. Om van alle de Eylanden, die wy ontdekt en bevonden hebben bevolkt te syn, een eynde en besluyt te maken; soo resteert alleen het voorstellen van de volgende speculative vraag, welke my toeschynt geplaetst te moeten worden onder die vragen, die het verstand excedeeren, en daerom wel te hooren, doch met stilswygen te beantwoorden syn. De vraeg is dan: of er eene gesonde reden te bedenken is, die eenige waerschynlykheyd soude konnen bevatten, om aen te toonen de wyse, hoe die menschen op de voorgedagte Eylanden gekomen syn? aengesien het *Paasch Eyland* ses à seven honderd mylen en de andere duysend, elf à twaalf honderd mylen van de vaste kusten van *Chili* en *Peru* geëlongeerd leggen: voors dat ook die selve Eylanden van *Nova Guinea* en *Nōva Hollandia* door eene tusschenruymte van meer als duysend, en andere wederom van ses, seven à acht honderd mylen bevonden worden afgesonderd te syn. Wyders, soo moet vastgesteld worden, dat die menschen aldaer, of geschapen of door een ander middel aengeland en gebragt moeten wesen, en die dus door de voortteeling haer geslagt geconserveerd hebben. Wanneer nu nog aengemerkt wordt, hoedanig de scheepvaert was ten tyde als *Jerusalem* bloeyde in volle kracht, onder de regering van Konink SALOMON, en daerna onder de monarchie der Romeynen en andere volkeren aen de Middellandsche Zee gelegen; soo sal men seer onderscheydelyk met alle waarschynlyklykheid konnen oordeelen, dat die selve scheepvaert soodanig onvolmaekt was om volkplantingen beweaten *America* te doen, dat sulks te willen sustineeren, eerder naer spot dan ernst soude gelyken. Voorts, de Scheepvaert van eeuw tot eeuw toenemende en volmaekter in desselfs bouwing, om 't geweld der Zee te wederstaen, wordende; soo syn in die laetere tyden de landen van *America* ontdekt, en vervolgens de Zuyd Zee, die de Westelykste strekking der *Americaansche* kusten van *Chili* en *Peru* bespoelt. De Spanjaarden, die dese landen door de wapenen onder hunne gehoorsaemheyd bragten, hebben met hunne Scheepen de gemelde kusten wel bevaren tot het ontdekken en bemagtigen der rykdommen; doch men vindt niet in eenige Schriften, dat sy volkplantingen van *Chilische* of *Peruaansche* Indianen ergens gestigt en opgeregt hebben; maer ter contrarie, soo melden alle de Dag-Registers van de twee naest gepasseerde eeuwen, dat de gemelde Spanjaarden, wanneer sy door hunne Kruystogten in dese Zee, eenig land ontdekten, daer van geschreven hebben als van nieuwgevonden land, en niet van Colonien, daer de Inwoonders, by een onvermydelyk gevolg, hunne moedertael, 't sy die der *Chileesen*, 't sy der *Peruaanen* souden hebben moeten spreken. Ook is onmogelyk te begrypen de beweegende oorsaek, waerdoor de Volkplanters souden aengemoedigd syn geworden om soodanige bevolking werkelyk uyt te voeren: want het insigt van deselve te stigten is, of, dat men een overvloed van onderdanen heeft, die eene kleyne landstreek bewonen, en welke niet magtig is om het

noo-

noodige tot onderhoud des levens aen haer te suppediteren; als wanneer men dan de naest gelegen landen (met of sonder geweld) in possessie en besit neemt, en dus dat land als een conquest bevolkt; of dat men die opregting werkstellig maakt tot het voortsetten van eenig gehoopt voordeel, om door de scheepvaert koophandel te dryven. Aengesien dan de Spanjaerden of andere volkeren door die motiven niet bewogen konnen syn geweest, om colonien van Indianen te stigten in dese verafgelegen gewesten, die als buyten de kennis van de bekende Werelt syn; soo is seer ligt te besluyten dat de Indianen, die dese nieuw ontdekte Eylanden bewoonen, daer natuurlijk van geslacht tot geslacht geteeld, en nakomelingen van ADAM syn; schoon 't vermogen van het menschelyk verstand onmagtig is te begrypen, door wat middel deselve getransporteerd hebben konnen worden: want van die natuur syn nog veel andere wesentlyke saken, die alleen geloofd moeten worden, sonder dat eenige soogenaemde meetkundige demonstratie hier plaats heeft, wanneer deselve sich opposeert en strydig is tegen het dictamen van de Heilige Schrift.

15. — Sagen die van het Schip *THIENHOVEN*, in het 6de glas van de dagwagt, land van bijsondere hoogte, leggende in het Zuyd-Westen 7 mylen van ons. Hadden des middags de gegiste Zuyder breete (want schoon den hemel en desselfs kimmen suyver waren, soo konden wy echter de hoogte der Zon niet bekomen, omdat de schaduwe van den horison des

 graad-

graadboogs op het land viel, waerdoor belet wierd om deselve met den horison des hemels in een juiste overeenkomst en gelykheyd te brengen) van 13 graden 44 minuten, en de lenkte van 200 graden 55 minuten, de gekeppelde cours was West-Noord-West ½ West, 22 mylen, de wind Oost, Zuyd-Oost en Oost, met een bramseyls koelte. Heden een matroos overleden sijnde, was deselve de sevende doode. In de namiddag-wagt, omtrent het 7de glas, dede het Schip THIENHOVEN, dat vooruyt seylde, nogmaels zeyn van land te sien, in het Zuyd-West ten Westen 7 mylen van ons, leggende van 't voorgaende Eyland gestrekt Zuyd-Oost en Noord-West, met een afstand van 8 mylen: wij doopten het eerste, dat groot en hoog was, het Eyland *Thienhoven*, en het tweede het Eyland *Groeningen*, gelyk de kamers *Amsterdam*, *Zeeland* en *Rotterdam* in de Kaarten van de Zuyd-Zee benaemd gevonden worden. Wij waren alle geporteerd om dese Eylanden aen te doen, als ons versekerende, dat aldaer water, groente en fruyten in overvloed waren: maer alsoo wy nergens ankergrond gevonden hebben, en duchtten het selfde lot aldaer deelachtig te sullen wesen met het verlies van 3 à 4 dagen in het opsoeken van eene baey of goede anker-plaets, en dat men ten hoogsten verpligt is de Zuyd-Ooste passaat-wind wel te gebruiken, om bewesten *Nova Guinea* ons te vinden, en vervolgens naer de *Straat Zunda* te boegen, eer dat de Weste passaat syn aanvang neemt welke komende vóór onse komst aldaer, ons onvermydelyk in het uyterste verderf soude storten, alsoo wy voor den tyd van een half jaer een verblyfplaets souden

den meeten soeken, tot dat de Weste winden kwamen te cesseeren; in welken tyd wy onse levensmiddelen voor een seer groot gedeelte souden consumeeren, en de resterende niet genoeg synde (soo men zot genoeg was om te onderstellen, dat deselve deugdsaem en goed souden blyven, daer wy reeds veel bedorven brood, vermufte gort en vurige erwten hebben) om te repatrieeren, ook nergens konnende revictualiëren; soo is goed gevonden de gemelde Eylanden voorby te loopen en te passeren, om geen tyd te verliesen tot voortsetting van onse reys, die genoeg geretardeerd wordt door de onbezeyldheyd van het Schip *THIENHOVEN;* sulks ik vreese genecessiteerd te sullen worden om in rade prepositie te doen, dat men het Schip *THIENHOVEN* aen het geleyde des hemels behoorde overtegeven, opdat wy, vóór het eyndigen van de Zuyd-Oost passaat, ons Schip en leven van een oogschynlyk verderf mogen salveeren. Ontrent Zons ondergank (alsoo het Schip *THIENHOVEN* heel naby ons was) versogten wy Capitain BOUMAN, door ons spreek-trompet, met syne Opper- en Onderstuurluyden aen boord overtekomen, als wanneer geresolveerd wierd Noord-West ten Westen te stevenen, om reden in de Resolutie breeder geextendeerd, welkers inhoud verbotenus dese is:

» BREEDEN RAAD, gehouden aen 't boord van het Schip *DEN AREND*, ter presentie van Mr. JACOB ROGGEVEEN, President; Capitain JAN KOSTER, voerende het gemelde Schip *DEN AREND;* Capitain CORNELIS BOUMAN, commanmanderende op het Schip THIENHOVEN; Capitain ROELOF ROSENDAAL, het gesag gehad hebbende op het verongelukte Schip DE AFRICAANSCHE GALEY; mitsgaders alle de Opper- en Onderstuurluyden, bescheyden en dienstdoende op beide de bovengenoemde Schepen.

Maandag den 15 *Juny* 1722.

» Den President heeft desen rade voorgedragen, hoe dat bij denselven op den 3 deser beraemd en vastgesteld is, om (onder andere) by de cours van West-Noord-West soo lang te continueeren, tot wij gekomen waren op de Zuyder breete van 3 graden, en aldaer synde, dan verder te beramen wat tot bevordering onser reyse te betrachten soude syn. Maer aengesien Capitain JAN KOSTER bedugt is, dat wy Westelyker als onse gissing aentoont, souden konnen wesen, om dat alle de Eylanden die wij gisteren en heden ontdekt hebben, van eene tamelyke grootte en bysondere hougte syn, hoedanig een veelvuldige meenigte ontrent *Nova Guinea* gevonden worden, van welke de ontdekte en gepasseerde mogelyk de voorboden syn, en in cas van ja, soo souden wy (vervallende in de eene of de andere bogt,) van de voortsetting onser reyse niet alleen gefrustreerd wesen, maer daer en boven ons exponeren aen 't gevaer van alles te verliesen; derhalven proponeert hy President om dese periculen te eviteren, en om het sekere voor het onsekere preferentie te geven, of desen rade niet van oordeel sy, dat men de gehoudene cours een streek Noordelyker boegt, dat is, in plaats van West-Noord-

Noord-West, voortaen te stevenen Noord-West ten Westen, tot vier à drie graden Zuyder polus hoogte, om alsdan verder te raedplegen, wat men bevinden zal in het vervolg te moeten ondernemen. Waerop gedelibereerd synde, is het gepiroponeerde eenstemmig geapprobeerd, met byvoeging, dat de cours van Noord-West ten Westen niet minder vorderlyk voor onse reyse is als de West-Noord-West, schoon de bekommering der nabyheid van *Nova Guinea* niet exteerde. Aldus geresolveerd en geconcludeerd in het Schip en ten dage ut supra.

(Was get.) JACOB ROGGEVEEN.
JAN KOSTER.
CORNELIS BOUMAN.
ROELOF ROSENDAAL.
JACOB VAN GROENEVELT.
CORNELIS VAN AALST.
WILLEM WILLEMSEN ESPELING.
CORNELIS MENS.
STEVEN DE WIT.
FRANS STROKER.

16. — Bevonden ons op de polus hoogte van 12 graden 54 minuten bezuyden den Æquator, en op de gegiste lenkte van 199 graden 29 minuten, de cours was Noord-West ten Westen $\frac{1}{2}$ West, de wind Oost en Noord-Oost ten Oosten, bramseyls koelte en schoon weder, doch in den avond en des nachts een donkere lucht met harde regen.

17. — Was de bevonden breete 12 graden 22 minuten

ten Zuyd, de gegiste lenkte 198 graden 32 minuten, de cours Noord-West ten Westen, de wind Oost-Noord-Oost, Oost-Zuyd-Oost, Zuyd-West en wederom Oost-Zuyd-Oost, bramseyls en labber koelte met travaden, donder, weerligt en regen. Heden hebben wij onsen achtsten dooden, synde een soldaat.

18. — Hadden de bevonde Zuyder polus hoogte van 11 graden 40 minuten, en de gegiste lenkte van 197 graden 31 minuten, de cours was Noord-West, de wind van het Oost-Noord-Oosten tot het Zuyd-Zuyd-Oosten, met een labbere en frisse bramseyls koelte; goed weder hoewel somtyds verseld van eenige kleyne travaden. Van daag een matroos stervende, was de negende doode.

19. — Gisten met Noorder Zon te zyn op de Zuyderbreete van 10 graden 36 minuten, en op de lenkte van 195 graden 53 minuten, de cours was Noord-West ten Westen 29 mylen, de wind Zuyd-Oost en Oost-Zuyd-Oost, met een bramseyls en marsseyls koelte, travadig weder en alsoo in eenige dagen niet noterens waerdig voorgevallen is, werden deselve bysa met stilswygen geomitteerd: doch op den 23 deser hadden wy 9 graden 17 minuten Noord-Ooster miswysing, en op den 24 is een soldaat overleden, die de 10de doode uytmaekt. Den 26sten deden wy het gewoonlyke zeyn om de compassen te leggen op 10 graden, de lelie bewesten de naeld; alsoo by verscheydene avond-peylingen de afwyking boven de 9 graden bevonden was. Den 28. zeyn deende om van cours te

ver-

veranderen, stuurden wy volgens getrokke resolutie West aen, en bevonden by eene avond-peyling dat de Noor-Ooster miswysing was 9 graden 11 minuten, synde de aenrolling der Zee uit den Zuyden seer hoog, welke den 29. en den 30. nog continueerde.

July.

1. — Bevonden des middags te syn op de Zuyder breete van 3 graden 45 minnten, en op de gegiste lenkte van 183 graden 56 minuten, de cours was West, de wind van het Oost-Zuyd-Oosten tot het Zuyd-Zuyd-Oosten, met een labber en gemeene bramseyls koelte. Volgens eene avond-peyling bevond men 11 graden 47 minuten Noord-Ooster afwyking. De hooge tigting der Zee uyt het Zuyden cesseert, en het is geloofiyk dat de nabyheid van de strekking der kusten van *Nova Guinea* en *Nova Hollandia*, die uytwerking beletten.

2. — Was onse gegiste Zuyder breete des middags 3 graden 45 minuten, de lenkte 182 graden 30 minuten, de cours West 22½ myl., de wind Zuyd-Oost met een labbere en bramseyls koelte. In het begin van de namiddag-wagt kregen een harde travaad met donder, bliksem en slagregen, als wanneer de wind uyt het Zuyd-Westen kwam. Op heden is de navolgende Resolutie getrokken:

» RAAD der twee Scheepen, gehouden aen 't boord van 't Schip *DEN AREND*, present Mr. JACOB ROGGEVEEN, President; JAN KOSTER, Capitain op het Schip *DEN AREND*; CORNELIS BOU-

BOUMAN, Capitain op het Schip *THIENHOVEN*; Capitain ROELOF ROSENDAAL, gevoerd hebbende de verongelukte *AFRICAANSCHE GALEY*, en de Opperstuurluyden van beyde de gemelde Scheepen.

Donderdag den 2 *July* 1722.

» Den President heeft goedgevonden aen desen Rade te proponeeren, dat by denselven op den 15. der jongst gepasseerde maend Juny beraemd is Noord-West ten Westen te stevenen tot op de Zuyder latitude van 4 à 3 graden, en aldaer gekomen wesende, alsdan by nadere Resolutie soodanige coursen te beramen, als tot vordering van onse reys bevonden soude werden te behooren: derhalve dan aengesien wy soo verre Noordwaerts heden geavanceerd syn, dat onse Zuyder polus hoogte is binnen de 4 graden: geeft hy President de leden deser vergadering in bedenking en overleg, hoedanig de coursen voortaen gerigt en geobserveerd dienden te worden? Waerop (nadat men de Zeekaerten geconsuleerd had) met unanimiteyt van stemmen verstaen en beraemd is, dat men met de cours van West sal aenvangen en daerby soo lang continueren, tot wy de vaste kust van *Nova Guinea* in het gesigt zullen bekomen hebben, en dan vervolgens langs deselve kust, tot wy die Oostwaerts van ons bevinden; dat is, onse coursen in dier voegen te rigten, dat men tusschen *Nova Guinea* en het Eyland *Gilolo* sal trachten door te loopen, dan (naar dat de wind ons noodsaekt) bezuyden of benoorden het Eyland *Ceram*; vervolgens naer het Eyland *Bouton* om aldaer te ver-

ververschen, water en brandhout te halen. Aldus geresolveerd en gearresteerd in 't Schip en ten dage ut supra.

(Was get.) JACOB ROGGEVEEN.
JAN KOSTER.
CORNELIS BOUMAN.
ROELOF ROSENDAAL.
JACOB VAN GROENEVELT.
CORNELIS VAN AALST.
WILLEM WILLEMSEN ESPELING.

3. — Gisten onse Zuyder polus hoogte met Noorder Zon te syn 3 graden 45 minuten, en de lenkte 181 graden 34 minuten: de cours West 14 mylen, de wind seer variabel, als Zuyden, Zuyd-West, Zuyd-Oost en Oost-Zuyd-Oost, met styve en slappe koeltens, verseld van donder, bliksem, weerligt en regen. Dus voortseylende tot den 13 deser incluys, is sonderlings niets voorgevallen, dan wy somtyds donder en veel regen hadden, met een donkere hemel en uytschot des winds van het Zuyd-Westen, ook stilte en labbere koeltjes. Op den 8. is een soldaat overleden, die de elfde afgestorven is: en den 9. nog een soldaat, synde de twaalfde doode; sagen dien dag veel vogelen, en ledige doppen van cocosnoten dryven. Den 10. hadden wy volgens een avond-peyling 11 graden 37 minuten Noord-Ooster miswysing. Op den 11. hebben wy drie dooden gehad, namentlyk, twee soldaten en onse bottelier, makende te samen het getal van vyftien. Den 13. is nog een soldaat gestorven, die de 16. doode is, en bevonden ons des middags op de Zuyder breete van 2 graden 6 minuten,

 en

en op de gegiste lenkte van 170 graden 29 minuten, de cours was West-Noord-West; de wind Zuyden en Zuyd-West ten Westen met een gereefde marsseyls koelte. Wy verlangen uytnemende om land tot verversching te sien, want onse manschap is soodanig met de scheurbuyk bevangen, dat wy naauwelyks in staet syn het Schip te regeren.

14. — Hadden de gegiste Zuyder breete van 1 graad 31 minuten, en de lenkte van 169 graden 37 minuten, de gekoppelde cours Noord-West ten Westen; 15 mylen, de wind tusschen het Zuyden en het West ten Noorden met ongestadige koeltens.

15. — Stierf een matroos, die de 17. doode was: en gisten met Noorder Zon op de breete van 2 graden 6 minuten Zuyd te wesen, en op de lenkte van 169 graden 44 minuten, de gekoppelde cours Zuyden ten Oosten 9 mylen, de wind was Zuyd-West en West, van een marsseyls koelte tot stilte, de lucht travadig, ook helder en klaer: en volgens eene avond-peyling hadden wy 9 graden 52 minuten Noord-Ooster miswysing.

16. — Bevonden de Zuyder breete te syn 2 graden 4 minuten, de gegiste lenkte 168 graden 36 minuten, de cours was West, de wind van het Oost-Noord-Oosten tot het Oost-Zuyd-Oosten, met stilte en een bramseyls koelte: goed weder. Peylden de Zon in het ondergaen en bevonden daardoor dat onse afwyking 10 graden 39 minuten Noord-Oostering was.

17. —

17. — Hadden de gegiste breete bezuyden de middellyn 2 graden 4 minuten, de lenkte 167 graden 10 minuten, de cours West 24 mylen, de wind van het Oost-Zuyd-Oosten tot het Oost-Noord-Oosten, met een bramseyls ook marsseyls koelte en eene travadige lucht. Van daag een soldaat ons afgestorven synde, is de 18de doode. Met Zons ondergank deden zeyn van land te sien, leggende in het West-Zuyd-Westen van ons; doch konden desselfs distantie niet bepalen door de donkere en dikke nevelen die het land dekten.

18. — Met het doorbreken van den dag kregen land in het gesigt, leggende Zuyd-Oost, omtrent 6 mylen van ons, het geene men naderhand bevond twee à drie (synde het derde kleyn) Eylanden van tamelyke groote te wesen, en niet verre afgescheyden van de vaste kust van *Nova Guinea*, welkers strekking West-Noord-West en Noord-West ten Westen is, dat wy onderscheydenlyk konnen beoogen. Het Schip THIENHOVEN, dat vooruyt was, soude deselve niet hebben konnen beseylen, omdat de stroom hier sterk Westwaerts syn loop heeft, indien wy ondernomen hadden onse steven daerna toe te rigten; soo dat men resolveerde meerder seyl te maken, ten einde denselven op te loopen en kennis te geven, om op het sien van 't eerste land onder de wind te steken en ons in te wagten: des middags was de gegiste Zuyder breete 2 graden 4 minuten, de lenkte 165 graden 50 minuten, de cours West 20 mylen, de wind Oost-Zuyd-Oost en Zuyd-Oost, marsseyls en bramseyls koelte met eene travadige lucht. Heden is een soldaat overle-

leden, alsmede de gewese onderstuurman van de verongelukte *AFRICAANSCHE GALEY*, genaemd JAN BOS, soodat ons getal der dooden twintig is.

(Onderstond) Accordeert.

(Geteekend) J. W. DUBBELDEKOP.
Secretaris.

Hier, en dus met den 18den Julij 1722, eindigt het, te Batavia nog in dat zelfde jaar vervaardigd afschrift van het Reis-Journaal van ROGGEVEEN. Men ontwaart uit hetzelve, op welk eene schrikbarende wijze de ziekte en sterfte op de Schepen, in de laatste dagen toegenomen was. Misschien is ROGGEVEEN zelf door eene zware ziekte verhinderd geworden zijn Journaal verder bijtehouden.

Volgens de *Tweejarige Reize* kwamen de beide Schepen eerst op den 9den September, en dus bijna acht weken later, te *Japara* op *Java* aan. Men kan nagaan tot welk eene hoogte de ellende in dien tijd moet geklommen zijn! Te *Japara* hebben zij zich, volgens hetzelfde verhaal, eenigen tijd ververscht en zijn toen naar *Batavia* gestevend, alwaar zij den 3den October aankwamen, doch de grievende teleurstelling ondervonden, om, in plaats van hulp van hunne Landgenooten te erlangen, als overtreders van het Octrooi der Oost-Indische Compagnie, te worden aangegeslagen. De Schepen en ladingen werden verbeurd verklaard, en de Equipage werd den 3den December 1722 op de Retourvloot ingescheept, met welke zij op den 8sten Julij 1723 in eenen berooiden staat te *Texel* binnenliep. (*)

Met deze opgave stemt het verhaal van *Behrens* hoofdzakelijk overeen, behalve dat volgens hem de Retourvloot eerst den 11den Julij te *Texel* aanlandde. (†)

De opgave der *Tweejarige Reize* wordt bevestigd door de oorspronkelijke stukken, welke bij het MSS. Journaal van ROGGEVEEN gevoegd zijn. Uit deze toch blijkt, dat de Gouverneur-Generaal ZWAARDEKROON, op den 4den October 1722, ingevolge het geresolveerde in Rade van 22 September bevorens, de order tot het in beslag nemen der beide Schepen heeft uitgevaardigd: ook blijkt uit een ander stuk, dat op den 12den Julij 1723, de Advocaat der West-Indische Compagnie Mr. *Jean de la Bassecour*, zich, namens zijne Meesters, in de Vergadering der XVII te *Amsterdam*, over die aanhouding beklaagd heeft. Een blijk dat de Retourvloot wel niet later dan den 8sten Julij te *Texel* zal binnengevallen zijn. Men vergelijke hetgeen hiervoren breeder in het Levensberigt van Mr. JACOB ROGGEVEEN gezegd is.

(*) *Tweejarige Reize*, bl. 84, 88, 140 en 147 der uitgaven in 4to.

(†) *Hist de l'Exped.* *T.* II. p. 29, 41 suiv. 225 en 254.

BIJVOEGSELEN.

I.

TOGT DER SCHEPEN UIT DEN ATLANTISCHEN OCEAAN IN DE ZUIDZEE.

De Schrijver van de *Tweejarige Reize* moet mede behoord hebben tot de equipage van het Schip *den Arend*, want hij zegt (*a*) dat zij aan het Eiland *Juan Fernandez* het Schip *Tienhoven* wedervonden, het welk den 17 December 1721 van de twee andere Schepen was afgedwaald. Dit Eiland was bij Resolutie van den Scheeps-raad van den 1 Augustus 1721 tot verzamelplaats bepaald, ingeval men van elkanderen mogt afdwalen.

Hij laat (*b*) den 19 Januarij 1722 de Schepen *den Arend* en *de Africaansche Galey* de Straat van *Magellaan* inzeilen en (*c*) twaalf dagen met dien doortogt doorbrengen, er bijvoegende, „ dat de Schepelingen aldaar eene bittere en onlijdelijke koude uitstonden, zoo dat men zich naauwelijks tegen het bevriezen konde hoeden, hoewel het in 't hartje van den Zomer was." — Vervolgens, in de Zuidzee gekomen, de reis naar het Eiland *La Mocha* en verder naar dat van *Juan Fernandez* voortzetten.

Dit

(*a*) Blads. 57. Uitgave van 1768.

(*b*) Blads. 16.

(*c*) Blads. 27.

Dit verhaal is geheel onwaar, en wordt door het Dagregister van Mr. J. ROGGEVEEN gelogenstraft, waar in niets van den togt door de Straat van *Magellaan* voorkomt. Den 19 Januarij 1722 (als wanneer de Schepen *de Arend* en *de Africaansche Galey* volgens het verhaal de Straat inzeilden) had ROGGEVEEN reeds 5 graden grootere Zuiderbreedte dan die van den mond der Straat aan de Oostkust van Zuid-America.

BEHRENS zegt, dat ROGGEVEEN door de Straat van *Le Maire* den weg zuidwaarts heeft genomen, en met buitengewonen spoed die engte is doorgezeild (*d*). Uit 's Commandeurs Dagregister blijkt ook hier van het tegendeel.

Den 1 Januarij 1722 zag ROGGEVEEN zich onverwacht bij een land, dat wel zestig mijlen verder van de kust was dan hij meende te zijn: hij kon dit aan geene andere oorzaak dan aan de werking der stroomen toekennen. Het bleek vervolgens dat hij hier was bij de *Falklands* Eilanden, die hij gaarne *Belgia australis* had genoemd. Hij trachtte toen het *Staten land* te bezeilen, en men meende het den 5. gezien te hebben: doch van de straat van *Le Maire* wordt geen het minste gewag gemaakt: trouwens, in den Scheepsraad van den 2. December 1721 was besloten, dat men het *Staten land*, benevens *Caap Hoorn*, *beoosten om* passeren zou, gelijk dan ook zekerlijk heeft plaats gehad.

Men heeft dus in de Kaart den weg van ROGGEVEEN ten oosten van het *Staten land* aangewezen.

Wat

(*d*) *Histoire de l'Expedition*, T. I. pag. 78, 79, 80.

Wat betreft de reis van Captein BOUMAN met het Schip *Tienhoven*, na dat hij van de twee andere Schepen was afgeraakt, daaromtrent zegt BEHRENS, dat hij, onder veel moeite en gevaar, door de Straat van Magellaan is gezeild. (*e*)

De Schrijver der *Tweejarige Reize* laat, blijkens zijne kaart, ook het Schip *Tienhoven* den weg nemen door de Straat van *Magellaan*, en zich vervolgens, te *Juan Fernandez*, door de schepelingen verhalen, dat zij waren voortgezeild tot op 64 gr. 58 min. zuider breedte, tot hoever nog geen Europeër was geweest.

Het is reeds gebleken hoe weinig staat op de verhalen der twee Schrijvers te maken is, daar zij, hoe zeer op een en hetzelfde Schip *den Arend* de reis mede doende, elkander, ten aanzien van den gehouden weg, tegen- en geen van beide waarheid spreken. Het zou dus bedenkelijk kunnen voorkomen, of men aan den zóó ver zuidwaartschen togt van het Schip *Tienhoven* geloof moet hechten? Aan de andere zijde is ook de *mogelijkheid* niet te ontkennen, dat Capt. BOUMAN uit de Straat van *Magellaan* in de Zuidzee gekomen, door nadeelige winden en stormen zoo ver zuidwaarts kan gevoerd zijn: doch dan zoude het weder kunnen bevreemden dat men daarvan niets vindt in het dagregister des Commandeurs, waar alleenlijk de vrij minder belangrijke omstandigheid vermeld wordt, dat Capt. BOUMAN 20 mijlen ten westen van het Eiland *Juan Fernandez* was geweest, en het schijnt dan almede iets zonderlings, dat Capt. BOUMAN, bijna te ge-

(*e*) Ald. pag. 94.

gelijker tijd met den Commandeur, aan dit Eiland kwam. Deze had zich vier dagen aan het Eiland *La Mocha* opgehouden, anders was hij BOUMAN slechts drie dagen voorgeweest. Deze aanmerking heeft haren grond ook daar in, dat het Schip *Tienhoven* een zoo bij uitnemendheid slechte en achterblijvende zeiler was, dat de Commandeur tweemalen in overweging nam, om het volk er af te nemen, en het Schip aan zichzelven over te laten, op dat het de reis niet zoo zeer vertragen zou.

Hoe het zij, en welken weg het Schip *Tienhoven*, na deszelfs afdwaling, moge gehouden hebben, zulks is slechts eene bijkomende omstandigheid geweest, die op de reis geen den minsten invloed had: men heeft daarom ook deze zoo onzekere route niet op de kaart gebragt. Het Journaal van Capt. BOUMAN zoude volkomene inlichting geven kunnen, doch het is, destijds, niet aan *Zeeland*, maar naar *Amsterdam* gezonden.

II.

BREEDTE EN LENGTE VAN HET PAASCH-EILAND.

Na ROGGEVEEN is dit Eiland door latere Reizigers gezocht en aangedaan. DE BOUGAINVILLE bevond zich den 14. Februarij 1768 juist op den parallel van het Eiland, doch zag het niet; zijne gegiste lengte was 7 gr. te oostelijk (*a*), en eer hij het in 't gezicht kon krijgen, schijnt hij den steven Noord-Westelijk te hebben gewend, en alzoo het Eiland te zijn voorbij gevaren. COOK was er in 1774 (*b*). DE LA PEROUSE in April 1786 (*c*). VON KOTZEBUE in Maart 1816 (*d*). Hij maakt ook melding van eenen *Noord-Amerikaan*, die in 1806 er den afschuwelijken menschenroof gepleegd had, ten gevolge waarvan Reizigers, die het naderhand bezochten, door de Eilanders wierden afgewezen; ook van eenen ADAMS en van eenen Captein WINDSHIP, die er in 1806 en 1809 geweest waren. Later heeft de Engelsche Captein BEECHEY, op eene reis door de Zuidzee, in de jaren 1825—1827, ook dit Eiland bezocht (*e*).

COOK bepaalde de Zuiderbreedte op 27 gr. 5 m. 30 s. en de lengte 109 gr. 46 m. 20 s. West van *Greenwich*. DE LA PEROUSE, volgens zijne Kaart, op 27 gr. Zuiderbreedte

en

(*a*) Reis rondom de Waereld, Dordt, 1772. bladz. 167.

(*b*) Reisen V. D. bladz. 198.

(*c*) Reise I. D. bladz. 85.

(*d*) Ontdekkings reis in de Zuidzee en naar de Berings Straat, I. D. bladz. 282.

(*e*) Connoissance des tems, 1836. Addit. pag. 152.

en 111 gr. West van *Parijs*. BEECHEY, op 27 gr 6 m. 28 s. Zuiderbreedte en 111 gr. 32 m. 42 s. lengte West van *Parijs* (*f*).

Als men de door COOK en BEECHEY bepaalde lengten herleidt tot- en Oost van de *Piek van Teneriffe*, dan vindt men voor de eerste 266 gr. 52 m. 15 s., en voor de laatste 267 gr. 26 m. 17 s., dus met een verschil van 34 minuten, hetwelk, behalve door mogelijke kleine feilen in waarneming en berekening, gedeeltelijk daar uit ontstaat, dat de *Noordwestelijke* punt van het Eiland, welker lengte eigenlijk door BEECHEY bepaald is, Oostelijker ligt, dan de baai waar COOK zich bevond. Men zie de afbeelding van het Eiland in het V. Deel van COOKS reizen.

Dat nu ROGGEVEEN met zijne Schepen ook nabij de Noordwestelijke punt van het Eiland geankerd lag, blijkt daar uit, dat op den 11 April 1722, met een Noord-Noord-Westen en Noord-Westen wind twee der Schepen van hunne ankers wierden geslagen en groot gevaar liepen van op lager wal te stranden. Hier bepaalde hij de breedte op 27 gr. 4 m., dus slechts 2 m. 28 s. kleiner dan de boven opgegevene van BEECHEY. De gegiste lengte geeft hij 265 gr. 42 m., dus maar 1 gr. 44 m. te Westelijk. In de daad eene naauwkeurigheid waar over men zich verwonderen moet, in aanmerking nemende met welke werktuigen men zich te dier tijd, zoo veel het bepalen der breedte betreft, behielp, te weten: een *Graadstok* of een *Graadboog*, waar van men de beschrijving in oudere leerboe-

(*f*) Ald. pag. 358.

boeken vinden kan, en welke, zelfs in de geoefendste handen, geene zoo groote naauwkeurigheid konden geven, als men thans heeft, door de sedert uitgevondene en tot eenen zoo hoogen trap van volkomenheid gebragte Spiegel-Octanten en Sextanten.

Ten aanzien van het *regtstreeks* bepalen der lengte op zee, ('t geen destijds nog een op te lossen vraagstuk was) had men geene hulpmiddelen als thans, geene kostbare *Chronometers*, geene *Zeemans Almanakken*, om door de schijnbare afstanden der Maan van de Zon en van sommige Sterren het voorstel op te lossen, gelijk nu met eene bewonderenswaardige juistheid kan geschieden. Ook geeft het Dagregister des Commandeurs slechts de *gegiste* lengten, waar door men zal moeten verstaan die, welke men bekwam door de berekening der koppel-koersen en verheden; welker meer of mindere naauwkeurigheid wederom afhing, zoo van de mindere of meerdere Oostelijke of Westelijke afleiding door de stroomen, als van het gedurig verschuiven der Kompas-naalden, naar mate der waarneming van de plaatselijke miswijzingen. Men behielp zich ook wel, zonder rekenen, met eenvoudige afpassing op de kaarten. Kwam men aan een of ander punt op het vaste Land, of aan een Eiland, welks ligging op eene kaart gevonden werd, zoo moest men het bestek verbeteren en op nieuw van een zoodanig punt uitgaan: eene fout dus van slechts 1 gr. 44 m. in de lengte is hier wel als zeer onbeduidend, en zelfs een misslag van drie en vier graden als zeer verschoonlijk aan te merken.

Men ziet hieruit welk eenen grief het ellendige Reisverhaal

haal van BEHRENS aan de eer van ROGGEVEEN heeft toegebragt: zoo zelfs dat wijlen de geachte en verdienstelijke Hoogleeraar MOLL, door dit Verhaal misleid, onzen Commandeur eenen misslag van een' graad in de breedte en eene geweldige vergissing in de lengte van het *Paasch-Eiland* heeft toegekend; en er de op zich zelf zeer ware, maar op ROGGEVEEN niet toepasselijke aanmerking bijvoegt, „dat in 1722 een Zeeman die op naauwkeurigheid aanspraak wilde maken, geene fout van een graad in de breedte mogt begaan." (*g*)

Het is zoo, BEHRENS geeft de Zuiderbreedte 28 gr. 30 m. en de lengte 239 gr. Oost van de Piek van Teneriffe (*h*): en wanneer men dit vergelijkt met de hiervoren medegedeelde opgaven van COOK, DE LA PEROUSE en BEECHEY, dan zoude zeker ROGGEVEEN een' misslag van 1 gr. 22 m. in de breedte en van niet minder dan 27 graden in de lengte hebben begaan. — Doch men heeft te veel gezag toegekend aan de opgaven van BEHRENS, die tot zoo veelvuldige verkeerde gevolgtrekkingen aanleiding hebben gegeven. Eene oplettende beschouwing van eenige zijner gegevene lengten had kunnen doen zien, dat hij in dit opzigt het spoor geheel bijster was. Ten bewijze hiervan diene het volgende:

Hij geeft de lengte van het *Paasch-Eiland* 239 gr.; van het *Honden-Eiland* 280 gr.; (*i*) van het *Verkwikking-Eiland* 258

(*g*) Verhandeling over eenige vroegere Zeetogten der Nederlanders, bl. 166.

(*h*) Hist. de l'Exped. T. I. pag. 120 en 121.

(*i*) Ibid. pag. 145.

258 gr. (*k*) en van de *Boumans-Eilanden* 290 gr. (*l*).

Nu ging de togt bestendig westwaarts: zoo moest de lengte gedurig minder worden; echter heeft men van het *Paasch-Eiland* tot het *Honden-Eiland* eene *vermeerdering* van 41 graden; van het *Honden-Eiland* tot het *Verkwikkings-Eiland* eene *vermindering* van 22 graden, en van '*t Verkwikkings-Eiland* tot de *Boumans-Eilanden* weder eene *vermeerdering* van 32 graden.

In de *Tweejarige Reize* worden veel naauwkeuriger de breedte 27 gr. en de lengte 268 gr. aangegeven. Te regt heeft dan de Heer Luitenant VERVEER, in zijne Verhandeling over den togt van JACOB ROGGEVEEN (*m*) aangemerkt, dat men alle reden had om af te zien van de gehechtheid aan het Verhaal van BEHRENS, als het zich bepaalt tot de lengte en breedte der ontdekte Eilanden, welke toch geene andere strekking kan hebben dan den naam te bezwalken van een der grootste Nederlandsche Zeereizigers, die boven den geest des tijds verheven, zijnen togt geheel aan de uitbreiding der Wetenschappen toewijdde, en dat men, met geenen grond eenige naauwkeurigheid kan verwachten in de Zeevaartkundige aanteekeningen door eenen Sergeant der Zee-soldaten te boek gesteld.

III.

(*k*) Hist. de l'Exped. T. I. pag. 162.

(*l*) Ibid. pag. 204.

(*m*) Tijdschrift toegewijd aan het Zeewezen, 2de Deel, No. 1, bladz. 10.

III.

GEVECHT IN DE NOORDZEE.

Er is in de voorgaande aanteekeningen gelegenheid geweest om de geloofwaardigheid van Behrens in sommige opzigten te beoordeelen. Het volgende zal daar toe mede kunnen dienen.

Verhaal van Mr. J. Roggeveen.

„Den 2 September 1721 omtrent den middag kregen wy een klein scheepken in 't gesigt, dat voor ons over lyde, vertoonende eene Engelsche vlag, 't welk van ons insgelijks gedaan is, om niet erkend te syn wat Scheepen wy waren: na verloop van een glas sagen nog vyf zeylen aen stuurboord vooruyt, als wanneer het ons toescheen, dat het gepasseerde Scheepken onder de wind stak, 't welk na weynig tijdsverloop wel contrarie bevonden wierd, doch echter de oorzaek was, dat wij alles slagvaerdig maekten, om ons nae behooren te verdedigen: voorts zeyn aen ons geselschap doende opdat een ygelyk sig soude rangeren. Dus leggende soo klaerden de kimmen des Hemels helder op, die nevelachtig waren geweest . . . . . Ondertusschen de vijf Scheepen nader gekomen zijnde, bevonden dat het vier Tartanen (*a*) en een klein Fregat waren, waerop wy afbrasten, cours stellende West-Zuyd-West."

Verhaal van Behrens. (*b*)

„Eindelijk kwamen wij op de hoogte van 28 graden, waar

(*a*) *Tartanen* zijn eene soort van opene schepen, op de Middellandsche Zee in gebruik, tot vervoer van goederen, meest langs de kusten van Italie.

(*b*) Hist. de l'Exped. des trois vaiss. T. I. pag. 16. et suiv.

TARTAAN.

waar wij meenden niet heel ver te zijn van de *Canarische Eilanden*, doch eer wij land konden zien, riep de uitkijk van den grooten mast, dat hij een Schip zag, het welk naar ons toehield, en voerende even als wij eene Engelsche vlag: zoo dra het Schip zoo nabij was, dat wij het konden zien, bespeurden wij dat het zijne vlag inhaalde en zich van ons verwijderde: doch een uur later kwam het te rug, hebbende vier andere Schepen bij zich, en heesch nu eene witte vlag, dan eene roode, en vervolgens eene van eene andere kleur: dit deed ons denken dat het wel zeeroovers konden zijn. Wij stelden ons dus in staat om, zoo zij ons aanvielen, hen wel te ontvangen. Wij hadden ook het geluk van den wind van hen te winnen, 't geen bij een Zeegevecht een aanmerkelijk voordeel is. De Roevers onze toebereidselen ziende en dat wij voornemens waren ons wel te verdedigen, heeschen eene zwarte vlag, waar in geschilderd waren een zandlooper, een doodshoofd en daar onder twee doodsbeenderen over kruis. Zij plaatsten zich ook in slagorde. Zoo dra wij binnen bereik kwamen, boden wij hun het stuurboord des Admiraals. Onze twee andere Schepen wierden door onze vijanden op dezelfde wijze aangevallen: doch zonder groot verlies. Na dat nu het gevecht omtrent twee uren geduurd had, namen de Roovers met overhaasting de vlugt. Men vervolgde hen niet, om dat de Admiraal tot hen, die het wilden doen, zeide: *laat de Schelmen loopen.* . . . . Wij waren intusschen wel blijde ons van deze Roovers ontslagen te zien. In het Admiraalschip hadden wij vier dooden, waaronder een quartier-meester en negen gekwetsten: het aantal dooden en gekwetsten op elk der overige Schepen was nagenoeg het zelfde."

In

In dit gevecht had dus het Schip *de Arend* op den 2 September 1721 reeds *vier* dooden: doch volgens het Dag-register des Commandeurs eerst op den 8 October 1721, den *eersten* dooden, zijnde een matroos.

Hoe zeer de Schrijver in zijne voorrede verzekerde, dat hij alles wat hij opgeeft had gezien, en zich vleide dat men hem wel zou gelooven ten aanzien van daadzaken, die hij altijd in staat was te bewijzen; zoo is dit gevecht niet te min blijkbaar een louter verdichtsel, waarvan ook in de *Tweejarige Reis* geen woord gevonden wordt.

Sprekende van de verbazende diepte der Spaansche Zee, zegt hij: „ dat men meermalen in dezelve peilingen heeft „ gedaan met dieplooden, welker lijnen verscheidene MIL- „ LIOENEN vademen lang waren, zonder ooit grond te „ hebben kunnen vinden." (*e*)

Zoodanig een dieplood zou al tamelijk nabij het middelpunt der aarde reiken; doch hoe zwaar het gewigt, hoe dik het touw of de lijn, zouden moeten zijn; hoe veel tijd men zoude behoeven om het te doen zinken, en hoe veel tijd en kracht om het weder op te halen, daar over schijnt hij zich niet bekommerd te hebben.

IV.

(*e*) H. a. w. T. I. pag. 14.

IV.

DE KAART.

De Kaart vertoont de route der Schepen, zoo als die uit het Dagregister van Mr. J. ROGGEVEEN was op te maken: echter zonder al die menigvuldige veranderingen van coursen, welke in het zelve voorkomen. De hoofdpunten zijn zoo naauwkeurig mogelijk aangewezen.

Men heeft geoordeeld de door hem ontdekte Eilanden te moeten plaatsen met zoodanige namen, als *hij* aan dezelve heeft gegeven, en ook geene andere, dan van welke de eerste ontdekking door hem niet te betwijfelen valt; men vindt er dus geen *Doolhof-*, *Karelshof-* en *Zuster-*Eilanden, door BEHRENS aldus genoemd: een Sergeant der Zee-Soldaten had daar toe geene bevoegdheid. Onze ROGGEVEEN heeft hier alleen gezag.

Hoezeer door latere Reizigers de breedten en vooral de *lengten* van sommige door ROGGEVEEN ontdekte Eilanden met meer naauwkeurigheid zijn bepaald geworden, heeft men echter gemeend hem ook in dit opzigt te moeten geven zoo als hij is. Men vindt in 's Commandeurs Dagregister geene andere dan *middag*-breedten en lengten. Bij de opgaven van Land-ontdekkingen heeft men eerst de plaats van het Schip bepaald voor het oogenblik dat het Land werd gezien, en het zelve, zoo goed mogelijk op de Kaart gebragt in de waargenomene rigtstreek op den gegisten afstand. Ter bepaling der plaats van het Schip heeft men natuurlijk de verandering in lengte en breedte gedurende een etmaal als gelijkmatig vooronderstelđ.

Daar

Daar in zoo kleine ruimten als de graden op de Kaart beslaan, de betrekkelijke ligging der ontdekte Eilanden niet met genoegzame juistheid konde worden aangewezen, is dezelve beneden aan de Kaart op eene grootere schaal voorgesteld, evenwel niet ten aanzien van der Eilanden grootte en gedaante, als welke door ROGGEVEEN doorgaans niet zijn opgenomen; uitgezonderd echter die van het *Paasch-Eiland*, van het welk hij eene Kaart vervaardigd heeft, doch welke mede aan *Amsterdam* gezonden is.

Overigens zijn, op verlangen van den ontwerper der Kaart, de breedten en lengten der door ROGGEVEEN ontdekte Eilanden, zoo als zij in de Kaart zijn voorgesteld, nog, zekerheids halve, vergeleken en nagerekend door den Heer Luitenant ter Zee J. P. L. GROENEVELD.

Het Dagregister van Mr. J. ROGGEVEEN eindigt met den 18 Julij 1722: en eerst den 9 September zijn, gelijk reeds bladz. 204 is gezegd, de Schepen te *Japara* op *Java* aangekomen. Er is dus een oningevuld vak van 53 dagen, waar men de breedten en lengten mist. Men heeft den verderen weg naar *Batavia* op de Kaart gebragt volgens de routes, welke in de Scheeps-raden van den 15 Junij en den 2 Julij 1722 waren bepaald geworden.

De lengten in de Kaart zijn *Oost* van de *Piek van Teneriffe*. Om ze te herleiden tot den Meridiaan van het Eiland *Ferro* heeft men 'er slechts 1 gr. 30 m. bij te tellen; indien tot de middaglijn van *Greenwich*, 16 gr. 39 m. af te trekken, en voor die van *Parijs* 18 gr. 59 m.

Het lijdt geenen twijfel dat, behalve het *Paasch-Eiland* ook

ook eenige der overige door den Commandeur ROGGEVEEN ontdekte Eilanden later zijn wedergevonden: hoe zeer zij onder andere, door de Eilanders aan dezelve gegeven, namen in de Kaarten zijn gebragt. De Heer Luitenant VERVEER heeft te regt aangemerkt (*a*) dat de drie Eilanden *Opoun*, *Fanfoué* en *Lioné* de BOUMANS Eilanden, en *Ojolawa* en *Polo* geene andere dan de groote Eilanden *Tienhoven* en *Groningen* zijn. (*b*) Derzelver betrekkelijke ligging uit het Dagregister van ROGGEVEEN opgemaakt, vergeleken met de Kaart achter het tweede Deel der reeds aangehaalde *Nieuwe Ontdekkings-Reizen* van den Ridder VON KOTZEBUE, bewijst zulks ontegenzeggelijk.

Neemt men voorts in aanmerking, dat de door ROGGEVEEN bepaalde lengten der door hem, tusschen de 13 gr. en 16 gr. Zuider breedte, ontdekte Eilanden van 4 gr. tot 5 gr. te westelijk zijn; dan zou men de twee Eilanden, welke COOK ontdekte, (*c*) het een op 14 gr. 27 m. 30 s. Zuider breedte, en 144 gr. 56 m. lengte West van *Greenwich*, en het ander op 14 gr. 37 m. Zuider breedte en 145 gr. 10 m. lengte, voor de *Twee Gebroeders* van ROGGEVEEN kunnen houden. Het een wordt door de Inboorlingen *Theokea* genoemd: beide waren in 1764 door BYRON bezocht en *Georges-Eilanden* genoemd.

Zoo schijnt ook het Eiland op 15 gr. 26 m. Zuiderbreed-

 te

(*a*) Tijdschrift toegewijd aan het Zeewezen, 2. D. No. 1, bl. 14.

(*b*) *De la Perouse* bevond zich in December 1787 bij de Eilanden *Tienhoven* en *Groningen*, doch landde er niet.

(*c*) Reizen rondom de Waereld, VI. D. bladz. 14 en 15.

tegen 146 gr. 20 m. Westerlengte van *Greenwich* (*d*) het zelfde te kunnen zijn met *de Avondstand* van ROGGEVEEN. COOK zoude dan het *Schadelijk Eiland* in den nacht kunnen zijn voorbij gezeild.

V.

(*d*) Ald. bladz. 17.

V.

LATERE REIZEN DOOR NEDERLANDERS ROND DEN AARDBOL.

In deze eeuw zijn drie onderscheidene Reizen uit het Vaderland om Kaap *Hoorn* rond den Aardbol door NEDERLANDERS volbragt, en derzelver Verhalen wereldkundig gemaakt.

I. Reize om Kaap *Hoorn*, langs de Westkust van *Zuid-America*, door de stille Zuidzee naar de *Philippijnsche Eilanden* enz., gedaan in de jaren 1823 en 1824, door Z. M. Corvet *Lynx*, onder bevel van J. P. M. WILLINCK, in leven Kapitein ter Zee, Ridder der M. W. O. *Breda* 1835. 8vo.

Op deze Reis zijn geene van ROGGEVEENS Eilanden bezocht, doch twee nieuwe ontdekt, het eene den 1 Mei 1824, op 10 gr. 5 m. Zuiderbreedte en 152 gr. 22 m. Westerlengte van *Greenwich*: het werd *Eendragts-oord* genoemd; het andere op 10 gr. 9 m. Zuiderbreedte en 161 gr. 11 m. 30 s. Westerlengte: men noemde het *Princesse Marianne*. (Bladz. 79-80). Den 7 Mei rekende men zich 3 mijlen Oost van het Eiland *Groningen* te zijn, doch vond het niet; 't geen niet moet verwonderen, want men was hier op omtrent 10 gr. Zuiderbreedte, en volgens de bepaling van ROGGEVEEN ligt het Eiland *Groningen* op omtrent 14 gr., dus 4 gr. zuidelijker.

II. Aanteekeningen, gehouden op eene Reis rondom de Wereld, met het Fregat de *Maria Reygersberg* en de Corvet *de Pollux*, in de jaren 1824, 1825 en 1826, door

door P. TROOST, G. Z., eersten Luitenant bij de Marine. *Rotterdam* 1829 en *Amsterdam* 1835, 8vo.

Deze reis is volbragt onder het bevel van den Kapitein ter Zee F. COERTZEN, kommanderende de *Maria Reygersberg*, en van den Kapitein Luitenant C. ENO, kommanderende de *Pollux*. Gedurende dezelve zijn geene der ROGGEVEEN's Eilanden gezien; doch op den 14 Junij 1825 is ook een nieuw Eiland ontdekt, en door de ontdekkers het *Nederlandsch Eiland* genoemd, liggende op de Zuiderbreedte van 7 gr. 9 m. en 177 gr. 28 m. Oosterlengte van *Greenwich* (Bladz. 265 en 269).

Ten aanzien van het *Zeevaartkundige* van dit Reisverhaal van TROOST, zal men beter te regt komen bij het geen de Luitenant WILLINCK gevoegd heeft achter het, door zijnen Broeder den Kapitein Luitenant WILLINCK uitgegeven, Reisverhaal van de *Lynx*, waar echter de ontdekking van het *Nederl. Eiland* niet op den 14 Junij 1825, maar (denkelijk door eene drukfeil) op den 14 *Julij* wordt gesteld (Bladz. 252), en ook de breedte en lengte, als op verschillende punten waargenomen, een weinig anders worden opgegeven, te weten: Zuiderbreedte 7 gr. 10 m. en Oosterlengte van *Greenwich* 177 gr. 33 m. 16 s.

III. Reize naar de Oost- en Westkust van *Zuid-Amerika*, gedaan in de jaren 1826, 1827, 1828 en 1829, met het Koopvaardij Schip *Wilhelmina en Maria*, door J. BOELEN, *Joh. Zoon*, des tijds Luitenant ter Zee 1ste Klasse, thans Kapitein Luitenant. *Amsterdam* 1835 en 1836. III Deelen. 8vo.

Geene der ROGGEVEENS Eilanden zijn door den Heer BOELEN aangedaan; ook geene nieuwe gevonden.

VI.

VI.

TIJDSVERDEELING OP ZEE.

(Voor Lezers die der Zeevaart niet kundig zijn.)

Het Etmaal wordt op Zee verdeeld in zes Wachten, elk van acht Glazen.

Elk Glas is een half uur.

De benaming van *Glazen* koomt waarschijnlijk af van de Zandloopers, die gedeeltelijk uit glas bestaan, en tot het afmeten van den tijd op Zee gebruikt worden.

Achtermiddagwacht, beginnende met 12 of 0 uur, des middags.

1e.	Glas	$0\frac{1}{2}$	uur.
2e.	»	1	»
3e.	»	$1\frac{1}{2}$	»
4e.	»	2	»
5e.	»	$2\frac{1}{2}$	»
6e.	»	3	»
7e.	»	$3\frac{1}{2}$	»
8e.	»	4	»

Deze wacht wordt in het Dagregister somtijds ook verder dan acht Glazen voortgerekend, men zie bladz. 54 reg. 14 en bladz. 101 reg. 3.

Platvoet.

1e.	Glas	$4\frac{1}{2}$	uren.	Namiddag.
2e.	»	5	»	
3e.	»	$5\frac{1}{2}$	»	

4.

4e. Glas	6 uren.	Namiddag.	
5e. »	6½ »		
6e. »	7 »		
7e. »	7½ »		
8e. »	8 »		

Eerste Wacht.

1e. Glas	8½ uren.	Avond.
2e. »	9 »	
3e. »	9½ »	
4e. »	10 »	
5e. »	10½ »	
6e. »	11 »	
7e. »	11½ »	
8e. »	12 »	Middernacht.

Hondewacht, van middernacht tot vier uren in den morgen.

1e. Glas	12½ uur.	Morgen.
2e. »	1 »	
3e. »	1½ »	
4e. »	2 »	
5e. »	2½ »	
6e. »	3 »	
7e. »	3½ »	
8e. »	4 »	

Dagwacht, van 4 uren tot 8 uren in den morgen.

1e. Glas	4½ uren.	Morgen.
2e. »	5 »	
3e. »	5½ »	

4.

4e.	Glas	6	uren.	Morgen.
5e.	»	6½	»	
6e.	»	7	»	
7e.	»	7½	»	
8e.	»	8	»	

Voormiddagwacht, van 8 uren in den morgen tot den middag.

1e.	Glas	8½	uren.	Voormiddag.
2e.	»	9	»	
3e.	»	9½	»	
4e.	»	10	»	
5e.	»	10½	»	
6e.	»	11	»	
7e.	»	11½	»	
8e.	»	0	»	

NABERIGT.

Het gemelde in de aanteekening op bladz 84, nopens het verdwijnen van het Eiland *Juan Fernandez*, is naderhand ongegrond bevonden. (*Nieuwe Amsterd. Courant en Handelsblad*, 16 *October* 1837, *No.* 1831, *Colom* 2, *reg.* 9.)

VERBETERINGEN.

Blad. 70 staat boven aan 1721, lees 1722.

Bladz. 99 reg. 5 van onderen, staat 29 *graden* 30 *minuten*: men leze 39 gr. 30 m. In het oorspronkelijke staat wel 29 gr. 30 m., echter blijkbaar fout.

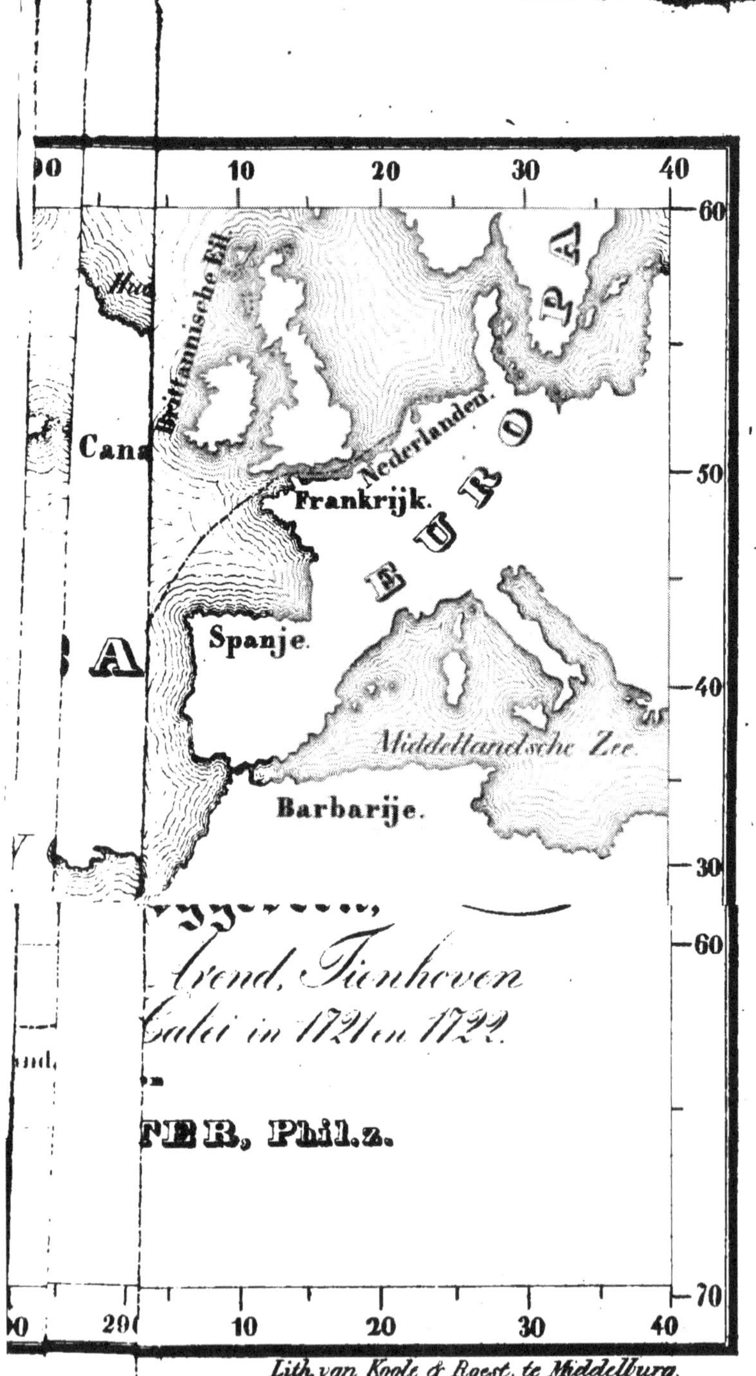
Britannische Eil.
Cana
Nederlanden.
Frankrijk.
EUROPA
Spanje.
A
Middellandsche Zee.
Barbarije.
Arend, Tienhoven
Galei in 1721 en 1722.
TER, Phil.z.
Lith. van Koole & Roest, te Middelburg.

AANWIJZING.

Lightning Source UK Ltd.
Milton Keynes UK
UKHW030631180521
383924UK00007B/304

9 781295 806744